职业教育汽车诊断思维技能创新教材

U0504904

汽车故障检修技能竞赛案例教程

主　编　高吕和　弋国鹏

副主编　侯　勇　王　昀　贺贵栋

参　编　郭　凯　鲍晓东　杨　梅

　　　　陆亚灵　周克媛

机械工业出版社

本书对教育部组织的一年一度的全国职业院校技能大赛（高职组）汽车故障检修赛项历年命题题库中的试题，进行细致的分析和总结，按照大赛相关要求，将比亚迪秦EV电动汽车的动力系统、底盘电控系统，迈腾汽车发动机控制系统、灯光控制系统、舒适性控制系统等常见的故障诊断过程进行了详细的讲解。主要讲解的故障类型包括秦EV电动汽车的低压上电异常、高压上电异常、车辆无法正常行驶、车辆无法（交流）充电等，迈腾汽车起动机不运转、发动机无法起动、发动机运行异常、灯光系统工作异常、玻璃升降器异常、中控门锁异常、电动后视镜异常等。

本书的主要任务是规范学生汽车诊断思维，细化技术细节，指导学生在具体的诊断过程中进一步掌握汽车发动机、灯光、舒适系统的结构和控制逻辑，以及电动汽车低压上电、高压上电、交流充电、电机驱动系统的结构原理和控制过程。指导学生学会使用各种诊断设备，培养学生将理论知识和实际操作相结合，让学生更有效地掌握汽车故障检修的技能。

本书可作为高职院校汽车相关专业的专业课程教材、实训教材，也可以作为各类技能大赛的指导性教材或汽车技术培训教材。

图书在版编目（CIP）数据

汽车故障检修技能竞赛案例教程/高吕和，弋国鹏主编. -- 北京：机械工业出版社，2025.2. --（职业教育汽车诊断思维技能创新教材）. -- ISBN 978-7-111-78222-3

Ⅰ. U472.4

中国国家版本馆CIP数据核字第2025XH5263号

机械工业出版社（北京市百万庄大街22号　邮政编码100037）

策划编辑：李　军　　　　　　　　责任编辑：李　军　丁　锋
责任校对：孙明慧　马荣华　景　飞　　封面设计：马精明
责任印制：单爱军
中煤（北京）印务有限公司印刷
2025年6月第1版第1次印刷
184mm×260mm·15.5印张·414千字
标准书号：ISBN 978-7-111-78222-3
定价：79.90元

电话服务　　　　　　　　　网络服务
客服电话：010-88361066　　机　工　官　网：www.cmpbook.com
　　　　　010-88379833　　机　工　官　博：weibo.com/cmp1952
　　　　　010-68326294　　金　书　网：www.golden-book.com
封底无防伪标均为盗版　机工教育服务网：www.cmpedu.com

前　言

为促进赛课融合，引领专业建设发展，加快三教改革创新的步伐，助推具有工匠精神的复合型技术技能人才的培养。我们将汽车故障检修大赛资源转化为本系列教材，供职业院校汽车相关专业教学或培训使用。

本书是编者将大赛的内容转化为系列案例后，经过大量的试验和实践总结形成的，有助于培养学生在汽车故障诊断过程中的诊断思维和规范性操作能力，培养学生将理论知识和实际维修相结合以及编写技术报告的能力，培养学生汽车专用检测仪器设备规范使用能力，提升学生的专业素养及竞赛能力。

本书符合国家对技术技能型紧缺人才培养培训工作的要求，注重以就业为导向、以能力为本位的理念，面向市场、面向社会，体现职业教育的特色，可满足高素质人才培养的需求。

本书的编写以"创新职业教育理念、改革教育教学模式、提升学生职业素质、适应经济社会发展"为指导思想，采用行业指导委员会、竞赛专家、一线企业和出版社相结合的编写模式。在组织编写过程中，认真总结了历年全国职业院校技能竞赛的相关技术文件，通过大量的验证性试验，总结原车的结构特点和控制逻辑，并基于此制定了规范的诊断流程，同时还注重吸收了发达国家先进的职教理念和方法，形成了以下特色：

1）打破了传统的教材体例，以大赛命题为单元确定教学任务，以详实故障诊断案例引领教学实施，使培养过程实现"知行合一"。

2）以故障诊断过程为导向，细化作业流程，规范思维和操作过程，对必要的理论知识和关键技能都进行了详细讲解，真正将技能竞赛的要求和日常的教学活动有机结合起来。

3）在内容的选择上，包含了纯电动汽车技术，注重汽车后市场职业岗位对人才的知识、能力要求，力求与相应的职业资格标准衔接，并较多地反映了新知识、新技术、新工艺、新方法、新材料的内容。

本书由参与历年汽车故障检修技能竞赛的专家负责编写。在编写过程中，认真总结了历年各种竞赛的相关技术文件，分类归纳了每届大赛题库中的竞赛内容，按照故障领域和故障现象进行了分类和总结，对历届大赛中存在的一些共性问题进行了详细讲解，对日常教学和竞赛训练具有较强的指导意义。

本书由北京工业职业技术学院与北京中汽恒泰教育科技有限公司合作编写。在编写过程中，得到了全国智能交通控制行业产教融合共同体的大力支持和悉心指导。魏建平、何文收、刘超参与了本书的资料收集、数据采集、文稿整理及其他相关工作，在此表示衷心的感谢。

由于经验有限，书中难免有疏漏之处，请广大师生提出宝贵意见，以便在今后进行补充和改进。

编　者

目 录

模块 B
发动机和车身电控系统故障检修

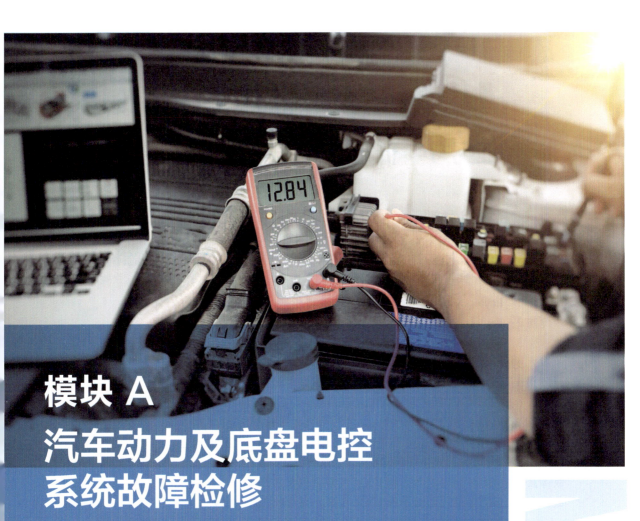

模块 A

汽车动力及底盘电控系统故障检修

本模块在纯电动汽车比亚迪秦 EV 上完成。

任务 1　低压上电异常故障检修

| 案例 1 | keyless-ECU 起动子网 CAN 总线故障检修

故障点 1：keyless-ECU 起动子网 CAN-L 线路断路

故障点 2：keyless-ECU 起动子网 CAN-H 线路断路

故障点 3：keyless-ECU 起动子网 CAN-L 线路虚接 500Ω 电阻

故障点 4：keyless-ECU 起动子网 CAN-H 线路虚接 500Ω 电阻

故障点 5：keyless-ECU 起动子网 CAN-H 线路对地短路

故障点 6：keyless-ECU 起动子网 CAN-L 线路对正极短路

故障点 7：keyless-ECU 起动子网 CAN-H 线路对地虚接 20Ω 电阻

故障点 8：keyless-ECU 起动子网 CAN-L 线路对正极虚接 20Ω 电阻

故障点 9：BCM 端的起动子网 CAN 线路反接

故障点 10：BCM 端的起动子网 CAN 线路之间相互短路

故障点 11：BCM 端的起动子网 CAN 线路之间虚接 10Ω 电阻

故障现象

1）无钥匙进入、遥控钥匙均失效，但按下车门把手上的微动开关时，钥匙指示灯闪烁正常，用机械钥匙可以正常解锁车门。

2）踩下制动踏板、按下一键起动开关，钥匙指示灯不闪烁，低压不上电，仪表上的钥匙故障指示灯点亮，同时提示"未检查到钥匙"。

3）故障码：车身控制器模块故障码 U021487，与智能钥匙失去通信。

现象分析

1）按下门把手上的微动开关，车辆没有任何反应（包括中控门锁、危险警告灯、仪表等），说明"微动开关→ keyless-ECU →天线→智能钥匙→ keyless-ECU → BCM →中控门锁、危险警告灯"工作异常；但遥控指示灯闪烁，说明"微动开关→ keyless-ECU →天线→智能钥匙"工作正常；用机械钥匙可以正常开启车门，说明"门锁微动开关→ BCM →中控门锁、危险警告灯"工作正常。所以造成"无钥匙进入、遥控钥匙均失效，但按下微动开关时钥匙指示灯闪烁正常"的故障原因在于 keyless-ECU 自身故障或者与 BCM 之间通信故障。智能钥匙系统控制器电路如图 1-1 所示。

2）踩制动踏板或按一键起动开关时，遥控指示灯不闪烁，说明"制动开关、一键起动开关→ BCM → keyless-ECU →遥控钥匙"工作异常。

3）基于故障码，说明诊断仪可访问 BCM，但 BCM 无法和 keyless-ECU 进行通信。

综合以上三种分析的共同点，确定 BCM 无法和 keyless-ECU 通信，可能的故障原因为：

1）keyless-ECU 内部故障。

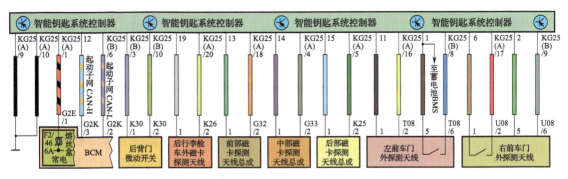

图 1-1 智能钥匙系统控制器电路

2）keyless-ECU 与 BCM 之间通信线路故障。

3）BCM 内部故障。

故障点 1 keyless-ECU 起动子网 CAN-L 线路断路

诊断过程

1）交替按下一键起动开关和遥控器的开锁、闭锁开关，用示波器测 BCM 的端子 G2K/2、G2K/3 分别对地信号波形，CAN 总线正常波形如图 1-2 所示，实测如图 1-3 所示，判断为 CAN-L 断路。

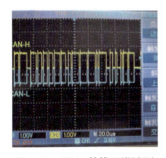

图 1-2 CAN 总线正常波形

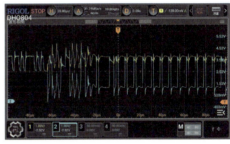

图 1-3 CAN-L 断路波形

2）断开线路两端的插接器，用万用表测量 CAN-L 线路两端之间的电阻值，正常为 0Ω，实测为无穷大。

3）排除 CAN-L 线路断路故障，系统恢复正常。

（**故障机理**）

由于 keyless-ECU 的 CAN-L 线路断路，导致 keyless-ECU 与 BCM 通信异常，所以操作遥控器时，BCM 不能知晓遥控钥匙认证结果，车门不解锁；而在一键起动开关时，keyless-ECU 无法知晓一键起动开关已经打开，所以不会起动钥匙认证程序，造成车辆无法低压上电。

故障点 2 keyless-ECU 起动子网 CAN-H 线路断路

诊断过程

1）交替按下一键起动开关和遥控器的开锁、闭锁开关，用示波器测 BCM 的端子 G2K/2、G2K/3 分别对地信号波形，实测为 CAN-H 断路，如图 1-4 所示。

2）断开线路两端的插接器，用万用表测量 CAN-H 线路两端之间的电阻值，正常为 0Ω，实测为无穷大。

3）排除 keyless-ECU 的 CAN-H 线路断路故障，系统恢复正常。

故障机理

由于 keyless-ECU 的 CAN-H 线路断路，导致 keyless-ECU 与 BCM 通信异常，所以操作遥控器时，BCM 不能知晓遥控钥匙认证结果，车门不解锁；而在一键起动开关时，keyless-ECU 无法知晓一键起动开关已经打开，所以不会起动钥匙认证程序，造成车辆无法低压上电。

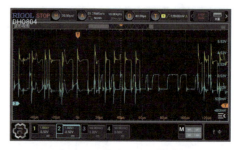

图 1-4　CAN-H 断路波形

故障点 3　keyless-ECU 起动子网 CAN-L 线路虚接 500Ω 电阻

诊断过程

1）交替按下一键起动开关和遥控器的开锁、闭锁开关，用示波器测 BCM 的端子 G2K/2、G2K/3 分别对地信号波形，实测为 CAN-L 可能存在虚接，如图 1-5 所示。

2）断开线路两端的插接器，用万用表测量 CAN-L 线路两端之间的电阻值，正常为 0Ω，实测为 500Ω。

3）排除 keyless-ECU 的 CAN-L 线路虚接故障，系统恢复正常。

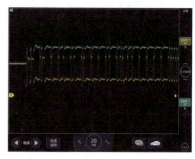

故障机理

图 1-5　CAN-L 虚接波形

由于 keyless-ECU 的 CAN-L 线路虚接，导致 keyless-ECU 与 BCM 通信异常，所以操作遥控器时，BCM 不能知晓遥控钥匙认证结果，车门不解锁；而在一键起动开关时，keyless-ECU 无法知晓一键起动开关已经打开，所以不会起动钥匙认证程序，造成车辆无法低压上电。

故障点 4　keyless-ECU 起动子网 CAN-H 线路虚接 500Ω 电阻

诊断过程

1）交替按下一键起动开关和遥控器的开锁、闭锁开关，用示波器测 BCM 端子 G2K/2、G2K/3 分别对地信号波形，实测为 CAN-H 可能存在虚接，如图 1-6 所示。

2）断开线路两端的插接器，用万用表测量 CAN-H 线路电阻值，正常为 0Ω，实测为 500Ω。

3）排除 keyless-ECU 的 CAN-H 线路虚接故障，系统恢复正常。

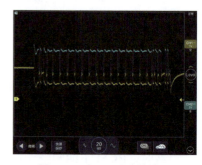

故障机理

图 1-6　CAN-H 虚接波形

由于 keyless-ECU 的 CAN-H 线路虚接，导致 keyless-ECU 与 BCM 通信异常，所以操作遥控器时，BCM 不能知晓遥控钥匙认证结果，车门不解锁；而在一键起动开关时，keyless-ECU 无法知晓一键起动开关已经打开，所以不会起动钥匙认证程序，造成车辆无法低压上电。

故障点 5　keyless-ECU 起动子网 CAN-H 线路对地短路

诊断过程

1）交替按下一键起动开关和遥控器的开锁、闭锁开关，用示波器测 BCM 的端子 G2K/2、

G2K/3 分别对地信号波形，实测为 CAN-H 线路对地短路，如图 1-7 所示。

2）断开线路两端的插接器，用万用表测量 CAN-H 线路对地电阻值，正常为无穷大，实测为 0Ω。

3）排除 keyless-ECU 的 CAN-H 线路对地短路故障，系统恢复正常。

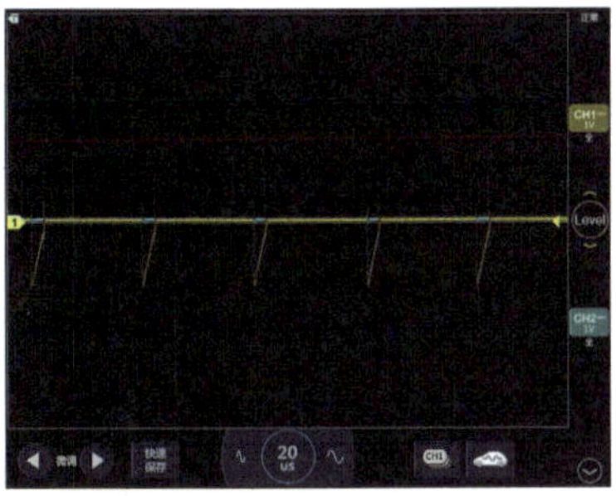

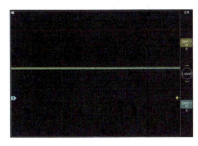

图 1-7 CAN-H 对地短路波形

故障机理

由于 keyless-ECU 的 CAN-H 线路对地短路，导致 keyless-ECU 与 BCM 通信异常，所以操作遥控器时，BCM 不能知晓遥控钥匙认证结果，车门不解锁；而在一键起动开关时，keyless-ECU 无法知晓一键起动开关已经打开，所以不会起动钥匙认证程序，造成车辆无法低压上电。

故障点 6 keyless-ECU 起动子网 CAN-L 线路对正极短路

诊断过程

1）交替按下一键起动开关和遥控器的开锁、闭锁开关，用示波器测 BCM 的端子 G2K/2、G2K/3 分别对地信号波形，实测为 CAN-L 线路对正极短路，如图 1-8 所示。

2）断开线路两端的插接器，用万用表测量 CAN-L 线路对正极阻值，正常为无穷大，实测为 0Ω。

3）排除 keyless-ECU 的 CAN-L 线路对正极短路故障，系统恢复正常。

图 1-8 CAN-L 对正极短路波形

故障机理

由于 keyless-ECU 的 CAN-L 线路对正极短路，导致 keyless-ECU 与 BCM 通信异常，所以操作遥控器时，BCM 不能知晓遥控钥匙认证结果，车门不解锁；而在一键起动开关时，keyless-ECU 无法知晓一键起动开关已经打开，所以不会起动钥匙认证程序，造成车辆无法低压上电。

故障点 7 keyless-ECU 起动子网 CAN-H 线路对地虚接 20Ω 电阻

诊断过程

1）交替按下一键起动开关和遥控器的开锁、闭锁开关，用示波器测 BCM 的端子 G2K/2、G2K/3 分别对地信号波形，实测为 CAN-H 可能存在对地虚接，如图 1-9 所示。

2）断开线路两端的插接器，用万用表测量 CAN-H 线路对地电阻值，正常为无穷大，实测为 20Ω。

3）排除 keyless-ECU 的 CAN-H 线路对地虚接故障，系统恢复正常。

故障机理

由于 keyless-ECU 的 CAN-H 线路对地虚接，导致

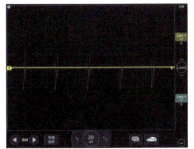

图 1-9 CAN-H 对地虚接波形

keyless-ECU 与 BCM 通信异常，所以操作遥控器时，BCM 不能知晓遥控钥匙认证结果，车门不解锁；而在一键起动开关时，keyless-ECU 无法知晓一键起动开关已经打开，所以不会起动钥匙认证程序，造成车辆无法低压上电。

故障点 8　keyless-ECU 起动子网 CAN-L 线路对正极虚接 20Ω 电阻

诊断过程

1）交替按下一键起动开关和遥控器的开锁、闭锁开关，用示波器测 BCM 的端子 G2K/2、G2K/3 分别对地信号波形，实测为 CAN-L 可能存在对正极虚接，如图 1-10 所示。

2）断开线路两端的插接器，用万用表测量 CAN-L 线路对正极电阻值，正常为无穷大，实测为 20Ω。

3）排除 keyless-ECU 的 CAN-L 线路对正极虚接故障，系统恢复正常。

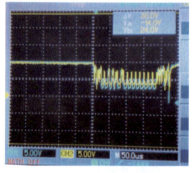

图 1-10　CAN-L 对正极虚接波形

故障机理

由于 keyless-ECU 的 CAN-L 线路对正极虚接，导致 keyless-ECU 与 BCM 通信异常，所以操作遥控器时，BCM 不能知晓遥控钥匙认证结果，车门不解锁；而在一键起动开关时，keyless-ECU 无法知晓一键起动开关已经打开，所以不会起动钥匙认证程序，造成车辆无法低压上电。

故障点 9　BCM 端的起动子网 CAN 线路反接

诊断过程

1）交替按下一键起动开关和遥控器的开锁、闭锁开关，用示波器测 BCM 的端子 G2K/2、G2K/3 分别对地信号波形，实测为交叉互短波形，如图 1-11 所示，异常。

2）断电，拔下 keyless-ECU、BCM 的插接器，用万用表分别测量两端 CAN-H、CAN-L 之间线路的导通性，发现线路反接。

3）排除 BCM 的起动子网 CAN 总线反接故障，系统恢复正常。

图 1-11　CAN 线路交叉互短波形

故障机理

由于 BCM 的起动子网 CAN 总线反接，导致 keyless-ECU 与 BCM 通信异常，所以操作遥控器时，BCM 不能知晓遥控钥匙认证结果，车门不解锁；而在一键起动开关时，keyless-ECU 无法知晓一键起动开关已经打开，所以不会起动钥匙认证程序，造成车辆无法低压上电。

故障点 10　BCM 端的起动子网 CAN 线路之间相互短路

诊断过程

1）交替按下一键起动开关和遥控器的开锁、闭锁开关，用示波器测 BCM 的端子 G2K/2、G2K/3 分别对地信号波形，如图 1-12 所示，发现 CAN-L 与 CAN-H 之间的显性、隐性电压始终均保持在 2.5V，说明动力 CAN-L 与 CAN-H 线路之间短路。

2）断电，用万用表测量 CAN-H、CAN-L 线路之间的电阻值，为 0Ω。

3）排除 BCM 的起动子网 CAN 总线之间相互短路故障，系统恢复正常。

故障机理

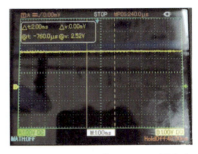

图 1-12　CAN-L 与 CAN-H 线路之间虚接波形

由于 BCM 的起动子网 CAN 总线之间互短，导致 keyless-ECU 与 BCM 通信异常，所以操作遥控器时，BCM 不能知晓遥控钥匙认证结果，车门不解锁；而在一键起动开关时，keyless-ECU 无法知晓一键起动开关已经打开，所以不会起动钥匙认证程序，造成车辆无法低压上电。

故障点 11 BCM 端的起动子网 CAN 线路之间虚接 10Ω 电阻

诊断过程

1）交替按下一键起动开关和遥控器的开锁、闭锁开关，用示波器测 BCM 的端子 G2K/2、G2K/3 分别对地信号波形，如图 1-13 所示，发现 CAN-L 与 CAN-H 之间的显性电压差值明显小于 2V，说明动力 CAN-L 与 CAN-H 线路之间虚接电阻。

2）断电，用万用表测量 CAN-H、CAN-L 线路之间的电阻值小于 60Ω。

3）排除 BCM 的起动子网 CAN 总线之间虚接故障，系统恢复正常。

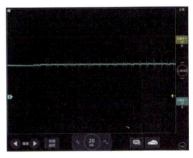

图 1-13　CAN-L 与 CAN-H 线路之间虚接电阻波形

故障机理

由于 BCM 的起动子网 CAN 总线之间虚接，导致 keyless-ECU 与 BCM 通信异常，所以操作遥控器时，BCM 不能知晓遥控钥匙认证结果，车门不解锁；而在一键起动开关时，keyless-ECU 无法知晓一键起动开关已经打开，所以不会起动钥匙认证程序，造成车辆无法低压上电。

案例 2 ｜ 智能钥匙控制器供电回路故障检修

故障点 1：智能钥匙控制器正极线路虚接 500Ω 电阻
故障点 2：智能钥匙控制器供电熔丝 F2/46 断路
故障点 3：智能钥匙控制器搭铁线路虚接 500Ω 电阻
故障点 4：智能钥匙控制器搭铁线路断路

故障现象

1）无钥匙进入、遥控钥匙均失效；按下门把手上的微动开关，钥匙指示灯不闪烁；按压遥控钥匙，钥匙指示灯闪烁；用机械钥匙可以正常解锁车门。

2）踩下制动踏板，钥匙指示灯不闪烁；按下一键起动开关，钥匙指示灯不闪烁，低压不上电，仪表同时提示"未检查到钥匙"，仪表上的钥匙故障指示灯依然闪烁。

3）读取故障码：车身控制器模块中，U021487，与智能钥匙失去通信。

现象分析

1）智能钥匙控制器电路图如图 1-14 所示。按下门把手上的微动开关，遥控指示灯不闪烁，说明"微动开关→keyless-ECU →天线→智能钥匙"工作异常；而微动开关、天线均有多个，同时损坏的概率不高；加上按压遥控钥匙时，钥匙指示灯闪烁，说明钥匙指示灯电路工作正常；可能原因在于 keyless-ECU 自身故障或者智能钥匙故障。

2）踩制动踏板或按一键起动开关时，遥控钥匙指示灯不闪烁，说明"制动开关 & 一键起动开关→ BCM → keyless-ECU →天线→遥控钥匙"工作异常。

3）基于故障码，说明诊断仪可访问 BCM，但 BCM 无法和 keyless-ECU 通信。

综合以上多种分析，故障极可能为 keyless-ECU 工作异常，可能的故障原因是：

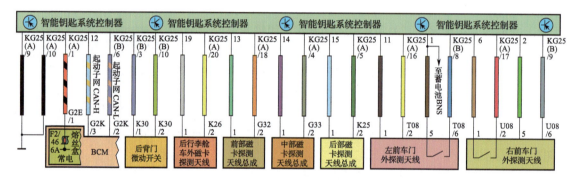

图 1-14　智能钥匙控制器电路

1）keyless-ECU 自身故障。

2）keyless-ECU 供电、搭铁故障。

故障点 1　智能钥匙控制器正极线路虚接 500Ω 电阻

诊断过程

1）按下遥控或微动开关，用万用表测量 keyless-ECU 的 KG25（A）/1 端子与 KG25（A）/9 或 KG25（A）/10 之间的压差（或测量对地电压），正常时为 +B，实测为 4V（可能存在偏差）。

2）按下遥控或微动开关，用万用表测量 keyless-ECU 的端子 KG25（A）1 对低压蓄电池负极的电压，应为 +B，实测为 4V（可能存在偏差），异常。

3）按下遥控或微动开关，用万用表测量 BCM 的熔丝 F2/46 输出端对地电压，正常应为 +B，实测为 +B，正常。结合上一步测试结果，说明 F2/46 至端子 KG25（A）1 之间线路虚接。

4）拔下插接器，测量 F2/46 至端子 KG25（A）1 之间线路电阻，实测为 500Ω。

5）排除 keyless-ECU 的供电线路虚接故障，系统恢复正常。

故障机理

由于 keyless-ECU 的供电线路虚接，导致 keyless-ECU 与 BCM 通信异常，所以操作遥控器时，BCM 不能知晓遥控钥匙认证结果，车门不解锁；而在一键起动开关时，keyless-ECU 无法知晓一键起动开关已经打开，所以不会起动钥匙认证程序，造成车辆无法低压上电。

故障点 2　智能钥匙控制器供电熔丝 F2/46 断路

诊断过程

1）按下遥控或微动开关，用万用表测量 keyless-ECU 的 KG25（A）/1 端子与 KG25（A）/9 或 KG25（A）/10 之间的压差（或测量对地电压），正常时为 +B，实测为 0，异常。

2）按下遥控或微动开关，用万用表测量 F2/46 两端电压，正常均为 +B，实测一端为 +B，一端为 0V，说明 F2/46 损坏。

3）拔下熔丝 F2/46，目视或用万用表测量其电阻，实测为无穷大，说明熔丝损坏。

4）拔下插接器，测量 F2/46 下游线路对地电阻，实测大于 +B/5A，正常。

5）排除 keyless-ECU 的供电线路断路故障，系统恢复正常。

故障机理

由于 keyless-ECU 的供电线路断路，导致 keyless-ECU 与 BCM 通信异常，所以操作遥控器时，BCM 不能知晓遥控钥匙认证结果，车门不解锁；而在一键起动开关时，keyless-ECU 无法知晓一键起动开关已经打开，所以不会起动钥匙认证程序，造成车辆无法低压上电。

故障点 3　智能钥匙控制器搭铁线路虚接 500Ω 电阻

诊断过程

1）按下遥控或微动开关，用万用表测量 keyless-ECU 的 KG25（A）/1 端子与 KG25（A）/9 或 KG25（A）/10 之间的压差（或测量对地电压），正常时为 +B，实测为 8V（可能存在偏差）。

2）按下遥控或微动开关，用万用表测量 keyless-ECU 的端子 KG25（A）1 对蓄电池负极电压，应为 +B，实测正常。

3）按下遥控或微动开关，用万用表测量 keyless-ECU 的端子 KG25（A）9 或 10 对蓄电池负极的电压，应小于 0.1V，实测 4V（可能存在偏差），说明搭铁线路虚接。

4）拔下插接器，测量端子 KG25（A）9、10 对地电阻，实测为 500Ω。

5）排除 keyless-ECU 的搭铁线路虚接故障，系统恢复正常。

故障机理

由于 keyless-ECU 的搭铁线路虚接，导致 keyless-ECU 与 BCM 通信异常，所以操作遥控器时，BCM 不能知晓遥控钥匙认证结果，车门不解锁；而在一键起动开关时，keyless-ECU 无法知晓一键起动开关已经打开，所以不会起动钥匙认证程序，造成车辆无法低压上电。

故障点 4　智能钥匙控制器搭铁线路断路

诊断过程

1）按下遥控或微动开关，用万用表测量 keyless-ECU 的 KG25（A）/1 端子与 KG25（A）/9 或 KG25（A）/10 之间的压差（或测量对地电压），正常时为 +B，实测为开路电压。

2）按下遥控或微动开关，用万用表测量 keyless-ECU 的端子 KG25（A）1 对蓄电池负极电压，应为 +B，实测正常。

3）按下遥控或微动开关，用万用表测量 keyless-ECU 的端子 KG25（A）9 或 10 对蓄电池负极的电压，应小于 0.1V，实测 +B，说明搭铁线路断路。

4）拔下插接器，测量端子 KG25（A）9、10 对地电阻，实测为无穷大。

5）排除 keyless-ECU 的搭铁线路断路故障，系统恢复正常。

故障机理

由于 keyless-ECU 的搭铁线路断路，导致 keyless-ECU 与 BCM 通信异常，所以操作遥控器时，BCM 不能知晓遥控钥匙认证结果，车门不解锁；而在一键起动开关时，keyless-ECU 无法知晓一键起动开关已经打开，所以不会起动钥匙认证程序，造成车辆无法低压上电。

| 案例 3 | 制动开关电路故障检修

故障点 1：制动开关的端子 G28/3 至 BCM 的端子 G2E/11 之间线路断路

故障点 2：制动开关的供电线路 G2E/36–G28/4 断路

故障点 3：制动开关的供电线路 G2E/36–G28/4 虚接 3000Ω 电阻

故障点 4：制动开关的供电熔丝 F2/4 断路

故障点 5：制动开关的供电熔丝 F2/4 虚接 3000Ω 电阻

故障现象

1）踩下制动踏板，按下一键起动开关，仪表不亮，高压上电失败，仪表显示："起动时踩下制动踏板，同时按下一键起动开关，待"OK"灯点亮后可挂档行驶"；尾部制动灯不亮。

2）读取故障码：B1C1507——制动开关故障。

现象分析

制动信号电路如图 1-15 所示，根据仪表显示、尾部制动灯状态和故障码的内容，说明制动开关信号异常，可能的故障原因是：①制动开关本身故障；②制动开关信号 1 相关线路故障；③BCM 内部故障。

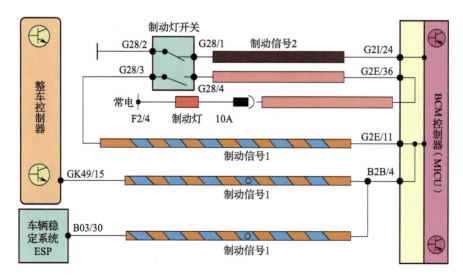

图 1-15　制动信号电路

故障点 1 制动开关的端子 G28/3 至 BCM 的端子 G2E/11 之间线路断路

诊断过程

1）踩下制动踏板，用诊断仪读取制动信号数据流，发现制动信号 1 失效，制动信号 2 正常。

2）踩下制动踏板时，使用万用表测量 BCM 的端子 G2E/11 对地电压，正常为 0 → +B，实测始终为 0，异常。

3）踩下制动踏板，用万用表测量制动开关的端子 G28/3 对地电压，正常为 0 → +B，实测 0 → +B，正常，说明 BCM 的端子 G2E/11–G28/3 之间线路断路。

4）断掉低压蓄电池负极和 G2E 插接器，测量 G2E/11–G28/3 电阻，实测无穷大。

5）排除制动开关与 BCM 之间的线路断路故障，系统恢复正常。

故障机理

由于制动开关与 BCM 之间的线路断路，导致 BCM 无法收到正常的制动信号，所以在踩下制动踏板、按下一键起动开关后，系统无法对钥匙进行验证，导致车辆低压无法上电，仪表不亮。

故障点 2 制动开关的供电线路 G2E/36–G28/4 断路

诊断过程

1）踩下制动踏板，用诊断仪读取制动信号数据流，发现制动信号 1 失效，制动信号 2 正常。

2）踩下制动踏板，用万用表测量 BCM 的端子 G2E/11 对地电压，正常为 0 → +B，实测始终为 0，异常。

3）踩下制动踏板，用万用表测量制动开关的端子 G28/3 对地电压，正常为 0 → +B，实测始终为 0V，异常。

4）用万用表测量制动开关的端子 G28/4 对地电压，正常为 +B，实测 0V，异常。

5）用万用表测量 BCM 的端子 G2E/36 对地电压，正常为 +B，实测正常，结合上一步测试结果，说明 G28/4–G2E/36 线路断路。

6）断开两端插接器，用万用表测量端子 G28/4 到 BCM 的端子 G2E/36 之间线路的阻值，正常为 0Ω，实测无穷大。

7）排除制动开关供电线路断路故障，系统恢复正常。

故障机理

由于制动开关供电线路断路，导致制动开关的供电异常，BCM 无法收到正常的制动信号，所以在踩下制动踏板、按下一键起动开关后，系统无法对钥匙进行验证，导致车辆低压无法上电，仪表不亮。

故障点 3 制动开关的供电线路 G2E/36–G28/4 虚接 3000Ω 电阻

诊断过程

1）踩下制动踏板，用诊断仪读取制动信号数据流，发现制动信号 1 失效，制动信号 2 正常。

2）踩下制动踏板，用万用表测量 BCM 的端子 G2E/11 对地电压，正常为 0 → +B，实测 0 → 4V（可能存在偏差），异常。

3）踩下制动踏板，用万用表测量制动开关的端子 G28/3 对地电压，正常为 0 → +B，实测 0 → 4V（可能存在偏差），异常。

4）用万用表测量制动开关的端子 G28/4 对地电压，正常为 +B，实测 +B → 4V（可能存在偏差），异常。

5）用万用表测量 BCM 的端子 G2E/36 对地电压，正常为 +B，实测正常，说明 G28/4–G2E/36 之间线路虚接。

6）断开两端插接器，用万用表测量 G28/4–G2E/36 之间线路的电阻值，正常为 0Ω，实测 3000Ω。

7）排除制动开关供电线路虚接故障，系统恢复正常。

故障机理

由于制动开关供电线路虚接，导致制动开关的供电异常，BCM 无法收到正常的制动信号，所以在踩下制动踏板、按下一键起动开关后，系统无法对钥匙进行验证，导致车辆低压无法上电，仪表不亮。

故障点 4　制动开关的供电熔丝 F2/4 断路

诊断过程

1）踩下制动踏板，用诊断仪读取制动信号数据流，发现制动信号 1 失效，制动信号 2 正常。

2）踩下制动踏板，用万用表测量 BCM 的端子 G2E/11 对地电压，正常为 0 → +B，实测始终为 0V，异常。

3）踩下制动踏板，用万用表测量制动开关的端子 G28/3 对地电压，正常为 0 → +B，实测始终为 0V，异常。

4）用万用表测量制动开关的端子 G28/4 对地电压，正常为 +B，实测 0V，异常。

5）用万用表测量端子 G2E/36 对地电压，正常为 +B，实测 0V，异常。

6）用万用表测量熔丝 F2/4 两端对地电压，正常均为 +B，实测一端为 +B，一端为 0V，说明熔丝损坏。

7）拔下 F2/4 熔丝，目视或用万用表测量其阻值，实测为无穷大，说明熔丝损坏。

8）用万用表测量 F2/4 下游线路对地电阻值，实测正常。

9）排除 F2/4 断路故障，系统恢复正常。

故障机理

由于 F2/4 断路，导致制动开关的供电异常，BCM 无法收到正常的制动信号，所以在踩下制动踏板、按下一键起动开关后，系统无法对钥匙进行验证，导致车辆低压无法上电，仪表不亮。

故障点 5　制动开关的供电熔丝 F2/4 虚接 3000Ω 电阻

诊断过程

1）踩下制动踏板，用诊断仪读取制动信号数据流，发现制动信号 1 失效，制动信号 2 正常。

2）踩下制动踏板，用万用表测量 BCM 的端子 G2E/11 对地电压，正常为 0 → +B，实测 0 → 4V（可能存在偏差），异常。

3）踩下制动踏板，用万用表测量制动开关的端子 G28/3 对地电压，正常为 0 → +B，实测

$0 \rightarrow 4V$（可能存在偏差），异常。

4）用万用表测量制动开关的端子 G28/4 对地电压，正常为 +B，实测 $0 \rightarrow 4V$（可能存在偏差），异常。

5）用万用表测量 BCM 的端子 G2E/36 对地电压，正常为 +B，实测 $0 \rightarrow 4V$（可能存在偏差），异常。

6）用万用表测量熔丝 F2/4 两端对地电压，正常均为 +B，实测一端为 +B，一端为 $0 \rightarrow 4V$（可能存在偏差），说明熔丝电阻过大。

7）拔下熔丝 F2/4，用万用表测量其电阻值，实测为 3000Ω。

8）排除 F2/4 电阻过大故障，系统恢复正常。

故障机理

由于 F2/4 电阻过大，导致制动开关的供电异常，BCM 无法收到正常的制动信号，所以在踩下制动踏板、按下一键起动开关后，系统无法对钥匙进行验证，导致车辆低压无法上电，仪表不亮。

| 案例 4 | 一键起动开关故障检修

故障点 1：一键起动开关信号 1 和信号 2 线路同时断路
故障点 2：一键起动开关内部触点 1、触点 2 同时断路
故障点 3：一键起动开关信号 1、信号 2 线路同时虚接 500Ω 电阻
故障点 4：一键起动开关搭铁点虚接 500Ω 电阻
故障点 5：一键起动开关搭铁线路断路

故障现象

1）无钥匙进入功能正常。

2）踩下制动踏板并保持，钥匙指示灯正常闪烁；按下一键起动开关按钮，仪表不亮，低压无法上电，仪表上的钥匙故障指示灯依然闪烁。

3）松开制动踏板，单独按下起动开关，钥匙指示灯没有闪烁。

4）故障码：无故障码。

现象分析

起动开关电路如图 1-16 所示，踩下制动踏板时钥匙闪烁，说明"制动开关→ BCM → keyless-ECU →室内天线→钥匙"工作正常；而单独按下起动开关时钥匙不能闪烁，说明"起动开关→ BCM → keyless-ECU →室内天线→钥匙"工作异常，但无钥匙进入功能正常，且室内天线同时损坏的概率较低，说明 BCM 没有接收到正确的起动开关信号。具体原因在于：①一键起动开关自身故障；②一键起动开关线路故障；③ BCM 内部故障。

故障点 1 一键起动开关信号 1 和信号 2 线路同时断路

诊断过程

1）按下一键起动开关时，用万用表测量 BCM 的端子 G2I/21、G2I/22 分别对地电压，正常均为 $+B \rightarrow 0V$，实测端子 G2I/21、G2I/22 对地电压始终为 +B 不变，异常。

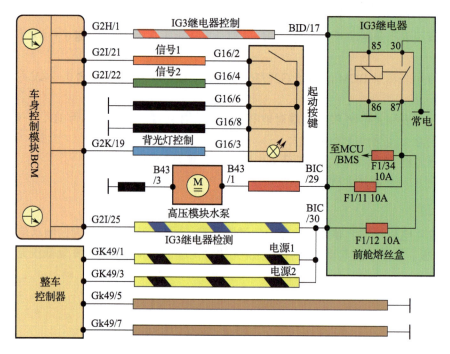

图 1-16 起动开关电路

2）按下一键起动开关，用万用表测量一键起动开关的端子 G16/4、G16/2 对地电压，正常为 +B → 0V，实测为开路电压 → 0V，说明端子 G16/4–G2I/22、端子 G2I/21–G16/2 之间线路断路。

3）断开线路两端插接器，用万用表测量线路的阻值，实测为无穷大。

4）排除一键起动开关信号线路断路故障，系统恢复正常。

【故障机理】

由于一键起动开关信号线路断路，导致 BCM 无法收到完整的按钮信号，所以不会起动低压上电流程。

故障点 2 一键起动开关内部触点 1、触点 2 同时断路

诊断过程

1）按下一键起动开关，用万用表测量 BCM 的端子 G2I/21、G2I/22 对地电压，正常均为 +B → 0V，实测 G2I/21、G2I/22 为 +B 不变，异常。

2）按下一键起动开关，用万用表测量一键起动开关的端子 G16/4、G16/2 对地电压，正常为 +B → 0V，实测为 +B 不变，说明一键起动开关内部触点断路。

3）断开一键起动开关的插接器，反复按下一键起动开关，用万用表测量其端子 G16/4、G16/2 与 G16/6 或 G16/8 之间的电阻值，应在导通和断开之间切换，实测为始终断开。

4）排除一键起动开关内部触点断路故障，系统恢复正常。

【故障机理】

由于一键起动开关内部触点断路，导致 BCM 无法收到完整的按钮信号，所以不会起动低压上电流程。

故障点 3 一键起动开关信号 1、信号 2 线路同时虚接 500Ω 电阻

诊断过程

1）按下一键起动开关，用万用表测量 BCM 的端子 G2I/21、G2I/22 对地电压，正常均为 +B → 0V，实测 G2I/22、G2I/21 为 +B → 6V（可能存在偏差），异常。

2）按下一键起动开关，用万用表测量一键起动开关的端子 G16/2、G16/4 对地电压，正常为 +B → 0V，实测正常，说明 G16/2–G2I/21、G2I/22–G16/4 之间线路虚接。

3）断开线路两端插接器，用万用表测量线路的电阻值，实测为 500Ω。

4）排除一键起动开关信号线路虚接故障，系统恢复正常。

故障机理

由于一键起动开关信号线路虚接，导致 BCM 无法收到完整的按钮信号，所以不会起动低压上电流程。

故障点 4 一键起动开关搭铁点虚接 500Ω 电阻

诊断过程

1）按下一键起动开关，用万用表测量起动开关的端子 G16/6、G16/8 对地电压，正常为 0V，实测均为 3V（可能会有偏差），说明搭铁线路虚接。

2）断开插接器，用万用表测量搭铁线路对地电阻值，实测为 500Ω。

3）排除一键起动开关搭铁线路虚接故障，系统恢复正常。

故障机理

由于一键起动开关搭铁线路虚接，导致 BCM 无法收到正常的按钮信号，所以不会起动低压上电流程。

故障点 5 一键起动开关搭铁线路断路

诊断过程

1）按下一键起动开关，用万用表测量起动开关的端子 G16/6、G16/8 对地电压，正常为 0V，实测均为 +B，说明搭铁线路断路。

2）断开插接器，用万用表测量搭铁线路的对地电阻值，实测为无穷大。

3）排除一键起动开关搭铁线路断路故障，系统恢复正常。

故障机理

由于一键起动开关搭铁线路断路，导致 BCM 无法收到正常的起动按钮信号，所以不会起动低压上电流程。

任务 2　高压上电失败的故障检修

| 案例 1 | IG3 继电器的故障检修

故障点 1：IG3 继电器线圈控制端线路断路
故障点 2：IG3 继电器线圈控制端线路虚接 500Ω 电阻
故障点 3：IG3 继电器线圈断路（附加电阻正常）
故障点 4：IG3 继电器线圈断路（附加电阻断路）
故障点 5：IG3 继电器触点损坏

故障现象

1）无钥匙进入正常。

2）打开车门进入车内，踩制动踏板数次并保持，按压起动按键，制动踏板高度无变化，不能听见前机舱真空泵运转声；车辆无法换入 D 位或 R 位；按压电子驻车按键，可以手动解除及起动电子驻车功能。

3）同时仪表点亮正常，但仪表上可运行指示"OK"灯不能正常点亮，且仪表上的主警告灯、动力系统警告灯、ESP 系统警告灯、驻车故障警告灯点亮，仪表中部循环提示"请检查动力系统""请检查 ESP 系统""请检查电子驻车系统"；同时动力电池主正、主负接触器无声响，高压不能正常上电。

4）读取故障码：扫描模块时，电机控制器、整车控制器均无法通信；在电子稳定系统中读到 U059504：与电机控制器 CAN 信号超时；在仪表系统中读到 U011087：与电机控制器失去通信。

现象分析

打开点火开关，制动踏板高度无下降、制动真空泵也没有运转，结合制动真空泵的控制原理，如图 2-1 所示，说明以下部件可能存在故障：

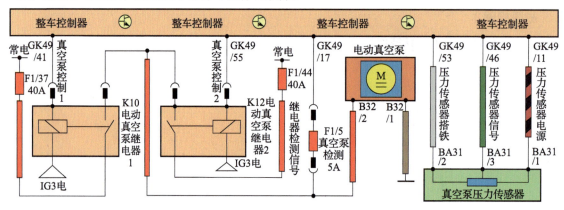

图 2-1　制动真空泵控制电路

1）制动真空泵及搭铁线路。

2）K12 电动真空泵继电器 2、K10 电动真空泵继电器 1 或其相关线路存在故障。

3）F1/37、F1/44 熔丝及供电线路故障。

4）VCU 或其电源、通信线路故障。

5）真空压力传感器信号错误故障。

而在以上原因中，真空压力传感器、制动真空泵自身及控制、电源、继电器故障不会造成高压上电失败，所以造成上述故障现象的原因主要是 VCU 或其电源、通信线路故障，如图 2-2 所示。

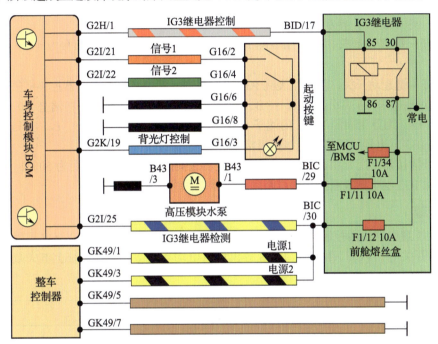

图 2-2　整车控制器（VCU）电源电路

根据仪表故障提示、车辆高压上电故障、各模块与诊断仪的通信状态、故障码的含义，故障可能发生在以上系统的公共部分，即 IG3 继电器的输出异常（IG3 继电器电路如图 2-2 所示），可能的故障原因为：①IG3 继电器自身故障；②IG3 继电器相关线路故障；③BCM 内部故障。

故障点 1　IG3 继电器线圈控制端线路断路

诊断过程

1）如图 2-2 所示，打开一键起动开关，用万用表测 F1/34、F1/11 或 F1/12 两端对地电压，正常为 +B，实测为 0V，异常。

2）打开一键起动开关，用万用表测 IG3 的 87# 端子对地电压，正常为 +B，实测为 0V，异常。

3）打开一键起动开关时，用万用表测 IG3 的继电器控制电源端、继电器控制搭铁端、继电器开关供电端对地电压，正常分别为 0→+B、0、+B，实测始终为 0、0、+B，继电器控制电源端故障。

4）ON 档，用万用表测 BCM 的端子 G2H/1 对地电压，正常为 0→+B，实测为 0→+B，说明 IG3 继电器线圈控制端线路断路。

5）断开插接器，用万用表测量 BCM 到继电器之间的线路电阻，无穷大。

6）排除 IG3 继电器线圈控制端线路断路故障，系统恢复正常。

故障机理

由于 IG3 继电器线圈控制端线路断路，导致 BCM 无法正常控制 IG3 继电器吸合，所以打开一键起动开关时，VCU、MCU、BMS 等模块供电均不正常，高压系统上电失败，真空泵也不能正常工作。

故障点 2 IG3 继电器线圈控制端线路虚接 500Ω 电阻

诊断过程

1）如图 2-2 所示，打开一键起动开关，用万用表测 F1/34、F1/11 或 F1/12 两端对地电压，正常为 +B，实测为 0V，异常。

2）打开一键起动开关，用万用表测 IG3 的 87# 端子对地电压，正常为 +B，实测为 0V，异常。

3）打开一键起动开关，用万用表测 IG3 的继电器控制电源端、继电器控制搭铁端、继电器开关供电端对地电压，正常分别为 0→+B、0、+B，实测 0→3V（可能存在偏差）、0、+B，异常。

4）ON 档，用万用表测 BCM 的端子 G2H/1 对地电压，正常为 0→+B，实测为 0→+B，正常，说明 IG3 继电器线圈控制端线路虚接。

5）断开插接器，用万用表测量 BCM 到继电器之间的线路电阻，实测为 500Ω。

6）排除 IG3 继电器线圈控制端线路虚接故障，系统恢复正常。

故障机理

由于 IG3 继电器线圈控制端线路虚接，导致 BCM 无法正常控制 IG3 继电器吸合，所以打开一键起动开关时，VCU、MCU、BMS 等模块供电均不正常，高压系统上电失败，真空泵也不能正常工作。

故障点 3 IG3 继电器线圈断路（附加电阻正常）

诊断过程

1）如图 2-2 所示，打开一键起动开关，用万用表测 F1/34、F1/11 或 F1/12 两端对地电压，正常为 +B，实测为 0V。

2）打开一键起动开关，用万用表测 IG3 的 87# 端子对地电压，正常为 +B，实测为 0V。

3）打开一键起动开关时，用万用表测 IG3 的继电器控制电源端、继电器控制搭铁端、继电器开关供电端对地电压，正常分别为 0→+B、0、+B，实测 0→+B、0、+B，正常，说明继电器自身损坏。

4）拔下继电器，用万用表测量继电器线圈的电阻，正常应接近 0，而实测为 200Ω，说明继电器线圈断路。

5）排除 IG3 继电器线圈断路故障，系统恢复正常。

故障机理

由于 IG3 继电器线圈断路，导致 BCM 无法正常控制 IG3 继电器吸合，所以打开一键起动开关时，VCU、MCU、BMS 等模块供电均不正常，高压系统上电失败，真空泵也不能正常工作。

故障点 4 IG3 继电器线圈断路（附加电阻断路）

诊断过程

1）如图 2-2 所示，打开一键起动开关，用万用表测 F1/34、F1/11 或 F1/12 两端对地电压，

正常为 +B，实测为 0V；

2）打开一键起动开关，用万用表测 IG3 的端子 87# 对地电压，正常为 +B，实测为 0V。

3）打开一键起动开关时，用万用表测 IG3 的继电器控制电源端、继电器控制搭铁端、继电器开关供电端对地电压，正常分别为 0→+B、0、+B，实测 0→+B、0、+B，正常，说明继电器自身损坏。

4）拔下继电器，用万用表测量继电器线圈的电阻，实测为无穷大，说明继电器线圈断路损坏。

5）排除 IG3 继电器线圈断路故障，系统恢复正常。

故障机理

由于 IG3 继电器损坏，导致 BCM 无法正常控制 IG3 继电器吸合，所以打开一键起动开关时，VCU、MCU、BMS 等模块供电均不正常，高压系统上电失败，真空泵也不能正常工作。

故障点 5　IG3 继电器触点损坏

诊断过程

1）如图 2-2 所示，打开一键起动开关，用万用表测 F1/34、F1/11 或 F1/12 两端对地电压，正常为 +B，实测为 0V。

2）打开一键起动开关，用万用表测 IG3 的 87# 端子对地电压，正常为 +B，实测为 0V。

3）打开一键起动开关时，用万用表测 IG3 的继电器控制电源端、继电器控制搭铁端、继电器开关供电端对地电压，正常分别为 0→+B、0、+B，实测 0→+B、0、+B，正常，说明继电器自身损坏。

4）拔下继电器，用万用表测量继电器线圈的电阻，实测正常。

5）给继电器线圈通电，测量继电器触点是否闭合，发现不能闭合。

6）排除 IG3 继电器触点损坏故障，系统恢复正常。

故障机理

由于 IG3 继电器触点损坏，导致 BCM 无法正常控制 IG3 继电器吸合，所以打开一键起动开关时，VCU、MCU、BMS 等模块供电均不正常，高压系统上电失败，真空泵也不能正常工作。

｜案例 2｜BMS 的 IG3 电源线路故障检修

> 故障点 1：BMS 的 IG3 电源线路断路（BK45B/8 对应线路）
> 故障点 2：BMS 的 IG3 电源线路虚接 500Ω 电阻

故障现象

1）无钥匙进入正常；打开一键起动开关，仪表正常点亮，SOC 显示正常，高压接触器没有工作声，仪表上的"OK"灯无法点亮，主警告灯点亮，仪表提示"EV 功能受限"，车辆无法换入 D 位或 R 位。

2）故障码：P1A3400 预充失败故障、P1A3F00 预充接触器回检故障。

现象分析

根据故障现象无法确定具体故障部位，需要借助诊断设备进行故障扫描。根据故障码，说明预充接触器可能存在故障。

预充接触器电路如图 2-3 所示，可能的故障原因为：①预充接触器故障；②预充接触器线路故障；③BMS 相关故障。

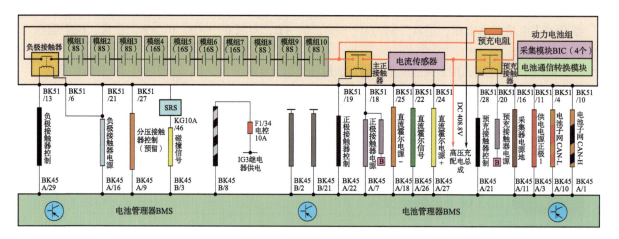

图 2-3　电池管理器电路

故障点 1　BMS 的 IG3 电源线路断路（BK45B/8 对应线路）

诊断过程

1）如图 2-3 所示，打开一键起动开关，用万用表测量预充接触器的 BK51/28、BK51/20 两端之间工作电压，正常为 0V → +B → 0V，实测为 0V 不变，异常。

2）打开一键起动开关，用万用表分别测量预充接触器的 BK51/28 端子对地电压，正常为 +B → 0V，实测为 0V 不变，异常。

3）打开一键起动开关，用万用表测量 BMS 的 BK45A/7 端子对地电压，正常为 0V → +B，实测为 0V 不变，异常，说明 BMS 没有提供预充接触器电源。可能原因在于 BMS 损坏、BMS 没有接收到点火开关指令（由于仪表可以显示 SOC 值，说明 BMS 常火电源及通信线路均正常）。

4）打开一键起动开关，用万用表测量 BMS 端子 BK45B/8 的对地电压，正常为 0V → +B，实测为 0V，异常。

5）打开一键起动开关，用万用表测量 F1/34 两端对地电压，实测均为 +B，正常，说明 F1/34 至端子 BK45B/8 之间的线路断路。

6）断开线路两端的插接器，用万用表测量 F1/34 至端子 BK45B/8 之间线路的电阻值，为无穷大。

7）排除 BMS 的 IG3 电源线路断路故障，系统恢复正常。

故障机理

由于 BMS 的 IG3 电源线路断路，导致 BMS 无法正常控制主正、主负及预充接触器吸合，所以打开一键起动开关时，高压上电失败，"OK" 灯不亮。

故障点 2　BMS 的 IG3 电源线路虚接 500Ω 电阻

诊断过程

1）如图 2-3 所示，打开一键起动开关，用万用表测量预充接触器的 BK51/28、BK51/20 两端之间工作电压，正常为 0V → +B → 0V，实测为 0V 不变，异常。

2）打开一键起动开关，用万用表分别测量预充接触器的 BK51/28 对地电压，正常为

+B → 0V，实测为 0V 不变，异常。

3）打开一键起动开关，用万用表测量 BMS 的 BK45A/7 对地电压，正常为 0V → +B，实测为 0V 不变，异常，说明 BMS 没有提供预充接触器电源。可能的故障原因在于 BMS 损坏、BMS 没有接收到点火开关指令（由于仪表可以显示 SOC 值，说明 BMS 常火电源线路及通信线路均正常）。

4）打开一键起动开关，用万用表测量 BMS 的 BK45B/8 对地电压，正常为 0V → +B，实测为 4V（可能会有偏差），异常。

5）打开一键起动开关，用万用表测量 F1/34 两端对地电压，实测均为 +B，正常，说明 F1/34 至 BK45B/8 之间的线路虚接。

6）断开线路的插接器，用万用表测量 F1/34 至 BK45B/8 之间线路的阻值为 500Ω。

7）排除 BMS 的 IG3 电源线路虚接故障，系统恢复正常。

(故障机理)

由于 BMS 的 IG3 电源线路虚接，导致 BMS 无法正常控制主正、主负及预充接触器吸合，所以打开一键起动开关时，高压上电失败，"OK"灯不亮。

| 案例 3 | BMS 的 IG3 电源供电熔丝 F1/34 断路故障检修

故障现象

1）无钥匙进入正常；打开一键起动开关，仪表正常点亮，SOC 显示正常，高压接触器没有工作声，仪表上的 "OK" 灯没有点亮，主警告灯点亮，仪表提示 "请检查动力系统" "EV 功能受限" "请检查 ESP 系统"，车辆无法换入 D 位或 R 位。

2）故障码：P1A3400 预充失败故障、P1A3F00 预充接触器回检故障、U01A500 与前电机控制器通信故障。

现象分析

1）根据故障现象无法确定具体故障部位，需要借助诊断设备进行故障扫描。

2）根据故障码 P1A3400、P1A3F00，说明预充接触器可能存在故障，可能的故障原因为：①预充接触器故障；②预充接触器线路故障；③ BMS 相关故障。

3）根据故障码 U01A500 及仪表提示动力系统存在故障，说明电机控制器（MCU）均存在故障。

而 BMS 和 MCU 共用 F1/34 熔丝供电，如图 2-4 所示，所以造成上述故障现象的原因可能在于公共电源部分：① F1/34 自身故障；② F1/34 上下游线路故障；③ BMS 和 MCU 自身故障。

诊断过程

1）打开一键起动开关，用万用表测量 F1/34 两端对地电压，实测一端为 +B，另一端为 0V，说明 F1/34 断路。

2）拔下 F1/34，用万用表测量熔丝阻值，为无穷大。

3）拆下低压蓄电池负极，用万用表测量 F1/34 下游线路对地阻值，大于 +B/10A，正常。

4）排除 F1/34 烧损故障，系统恢复正常。

(故障机理)

由于 BMS 和 MCU 的 IG3 电源熔丝 F1/34 烧损，导致 BMS 无法正常控制预充接触器吸合，MCU 无法与其他模块进行通信，所以打开一键起动开关，高压上电失败，"OK"灯不亮。

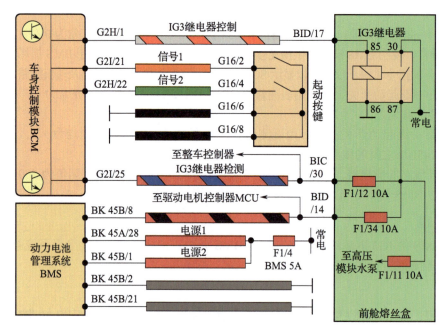

图 2-4 BMS 和 MCU 电源电路

案例 4 | BMS 常电源回路故障检修

故障点 1：BMS 的 30# 电源供电熔丝 F1/4 断路
故障点 2：BMS 的 30# 电源供电熔丝 F1/4 虚接 500Ω 电阻
故障点 3：BMS 的搭铁线路断路

故障现象

1）打开一键起动开关，仪表点亮，SOC 值不显示；高压接触器没有工作声，仪表上的"OK"灯不亮；动力电池系统故障灯点亮，车辆无法换入 D 位或 R 位。

2）故障码：U011187 与动力电池管理模块通信丢失。

现象分析

仪表无法显示 SOC 值，动力电池故障指示灯点亮，说明组合仪表无法获知 BMS 传递的信息；而整车控制系统故障灯、主警告灯、ABS、ESP 等驱动系统故障灯均没有点亮，说明 BMS 端动力 CAN 总线通信存在故障的可能性较低。造成上述故障的可能原因是：① BMS 自身故障；② BMS 常电源故障。BMS 常电源电路如图 2-5 所示。

故障点 1　BMS 的 30# 电源供电熔丝 F1/4 断路

诊断过程

1）如图 2-5 所示，打开一键起动开关，测量 F1/4 两端对地电压，实测一端为 +B，另一端为 0V，熔丝断路。

2）拔下 F1/4，目视或用万用表测量熔丝电阻，实测无穷大，说明熔丝已断开。

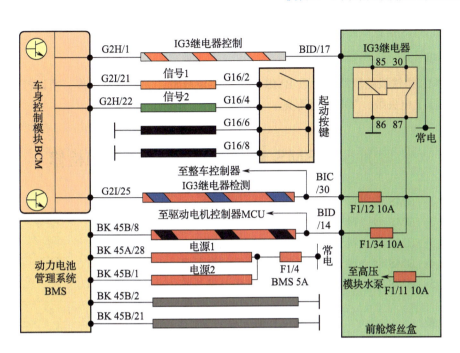

图 2-5　BMS 常电源电路

3）拆下低压蓄电池负极，用万用表测量 F1/4 下游线路对地电阻值，大于 +B/5A，正常。

4）排除 F1/4 熔丝断路故障，系统恢复正常。

【故障机理】

由于 F1/4 熔丝断路，导致 BMS 常电源供电异常，无法正常工作，所以打开一键起动开关后，高压上电失败，"OK"灯不亮。

故障点 2　BMS 的 30# 电源供电熔丝 F1/4 虚接 500Ω 电阻

诊断过程

1）如图 2-5 所示，打开一键起动开关，测量 F1/4 两端对地电压，实测一端为 +B，另一端为 4V（可能存在偏差），熔丝断路。

2）拔下 F1/4，用万用表测量熔丝电阻，实测为 500Ω。

3）排除 F1/4 熔丝电阻过大故障，系统恢复正常。

【故障机理】

由于 F1/4 熔丝电阻过大，导致 BMS 常电源供电异常，无法正常工作，所以打开一键起动开关后，高压上电失败，"OK"灯不亮。

故障点 3　BMS 的搭铁线路断路

诊断过程

1）如图 2-5 所示，打开一键起动开关，测量 F1/4 两端对地电压，实测两端均为 +B。

2）打开一键起动开关，测量 BK45B/1、BK45B/21 对地电压，应小于 0.1V，实测为 +B，异常。

3）拆下低压蓄电池负极，拔下 BMS 电气插接器，用万用表测量 BK45B/1、BK45B/21 与搭铁之间的电阻，测试值为无穷大。

4）排除 BMS 搭铁线路断路故障，系统恢复正常。

故障机理

由于 BMS 搭铁线路断路，导致 BMS 常电源供电异常，无法正常工作，所以打开一键起动开关后，高压上电失败，"OK" 灯不亮。

| 案例 5 | BMS 动力网 CAN 总线故障检修

故障点 1：BMS 动力网 CAN–L 断路
故障点 2：BMS 动力网 CAN–H 线路对地短路
故障点 3：BMS 动力网 CAN–L 线路对正极虚接 20Ω 电阻
故障点 4：BMS 动力网 CAN 总线终端电阻线路断路
故障点 5：BMS 动力网 CAN 总线终端电阻线路虚接 200Ω 电阻

故障现象

1）打开一键起动开关，仪表正常点亮，但 SOC 无法显示；高压上电失败，仪表上的 "OK" 灯不亮；仪表上的动力电池故障指示灯、主警告灯、动力系统警告灯、充电系统警告灯等多个系统的故障指示灯点亮，仪表显示 "请检查车辆网络" 等多个系统存在故障。

2）车辆无法换入 D 位或 R 位，车辆无法行驶。

3）故障码：

系统	故障码	故障码说明
ESP	U059504	与前电机控制器 CAN 信号超时
电动助力转向系统	U015987	与 VTOG 丢失通信
	U015687	档位信号丢失
电子驻车系统	U041681	收到电子车身稳定系统的无效信息故障
	U011087	与 MCU 通信故障
车身控制系统	B1C1D02	拨档器的档位信号故障
网关控制器	B12EC00	动力网通信故障

现象分析

1）仪表无法显示 SOC 值，动力电池故障指示灯点亮，说明组合仪表无法获知 BMS 传递的信息。

2）根据其他故障现象和仪表提示，说明故障来自动力 CAN 系统、舒适 CAN 系统及 ESC-CAN 系统。

> **注意：**由于组合仪表位于动力 CAN 系统，所以动力 CAN 总线出现故障时，会导致组合仪表与所有模块通信均异常。

3）根据故障码提示，无法通信的模块均来自动力 CAN 网络，动力网 CAN 总线如图 2-6 所示。综合以上所有信息，说明可能的故障源是动力 CAN 总线存在局部故障。

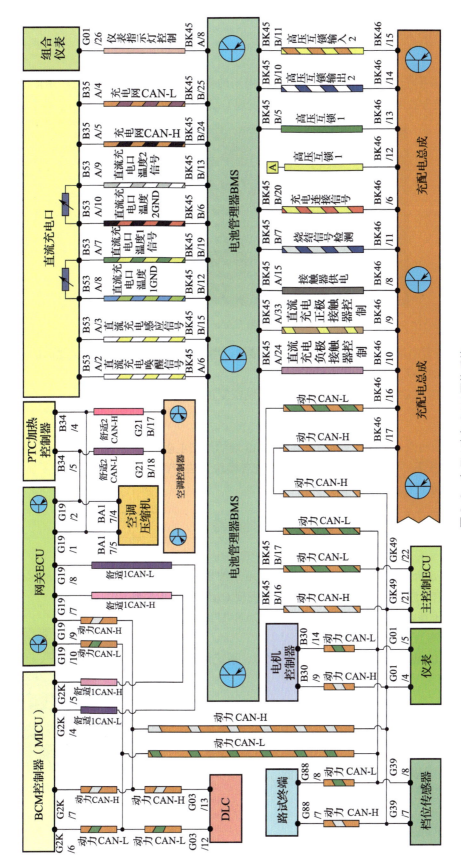

图2-6　秦EV动力CAN网络系统

故障点1 BMS 动力网 CAN-L 断路

诊断过程

1）如图 2-6 所示，打开一键起动开关，用示波器测量 BMS 的 CAN 总线 BK45B/16、BK45B/17 对地信号波形，如图 2-7 所示，实测发现 CAN-L 断路。

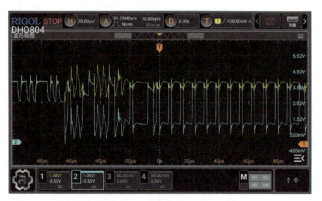

图 2-7　BMS 动力网 CAN-L 断路波形

2）拆下低压蓄电池负极，断开线路两端插接器，用万用表测量 BMS 至网关之间的 CAN-L 线路电阻值，实测为无穷大。

3）排除 BMS 端 CAN-L 线路断路故障，系统恢复正常。

故障机理

由于 BMS 端动力 CAN-L 线路断路导致 BMS 端的终端电阻功能失效，动力 CAN 总线系统无法工作，所以按下一键起动按钮后，动力系统各模块无法与其他模块通信，仪表不显示 SOC 值，且提示多个系统存在故障，高压无法上电。

故障点2 BMS 动力网 CAN-H 线路对地短路

诊断过程

1）如图 2-6 所示，打开一键起动开关，用示波器测量 BMS 的 CAN 总线 BK45B/16、BK45B/17 对地信号波形，如图 2-8 所示，实测发现 CAN-H 对地短路。

2）拆下低压蓄电池负极，用万用表测量 CAN-H 线路对地电阻值，实测为 0Ω。

3）排除 BMS 端 CAN-H 线路对地短路故障，系统恢复正常。

故障机理

由于动力 CAN-H 线路对地短路，导致动力 CAN 总线系统无法工作，所以按下一键起动按钮后，动力系统各模块无法与其他模块通信，仪表不显示 SOC 值，且提示多个系统存在故障，高压无法上电。

图 2-8　BMS 动力网 CAN-H 对地短路波形

故障点 3　**BMS 动力网 CAN-L 线路对正极虚接 20Ω 电阻**

诊断过程

1）如图 2-6 所示，打开一键起动开关，用示波器测量 BMS 的 CAN 总线 BK45（B）/16、BK45（B）/17 对地信号波形，如图 2-9 所示，实测发现 CAN-L 线路对正极虚接。

2）拆下低压蓄电池负极，用万用表测量 CAN-L 线路对正极线路电阻值，实测为 20Ω。

3）排除动力网 CAN-L 线路对正极虚接故障，系统恢复正常。

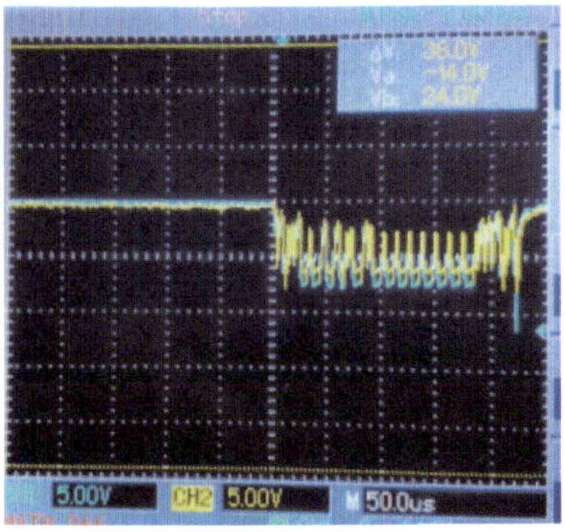

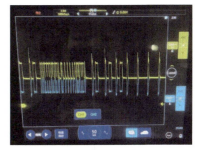

图 2-9　BMS 动力网 CAN-L 对正极虚接波形

故障机理

由于动力 CAN-L 线路对正极虚接，导致动力 CAN 总线系统无法工作，所以按下一键起动按钮后，动力系统各模块无法与其他模块通信，仪表不显示 SOC 值，且提示多个系统存在故障，高压无法上电。

故障点 4　**BMS 动力网 CAN 总线终端电阻线路断路**

诊断过程

1）如图 2-6 所示，打开一键起动开关，用示波器测量 BMS 的 CAN 总线 BK45（B）/16、BK45（B）/17 对地信号波形，实测发现 CAN-L 与 CAN-H 之间电压差变得很大，如图 2-10 所示，说明动力 CAN 总线的终端电阻几乎断路，而秦的动力 CAN 总线的终端电阻在 BMS 模块、网关模块端内（注意：不同车型终端电阻分布不均匀）。

2）拔下 BMS 插接器，用万用表测量 BMS 模块端、线束端 BK45（B）/16、BK45（B）/17 之间的电阻值，实测发现 BMS 端的终端电阻值无穷大。

图 2-10　BMS 动力网 CAN 总线终端电阻故障波形

3）排除 BMS 端动力网 CAN 总线的终端电阻断路故障，系统恢复正常。

故障机理

由于 BMS 端的动力 CAN 线路终端电阻断路，导致动力 CAN 总线系统无法工作，所以按下一键起动按钮后，动力系统各模块无法与其他模块通信，仪表不显示 SOC 值，且提示多个系统存在故障，高压无法上电。

故障点 5　**BMC 动力网 CAN 总线终端电阻线路虚接 200Ω 电阻**

诊断过程

1）打开一键起动开关，用示波器测量 BMS 的 CAN 总线 BK45（B）/16、BK45（B）/17 对地信号波形，实测发现 CAN-L 与 CAN-H 之间电压差变大，如图 2-10 所示，说明动力 CAN 总线的终端电阻过大，而秦的动力 CAN 总线的终端电阻在 BMS 模块、网关模块端内（注意：不同车型终端电阻分布不均匀）。

2）拔下 BMS 插接器，用万用表测量 BMS 模块端、线束端 BK45（B）/16、BK45（B）/17 之间的阻值，实测发现 BMS 端的终端电阻值为 320Ω。

3）排除 BMS 动力网 CAN 总线的终端电阻虚接故障，系统恢复正常。

故障机理

由于 BMS 端的动力 CAN 总线终端电阻虚接，导致动力 CAN 总线系统无法工作，所以按下一键起动按钮后，动力系统各模块无法与其他模块通信，仪表不显示 SOC 值，且提示多个系统存在故障，高压无法上电。

| 案例 6 | BMS 与动力电池包之间的通信故障检修

故障点 1：BMS 端电池子网 CAN-H 断路

故障点 2：BMS 端电池子网 CAN-L 与 CAN-H 线路之间虚接 10Ω 电阻

故障点 3：BMS 与动力电池包之间的通信转换模块电源线路断路

故障点 4：BMS 与动力电池包之间的通信转换模块电源线路虚接 1000Ω 电阻

故障现象

1）车门解锁时，仪表上动力电池故障指示灯点亮。

2）打开一键起动开关，仪表正常点亮，动力电池电量 SOC 显示正常；但高压接触器没有工作声，仪表上的"OK"灯没有点亮，动力电池故障指示灯一直点亮；车辆无法换入 D 位或 R 位。

3）故障码：

U20B000 电池采集器（BIC）1 CAN 通信超时故障。

U20B100 电池采集器（BIC）2 CAN 通信超时故障。

U20B200 电池采集器（BIC）3 CAN 通信超时故障。

U20B300 电池采集器（BIC）4 CAN 通信超时故障。

U20B400 电池采集器（BIC）5 CAN 通信超时故障。

U20B500 电池采集器（BIC）6 CAN 通信超时故障。

U20B600 电池采集器（BIC）7 CAN 通信超时故障。

U20B700 电池采集器（BIC）8 CAN 通信超时故障。

现象分析

打开一键起动开关，仪表显示电池电量 SOC，说明 BMS 开始工作，并且与动力 CAN 总线系统通信正常；仪表上动力电池故障指示灯点亮，说明动力电池存在故障，但无法确定具体什么故障；而根据故障码分析，说明动力电池子网 CAN 总线存在故障，动力电池子网 CAN 总线电路如图 2-11 所示，可能的故障原因是：① BMS 内部故障；② BMS 与动力电池包之间线路故障；③电池包及其相关线路故障。

故障点 1 　BMS 端电池子网 CAN-H 断路

诊断过程

1）如图 2-11 所示，打开一键起动开关，用示波器测量动力电池组端电池子网 CAN 总线 BK51/4、BK51/10 对地信号波形，如图 2-12 所示，实测发现 CAN-H 断路。

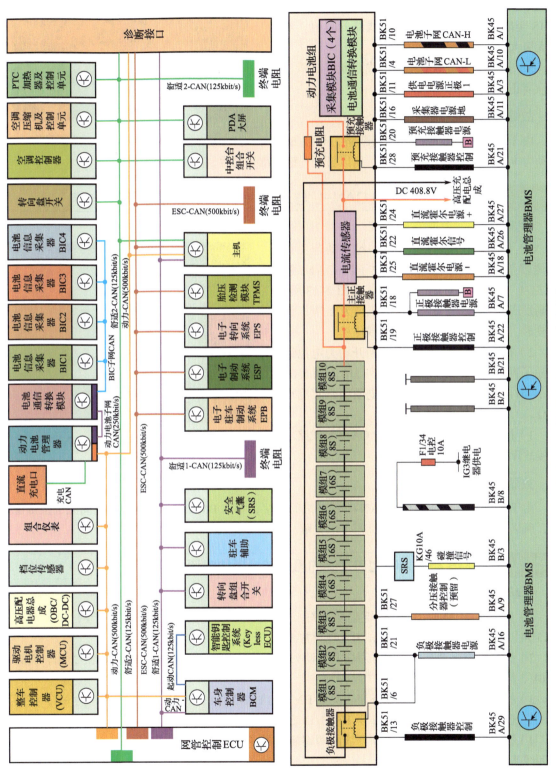

图 2-11　动力电池电子网 CAN 总线电路

2）拆下低压蓄电池负极，断开动力电池组端电池子网 CAN 总线两端的插接器，用万用表测量 BMS 至电池包之间的 CAN-H 线路的阻值，实测为无穷大。

3）排除电池子网 CAN-H 线路断路故障，系统恢复正常。

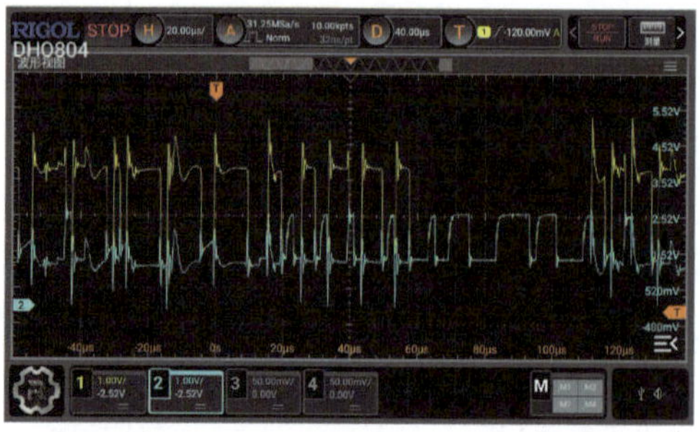

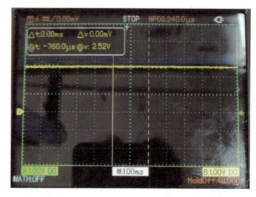

图 2-12　电池子网 CAN-H 断路波形

故障机理

由于电池子网 CAN-H 线路断路，导致 BMS 与动力电池包之间无法正常通信，所以打开一键起动开关后，高压上电失败。

故障点 2　BMS 端电池子网 CAN-L 与 CAN-H 线路之间虚接 10Ω 电阻

诊断过程

1）如图 2-11 所示，打开一键起动开关，用示波器测量动力电池组端电池子网 CAN 总线 BK51/4、BK51/10 对地信号波形，如图 2-13 所示，实测发现 CAN-H 与 CAN-L 电压约为 2.5V，无明显波形，说明线路之间存在短路或虚接。

2）拆下低压蓄电池负极，断开动力电池组端电池子网 CAN 总线两端插接器，用万用表测量 CAN-H 与 CAN-L 线路之间的电阻值，实测小于 60Ω。

3）排除电池子网 CAN-H 与 CAN-L 线路之间虚接故障，系统恢复正常。

图 2-13　动力电池子网 CAN 总线之间虚接波形

故障机理

由于电池子网 CAN-H 与 CAN-L 线路之间虚接，导致 BMS 与动力电池包之间无法正常通信，所以打开一键起动开关后，高压上电失败。

故障点 3　BMS 与动力电池包之间的通信转换模块电源线路断路

诊断过程

1）如图 2-11 所示，打开一键起动开关，用示波器测量动力电池组端电池子网 CAN 总线 BK51/4、BK51/10 对地信号波形，未发现异常波形。

2）打开一键起动开关，用万用表测量动力电池包的 BK51/11 对地电压，正常为 +B，实测为 0V，异常。

3）打开一键起动开关，用万用表测量 BMS 的 BK45（A）/3 对地电压，正常为 +B，实测为 +B，正常，说明 BK45（A）/3 至 BK51/11 之间线路断路。

4）拆下低压蓄电池负极，断开线路两端插接器，用万用表测量 BK45（A）/3 至 BK51/11 之间线路的阻值，实测为无穷大。

5）排除动力电池通信转换模块供电线路断路故障，系统恢复正常。

故障机理

由于动力电池通信转换模块供电线路断路，导致通信转换模块工作异常，BMS 与动力电池包之间无法正常通信，所以打开一键起动开关后，高压上电失败。

故障点 4 BMS 与动力电池包之间的通信转换模块电源线路虚接 1000Ω 电阻

诊断过程

1）如图 2-11 所示，打开一键起动开关，用示波器测量动力电池组端电池子网 CAN 总线 BK51/4、BK51/10 对地信号波形，未发现异常。

2）打开一键起动开关，用万用表测量动力电池包的 BK51/11 对地电压，正常为 +B，实测为 3V（可能存在偏差），异常。

3）打开一键起动开关，用万用表测量 BMS 的 BK45（A）/3 对地电压，正常为 +B，实测为 +B，正常，说明 BK45（A）/3 至 BK51/11 之间线路虚接。

4）拆下低压蓄电池负极，断开线路两端插接器，用万用表测量 BK45（A）/3 至 BK51/11 之间线路的阻值，实测为 1000Ω。

5）排除动力电池通信转换模块供电线路虚接故障，系统恢复正常。

故障机理

由于动力电池通信转换模块供电线路虚接，导致通信转换模块工作异常，BMS 与动力电池包之间无法正常通信，所以打开一键起动开关后，高压上电失败。

｜案例 7｜ 预充接触器控制电路故障检修

故障点 1：预充接触器控制线路断路
故障点 2：预充接触器控制线路虚接 200Ω 电阻
故障点 3：预充接触器供电线路（BMS-BK45A/7 端）断路
故障点 4：预充接触器供电线路（BMS-BK45A/7 端）虚接 200Ω 电阻

故障现象

1）打开一键起动开关，仪表正常点亮，动力电池电量 SOC 显示正常，但高压接触器没有工作声，仪表上的"OK"灯无法点亮，系统主警告灯点亮，仪表提示"EV 功能受限"，车辆无法换入 D 位或 R 位。

2）故障码：P1A3F00 预充接触器回检故障、P1A3400 预充失败故障。

现象分析

根据故障现象，SOC 显示正常，动力电池故障指示灯没有点亮，说明 BMS 自检正常，但系统高压上电失败的原因不能确定，需要借助诊断仪进行诊断；根据故障码，说明预充接触器或其控制电路存在故障，预充接触器控制电路如图 2-14 所示，可能的故障原因有：①预充接触器自身故障；②预充接触器线路故障；③BMS 内部故障。

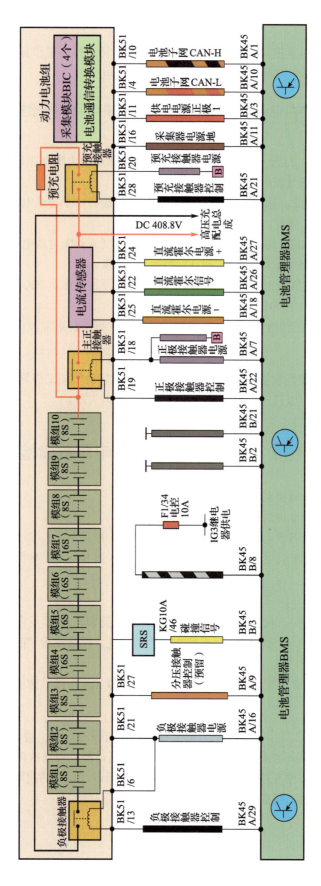

图 2-14　电池管理器电路

故障点 1　预充接触器控制线路断路

诊断过程

1）如图 2-14 所示，打开一键起动开关，用万用表测量动力电池组的 BK51/20、BK51/28 两端之间工作电压，正常为 0V → +B，实测为 0V 不变，异常（本步可以不做）。

2）打开一键起动开关，用万用表测量动力电池组的 BK51/28 对地电压，正常分别为 +B → 0V 不变，实测为 +B 不变，异常。

3）打开一键起动开关，用万用表测量 BMS 的 BK45A/21 对地电压，正常为 +B → 0V，实测为 0V 不变，说明 BK51/28 至 BK45A/21 之间线路断路。

4）断掉低压蓄电池负极，断开 BK51/28 至 BK45A/21 之间线路两端的插接器，用万用表测量线路阻值为无穷大。

5）排除预充接触器控制线路断路故障，系统恢复正常。

故障机理

由于预充接触器控制线路断路，导致 BMS 无法正常控制预充接触器吸合，所以打开一键起动开关，高压上电失败。

故障点 2　预充接触器控制线路虚接 200Ω 电阻

诊断过程

1）如图 2-14 所示，打开一键起动开关，用万用表测量预充接触器的 BK51/20、BK51/28 两端工作电压，正常为 0V → +B，实测为 0V 不变，异常（本步可以不做）。

2）打开一键起动开关，用万用表测量预充接触器的 BK51/28 对地电压，正常分别为 +B → 0V，实测为 +B → 8V（可能会有偏差），异常。

3）打开一键起动开关，用万用表测量 BMS 的 BK45A/21 对地电压，正常为 +B → 0V，实测正常，说明 BK51/28 至 BK45A/21 之间线路虚接。

4）断掉低压蓄电池负极，断开 BK51/28 至 BK45A/21 之间线路两端的插接器，用万用表测量线路电阻值为 200Ω。

5）排除预充接触器控制线路虚接故障，系统恢复正常。

故障机理

由于预充接触器控制线路虚接，导致 BMS 无法正常控制预充接触器吸合，所以打开一键起动开关，高压上电失败。

故障点 3　预充接触器供电线路（BMS-BK45A/7 端）断路

诊断过程

1）如图 2-14 所示，打开一键起动开关，用万用表测量预充接触器的 BK51/20、BK51/28 两端工作电压，正常为 0V → +B，实测为 0V 不变，异常（本步可以不做）。

2）打开一键起动开关，用万用表测量预充接触器的 BK51/28 对地电压，正常分别为 +B → 0V，实测始终为 0V，异常。

3）打开一键起动开关，用万用表测量预充接触器的 BK51/20 对地电压，正常分别为 +B，实测始终为 0V，异常。

4）打开一键起动开关，用万用表测量 BMS 的 BK45A/7 对地电压，正常为 +B，实测正常，说明 BK51/20 至 BK45A/7 之间线路断路。

5）断掉低压蓄电池负极，断开 BK51/20 至 BK45A/7 之间线路两端的插接器，用万用表测量线路电阻值为无穷大。

6）排除预充接触器供电线路断路故障，系统恢复正常。

故障机理

由于预充接触器供电线路断路，导致 BMS 无法正常控制预充接触器吸合，所以打开一键起动开关，高压上电失败。

故障点 4 预充接触器供电线路（BMS-BK45A/7 端）虚接 200Ω 电阻

诊断过程

1）如图 2-14 所示，打开一键起动开关，用万用表测量预充接触器的 BK51/20、BK51/28 两端工作电压，正常为 0V → +B，实测为 0V → 7V（可能会有偏差）不变，异常（本步可以不做）。

2）打开一键起动开关，用万用表测量预充接触器的 BK51/28 对地电压，正常分别为 +B → 0V，实测为 5V → 0V（可能会有偏差），异常。

3）打开一键起动开关，用万用表测量预充接触器的 BK51/20 对地电压，正常分别为 +B，实测为 +B → 7V，异常。

4）打开一键起动开关，用万用表测量 BMS 的 BK45A/7 对地电压，正常为 +B，实测正常，说明 BK51/20 至 BK45A/7 之间线路虚接。

5）断掉低压蓄电池负极，断开 BK51/20 至 BK45A/7 之间线路两端的插接器，用万用表测量线路电阻值为 200Ω。

6）排除预充接触器供电线路虚接故障，系统恢复正常。

故障机理

由于预充接触器供电线路虚接，导致 BMS 无法正常控制预充接触器吸合，所以打开一键起动开关，高压上电失败。

| 案例 8 | MCU 动力总线、供电线路故障检修

故障点 1：MCU 端动力 CAN-H 线路断路
故障点 2：MCU 端动力 CAN-L 线路断路
故障点 3：MCU 供电线路断路（B30A/10、B30A/11 同时断路）
故障点 4：MCU 搭铁点断路

故障现象

1）打开一键起动开关，仪表点亮，SOC 显示正常；但没有听到高压接触器的工作声，仪表"OK"灯不亮，同时主告警灯、动力系统故障指示灯点亮。文字提示：请检查动力系统，EV 功能受限。

2）故障码：U01A500 与前电机控制器通信故障。

现象分析

根据高压系统无法上电的故障现象，无法确定故障所在，只能借助诊断仪的提示信息进一

步确定故障范围；结合故障码提示，说明动力系统中的电机控制器可能存在通信功能故障，电机控制器电路原理如图 2-15 所示，可能的故障原因是：①驱动电机控制器自身故障；②驱动电机控制器电源、通信等相关线路故障。

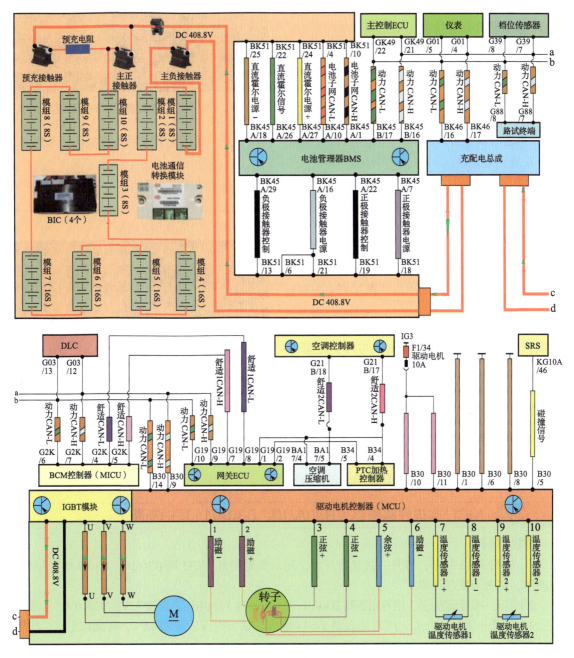

图 2-15　电机控制器电路

故障点 1　MCU 端动力 CAN-H 线路断路

诊断过程

1）如图 2-15 所示，打开一键起动开关，用示波器测量 MCU 端 B30/14、B30/9 的 CAN 总线波形，如图 2-16 所示，实测发现 CAN-H 线路断路。

2）拆下低压蓄电池负极，拔下 MCU 的电气插接器，用万用表测量 MCU 与网关之间的 CAN-H 线路电阻值为无穷大。

3）排除 MCU 端的 CAN-H 线路断路故障，系统恢复正常。

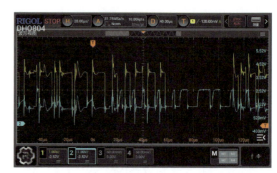

图 2-16　MCU 端动力 CAN-H 断路波形

故障机理

由于 MCU 端的 CAN-H 线路断路，导致 MCU 无法与其他模块通信，造成模块认证失败，所以打开一键起动开关后，模块认证未通过，高压系统上电失败。

故障点 2　MCU 端动力 CAN-L 线路断路

诊断过程

1）如图 2-15 所示，打开一键起动开关，用示波器测量 MCU 端 B30/14、B30/9 的 CAN 总线波形，如图 2-17 所示，实测发现 CAN-L 线路断路。

2）拆下低压蓄电池负极，拔下 MCU 的电气插接器，用万用表测量 MCU 与网关之间的 CAN-L 线路电阻值为无穷大。

3）排除 MCU 端 CAN-L 线路断路故障，系统恢复正常。

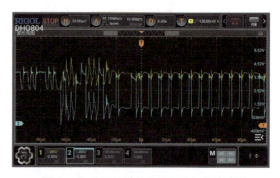

图 2-17　MCU 端动力 CAN-L 断路波形

故障机理

由于 MCU 端 CAN-L 线路断路，导致 MCU 无法与其他模块通信，造成模块认证失败，所以打开一键起动开关后，模块认证未通过，高压系统上电失败。

故障点 3　MCU 供电线路断路（B30A/10、B30A/11 同时断路）

诊断过程

1）如图 2-15 所示，打开一键起动开关，用示波器测量 MCU 端 B30/14、B30/9 的 CAN 总线波形，实测未发现异常。

2）打开一键起动开关，用万用表测 B30A/10 和 B30A/11 对地电压，正常 12V，实测 0V，异常。

3）打开一键起动开关，用万用表测 F1/34 输入、输出电压，正常 12V，实测均正常，说明熔丝至 B30A/10 和 B30A/11 均断路。

4）关闭点火开关，拔下 F1/34 熔丝和 MCU 插接器，用万用表测量 F1/34 输出端与 MCU 的 B30A/10 和 B30A/11 端子之间的线路电阻，均为无穷大。

5）排除 MCU 的供电线路断路故障，系统恢复正常。

故障机理

由于 MCU 的供电线路断路，导致 MCU 供电异常，无法正常进行模块认证工作，所以打开一键起动开关后，模块认证未通过，高压系统上电失败。

故障点 4 MCU 搭铁点断路

诊断过程

1）如图 2-15 所示，打开一键起动开关，用示波器测量 MCU 端 CAN 总线波形，实测未发现异常。

2）打开一键起动开关，用万用表测 B30A/10 和 B30A/11 对地电压，正常 12V，实测正常。

3）打开一键起动开关，用万用表测 B30A/1、B30A/6、B30A/8 对地电压，正常 0V，实测+B，说明搭铁点存在断路故障。

4）关闭点火开关，拔掉 MCU 插接器，用万用表测量搭铁线路对地电阻，为无穷大。

5）排除 MCU 的搭铁线路断路故障，系统恢复正常。

故障机理

由于 MCU 的搭铁线路断路，导致 MCU 供电异常，无法正常进行模块认证工作，所以打开一键起动开关后，模块认证未通过，高压系统上电失败。

| 案例 9 | VCU 电源或动力网通信故障检修

故障点 1：VCU 的供电熔丝 F1/12 断路（与 BCM 的 G2I/25 共用）
故障点 2：VCU 的供电线路断路（GK49/1、GK49/3 同时断路）
故障点 3：VCU 的搭铁线路断路（GK49/5、GK49/7 同时断路）
故障点 4：VCU 端 CAN-L 线路虚接 500Ω 电阻
故障点 5：VCU 端 CAN-H 线路虚接 500Ω 电阻

故障现象

1）无钥匙进入正常。

2）打开一键起动开关，制动踏板高度无变化，不能听到前机舱真空泵运转声。

3）仪表点亮正常，SOC 值显示正常；但"OK"灯不亮，动力系统警告灯、ESP 系统警告灯、驻车故障警告灯点亮，仪表提示"请检查动力系统""请检查 ESP 系统""请检查电子驻车系统"；车辆无法换入 D 位或 R 位。

4）故障码：U014187 与整车控制器通信故障。

现象分析

打开点火开关，制动踏板高度无下降、制动真空泵也没有运转，结合制动真空泵的控制原理（参考图 2-1 制动真空泵控制电路），说明以下部件可能存在故障：

1）制动真空泵及搭铁线路。

2）K12 电动真空泵继电器 2、K10 电动真空泵继电器 1 或其相关线路存在故障。

3）F1/37 熔丝及供电线路故障。

4）VCU 或其电源、通信线路故障。

5）真空压力传感器信号错误故障。

而在以上原因中，真空压力传感器、制动真空泵自身及控制、电源、继电器故障不会造成高压上电失败，所以造成上述故障现象的原因是 VCU 或其电源、通信线路故障。VCU 电源及通信线路如图 2-18 所示。

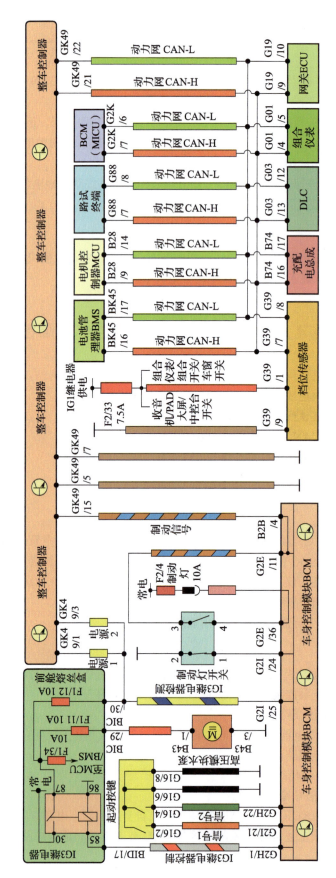

图 2-18　VCU 电源及通信线路

故障点 1 VCU 的供电熔丝 F1/12 断路（与 BCM 的 G2l/25 共用）

诊断过程

1）如图 2-18 所示，打开一键起动开关，用示波器测量 VCU 端的动力 CAN 总波形，实测未发现异常。

2）打开一键起动开关，用万用表分别测量 VCU 的供电端子 GK49/1、GK49/3 对地电压，正常为 +B，实测均为 0V，异常。

3）打开一键起动开关，用万用表测量熔丝 F1/12 两端对地电压，正常均为 +B，实测一端为 +B，另一端为 0V，说明 F1/12 断路损坏。

4）拔下 F1/12，目视或用万用表测量熔丝电阻值为无穷大，说明熔丝已断开。

5）拆下低压蓄电池负极，用万用表测量 F1/12 下游线路对地阻值，大于 +B/10A，正常。

6）排除 VCU 的供电熔丝断路损坏故障，系统恢复正常。

故障机理

由于 VCU 的供电熔丝断路损坏，导致 VCU 无法正常工作，且无法与其他模块通信，造成模块认证失败，所以打开一键起动开关，高压上电失败，"OK"灯不亮。

故障点 2 VCU 的供电线路断路（GK49/1、GK49/3 同时断路）

诊断过程

1）如图 2-18 所示，打开一键起动开关，用示波器测量 VCU 端的动力 CAN 总波形，实测未发现异常。

2）打开一键起动开关，用万用表分别测量 VCU 的供电端子 GK49/1、GK49/3 对地电压，正常为 +B，实测均为 0V，异常。

3）打开一键起动开关，用万用表测量熔丝 F1/12 两端对地电压，正常均为 +B，实测两端均为 +B，说明 F1/12 与 VCU 之间线路断路。

4）拆下低压蓄电池负极，拔下 F1/12 和 VCU 插接器，用万用表测量 F1/12 和 VCU 之间线路的电阻值，实测为无穷大。

5）排除 VCU 的供电线路断路故障，系统恢复正常。

故障机理

由于 VCU 的供电线路断路，导致 VCU 无法正常工作，且无法与其他模块通信，造成模块认证失败，所以打开一键起动开关，高压上电失败，"OK"灯不亮。

故障点 3 VCU 的搭铁线路断路（GK49/5、GK49/7 同时断路）

诊断过程

1）如图 2-18 所示，打开一键起动开关，用示波器测量 VCU 端的动力 CAN 总波形，实测未发现异常。

2）打开一键起动开关，用万用表分别测量 VCU 的供电端子 GK49/1、GK49/3 对地电压，正常为 +B，实测均为 +B，正常。

3）打开一键起动开关，用万用表分别测量 VCU 的 GK49/5、GK49/7 对地电压，正常为 0V，实测均为 +B，说明搭铁线路存在断路。

4）拆下低压蓄电池负极，拔下 VCU 插接器，用万用表测量 VCU 的 GK49/5、GK49/7 对地电阻值，正常应近乎为 0，实测为无穷大。

5）排除 VCU 的搭铁线路断路故障，系统恢复正常。

（故障机理）

由于 VCU 的搭铁线路断路，导致 VCU 无法正常工作，且无法与其他模块通信，造成模块认证失败，所以打开一键起动开关，高压上电失败，"OK"灯不亮。

故障点 4 | VCU 端 CAN-L 线路虚接 500Ω 电阻

诊断过程

1）如图 2-18 所示，打开一键起动开关，用示波器测量 VCU 端的动力 CAN 总线波形，如图 2-19 所示，实测发现 CAN-L 线路虚接。

2）拆下低压蓄电池负极，拔下 VCU 的插接器，用万用表测量 VCU 至网关之间的 CAN-L 线路电阻值，为 500Ω。

3）排除 VCU 的 CAN-L 线路虚接故障，系统恢复正常。

（故障机理）

由于 VCU 的 CAN-L 线路虚接，导致 VCU 无法与其他模块通信，造成模块认证失败，所以打开一键起动开关，高压上电失败，"OK"灯不亮。

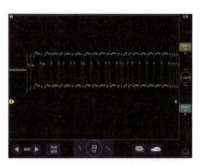

图 2-19　VCU 端动力 CAN-L 线路虚接波形

故障点 5 | VCU 端 CAN-H 线路虚接 500Ω 电阻

诊断过程

1）如图 2-18 所示，打开一键起动开关，用示波器测量 VCU 端的动力 CAN 总波形，如图 2-20 所示，实测发现 CAN-H 线路虚接。

2）拆下低压蓄电池负极，拔下 VCU 的插接器，用万用表测量 VCU 至网关之间的 CAN-H 线路阻值，为 500Ω。

3）排除 VCU 的 CAN-H 线路虚接故障，系统恢复正常。

（故障机理）

由于 VCU 的 CAN-H 线路虚接，导致 VCU 无法与其他模块通信，模块认证失败，所以打开一键起动开关，高压上电失败，"OK"灯不亮。

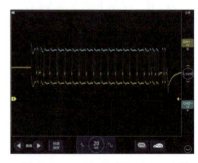

图 2-20　VCU 端动力 CAN-H 线路虚接波形

| 案例 10 | 充配电总成电源或通信线路故障检修

故障点 1：充配电总成端动力 CAN-H 断路

故障点 2：充配电总成端动力 CAN-L 断路

故障点 3：充配电总成供电线路断路（BK46/1、BK46/2 同时断路）

故障点 4：充配电总成供电熔丝 F1/22 断路

故障点 5：充配电总成搭铁点断路

故障现象

1）打开一键起动开关，没有听到高压接触器吸合的动作声，仪表上的"OK"灯未正常点亮，但 DC-DC 故障灯、主警告灯点亮，且仪表提示：低压供电系统故障，EV 功能受限。

2）插充电枪，仪表不显示连接指示灯，也不能充电。

3）故障码：与充配电通信故障。

现象分析

充电系统电气连接关系如图 2-21 所示，充电连接指示灯不亮，说明"交流电源→供电设备→充电连接电缆→车辆接口→高压充配电总成→ BMS →组合仪表"异常，且 DC-DC 故障灯点亮，说明可能是充配电总成工作异常。结合故障码，说明故障的原因可能是：①充配电总成内部故障；②充配电总成电源及通信线路故障。

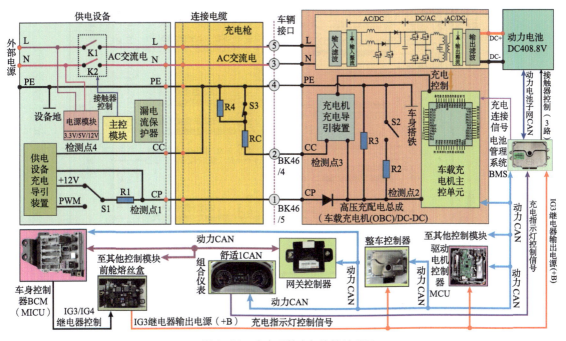

图 2-21 充电系统电气连接关系图

故障点 1 充配电总成端动力 CAN-H 断路

诊断过程

充电系统电路原理如图 2-22 所示。

1）打开一键起动开关，用示波器测量 OBC 端动力（BK46/17、BK46/16）CAN 总线波形，如图 2-23 所示，实测发现 CAN-H 线路断路。

2）拆下低压蓄电池负极，拔下 OBC 插接器，用万用表测量 OBC 与网关之间的 CAN-H 线路阻值，为无穷大。

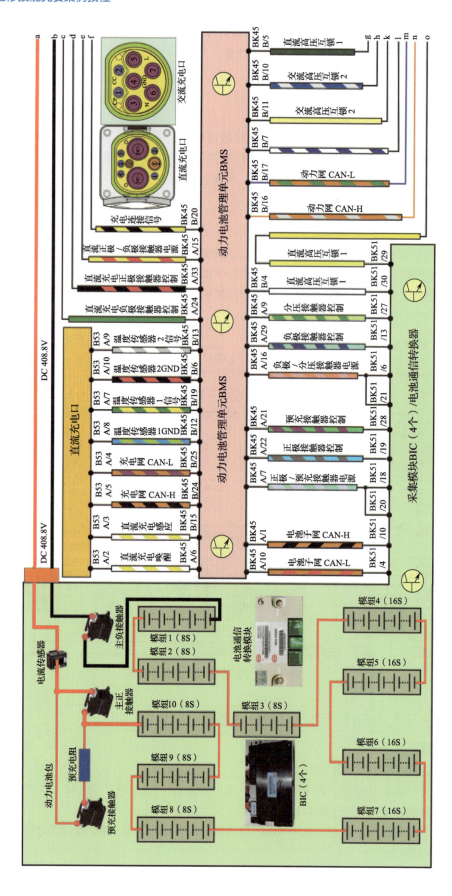

图 2-22　充电系统电路原理

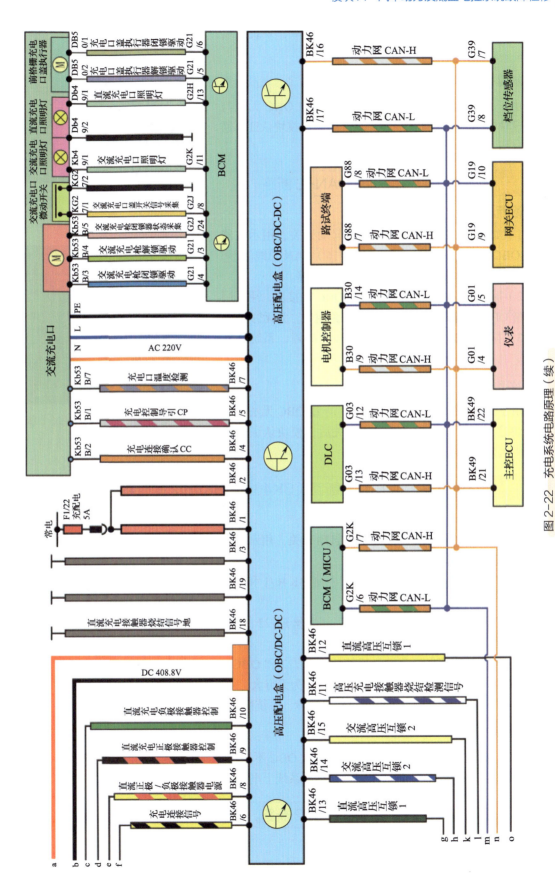

图 2-22　充电系统电路原理（续）

3）排除 OBC 端 CAN-H 线路断路故障，系统恢复正常。

故障机理

由于 OBC 端 CAN-H 线路断路，导致 OBC 无法与其他模块通信，所以打开一键起动开关后，模块认证未通过，高压系统上电失败。

故障点 2 充配电总成端动力 CAN-L 断路

诊断过程

1）如图 2-22 所示，打开一键起动开关，用示波器测量 OBC 端动力（BK46/17、BK46/16）CAN 总线波形，如图 2-24 所示，实测发现 CAN-L 线路断路。

2）拆下低压蓄电池负极，拔下 OBC 插接器，用万用表测量 OBC 与网关之间的 CAN-L 线路阻值，为无穷大。

3）排除 OBC 端 CAN-L 线路断路故障，系统恢复正常。

故障机理

由于 OBC 端 CAN-L 线路断路，导致 OBC 无法与其他模块通信，所以打开一键起动开关后，模块认证未通过，高压系统上电失败。

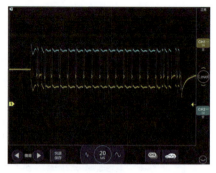

图 2-23　OBC 端动力 CAN-H 线路断路波形

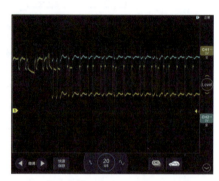

图 2-24　OBC 端动力 CAN-L 线路断路波形

故障点 3 充配电总成供电线路断路（BK46/1、BK46/2 同时断路）

诊断过程

1）如图 2-22 所示，打开一键起动开关，用示波器测量 OBC 端（BK46/17、BK46/16）CAN 总线波形，实测未发现异常。

2）打开一键起动开关，用万用表测 BK46/1 和 BK46/2 对地电压，正常 12V，实测 0V，异常。

3）打开一键起动开关，用万用表测熔丝 F1/22 的输入、输出端电压，实测均正常，说明熔丝 F1/22 至 BK46/1 和 BK46/2 均断路。

4）拆下低压蓄电池负极，拔掉熔丝 F1/22 和 OBC 电气插接器，用万用表测量 F1/22 输出端与 BK46/1、BK46/2 之间的线路电阻，均为无穷大。

5）排除充配电总成的供电线路断路故障，系统恢复正常。

故障机理

由于充配电总成的供电线路断路，导致 OBC 不能正常工作，无法与其他模块通信，所以打开一键起动开关后，模块认证未通过，高压系统上电失败。

故障点 4 充配电总成供电熔丝 F1/22 断路

诊断过程

1）如图 2-22 所示，打开一键起动开关，用示波器测量 OBC 端（BK46/17、BK46/16）

CAN 总线波形，实测未发现异常。

2）打开一键起动开关，用万用表测 BK46/1 和 BK46/2 对地电压，正常 12V，实测 0V，异常。

3）打开一键起动开关，用万用表测熔丝 F1/22 的输入、输出端电压，实测一端为 +B，另一端为 0V，说明熔丝断路损坏。

4）拔下熔丝，目视或用万用表测量 F1/22 电阻为无穷大，说明熔丝损坏。

5）拆下低压蓄电池负极，用万用表测量熔丝 F1/22 下游电路对地阻值，大于 +B/5A，正常。

6）排除充配电总成的供电熔丝断路故障，系统恢复正常。

故障机理

由于充配电总成的供电熔丝断路，导致 OBC 不能正常工作，无法与其他模块通信，所以打开一键起动开关后，模块认证未通过，高压系统上电失败。

故障点 5 充配电总成搭铁点断路

诊断过程

1）如图 2-22 所示，打开一键起动开关，用示波器测量 OBC 端 CAN 总线波形，实测未发现异常。

2）打开一键起动开关，用万用表测 BK46/1 和 BK46/2 对地电压，正常 12V，实测正常。

3）打开一键起动开关，用万用表测 BK46/3 和 BK46/19 对地电压，正常 0V，实测 +B，说明搭铁线路存在断路故障。

4）拆下低压蓄电池负极、OBC 插接器，用万用表测量搭铁线路对地电阻，为无穷大。

5）排除充配电总成的搭铁线路断路故障，系统恢复正常。

故障机理

由于充配电总成的搭铁线路断路，导致 OBC 不能正常工作，无法与其他模块通信，所以打开一键起动开关后，模块认证未通过，高压系统上电失败。

| 案例 11 | BMS 的高压互锁电路故障检修

故障点 1：BMS 的高压互锁输入 BK45B/5 线路断路
故障点 2：BMS 的高压互锁输出 BK45B/4 线路断路
故障点 3：BMS 的高压互锁线路对地短路（BK45B/5 对应线路）
故障点 4：BMS 的高压互锁线路对地虚接 500Ω（BK45B/4 对应线路）
故障点 5：BMS 的高压互锁线路对正极短路（BK45B/4 对应线路）
故障点 6：动力电池包至充配电总成之间的高压互锁线路断路

故障现象

1）打开一键起动开关，"OK" 灯不亮，没有听到高压接触器的动作声，动力系统故障警告灯、主警告灯点亮，仪表提示 "EV 功能受限"。

2）读取故障码：P1AC600 高压互锁 1 故障。

现象分析

根据故障现象无法确定故障所在，需要借助故障码提示，根据故障码说明高压互锁线路1存在故障，但也不能确定具体部位，BMS 的高压互锁电路如图 2-25 所示。

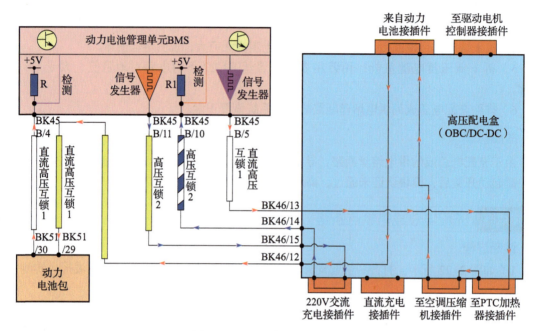

图 2-25　BMS 的高压互锁电路

故障点 1　BMS 的高压互锁输入 BK45B/5 线路断路

诊断过程

1）如图 2-25 所示，打开一键起动开关，用诊断仪读取高压互锁相关的数据流，发现高压互锁1未锁止。

2）打开一键起动开关，用示波器测量 BK45（B）/4 对地信号波形，正常为 0 → 4.2V 方波（图 2-26），实测约为 5V 直线（图 2-27），异常。

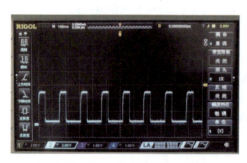

图 2-26　BMS 的高压互锁正常波形

图 2-27　BMS 的高压互锁实测波形

3）打开一键起动开关，用示波器测量 BMS 的 BK45（B）/5 对地信号波形 0 → 4.2V 方波，正常，说明互锁线路存在断路。

4）打开一键起动开关，用示波器分别测量充配电总成的 BK46/13、BK46/12 对地信号波形，实测约为 5V 直线，说明充配电总成的 BK46/13 至 BMS 的 BK45（B）/5 之间线路断路。

5）关闭一键起动开关，断负极，拔掉 BMS、OBC 的插接器，用万用表测 BK45（B）/5–BK46/13 之间线路的电阻，为无穷大。

6）排除 BMS 与充配电总成之间的高压互锁线路断路故障，系统恢复正常。

(故障机理)

由于 BMS 与充配电总成之间的高低压互锁线路断路，导致 BMS 无法判断高压系统的完整性，所以打开一键起动开关时，高压上电失败。

故障点 2　BMS 的高压互锁输出 BK45B/4 线路断路

诊断过程

1）如图 2-25 所示，打开一键起动开关，用诊断仪读取高压互锁相关的数据流，发现高压互锁 1 未锁止。

2）打开一键起动开关，用示波器测量 BMS 的 BK45（B）/4 对地信号波形，正常为 0→4.2V 方波，实测约 5V 直线，异常，如图 2-26、图 2-27 所示。

3）打开一键起动开关，用示波器测量 BMS 的 BK45（B）/5 对地信号波形，正常为 0→4.2V 方波，正常，说明互锁线路存在断路。

4）打开一键起动开关，用示波器分别测量动力电池包的 BK51/30 对地信号波形，正常为 0→4.2V 方波，实测正常，说明 BK51/30 至 BK45（B）/4 之间线路断路。

5）关闭一键起动开关，断负极，用万用表测 BMS 的 BK45（B）/4 到动力电池包的 BK51/30 之间的线路电阻，为无穷大。

6）排除 BMS 与动力电池包之间的高压互锁线路断路故障，系统恢复正常。

(故障机理)

由于 BMS 与动力电池包之间的高压互锁线路断路，导致 BMS 无法判断高压系统的完整性，所以打开一键起动开关时，高压上电失败。

故障点 3　BMS 的高压互锁线路对地短路（BK45B/5 对应线路）

诊断过程

1）如图 2-25 所示，打开一键起动开关，用诊断仪读取高压互锁相关的数据流，发现高压互锁 1 未锁止。

2）打开一键起动开关，用示波器测量 BMS 的 BK45（B）/4 对地信号波形，正常为 0→4.2V 方波，实测 0V 直线，如图 2-28 所示，说明高压互锁线路可能存在对地短路。

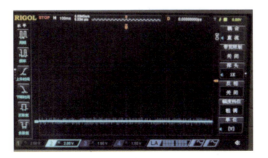

图 2-28　BMS 高压互锁线路实测波形

3）拆下低压蓄电池负极，断开互锁线路上的所有插接器，用万用表分段测量高压互锁线路对地阻值，检查发现 BK45（B）/5 到 BK46/13 之间的线路对地阻值为 0Ω。

4）排除 BMS 与充配电总成之间的高压互锁线路对地短路故障，系统恢复正常。

故障机理

由于 BMS 与充配电总成之间的高压互锁线路对地短路，导致 BMS 无法判断高压系统的完整性，所以打开一键起动开关时，高压上电失败。

故障点 4 BMS 的高压互锁线路对地虚接 500Ω（BK45B/4 对应线路）

诊断过程

1）如图 2-25 所示，打开一键起动开关，用诊断仪读取高压互锁相关的数据流，发现高压互锁 1 未锁止。

2）打开一键起动开关，用示波器测量 BMS 的 BK45（B）/4 对地信号波形，正常为 0→4.2V 方波，实测信号波形振幅为 1V（可能存在偏差），如图 2-29 所示，说明高压互锁线路可能存在对地虚接或者 BMS 存在故障。

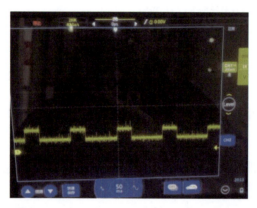

图 2-29 BMS 的 BK45（B）/4 对地信号波形

3）拆下低压蓄电池负极，断开互锁线路插接器，用万用表分段测量高压互锁线路对地阻值，检查发现 BK45（B）/4 到 BK51/30 之间的线路对地阻值为 500Ω。

4）排除 BMS 与动力电池包之间的高压互锁线路对地虚接故障，系统恢复正常。

故障机理

由于 BMS 与动力电池包之间的高压互锁线路对地虚接，导致 BMS 无法判断高压系统的完整性，所以打开一键起动开关时，高压上电失败。

故障点 5 BMS 的高压互锁线路对正极短路（BK45B/4 对应线路）

诊断过程

1）如图 2-25 所示，打开一键起动开关，用诊断仪读取高压互锁相关的数据流，发现高压互锁 1 未锁止。

2）打开一键起动开关，用示波器测量 BMS 的 BK45（B）/5 对地信号波形，正常为 0→4.2V 方波，实测 2V→+B 方波，如图 2-30 所示，说明高压互锁线路可能存在对电源短路的故障，或者 BMS 自身损坏。

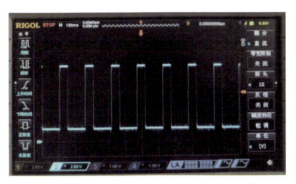

图 2-30   BMS 的 BK45（B）/5 对地信号波形

3）拆下低压蓄电池负极，断开互锁线路插接器，用万用表分段测量高压互锁线路对地阻值，检查发现 BK45（B）/4 到 BK51/30 之间的线路对 +B 短路。

4）排除 BMS 与动力电池包之间的高压互锁线路对电源短路故障，系统恢复正常。

故障机理

由于 BMS 与动力电池包之间的高压互锁线路对电源短路，导致 BMS 无法判断高压系统的完整性，所以打开一键起动开关时，高压上电失败。

故障点 6   动力电池包至充配电总成之间的高压互锁线路断路

诊断过程

1）如图 2-25 所示，打开一键起动开关，用诊断仪读取高压互锁相关的数据流，发现高压互锁 1 未锁止。

2）打开一键起动开关，用示波器测量 BMS 的 BK45（B）/4 对地信号波形，正常为 0 → 4.2V 方波，实测为 5V 直线，异常。

3）打开一键起动开关，用示波器测量 BMS 的 BK45（B）/5 对地信号波形 0 → 4.2V 方波，正常，说明互锁线路存在断路。

4）打开一键起动开关，用示波器测量动力电池包的 BK51/30 对地信号波形，正常为 0 → 4.2V 方波，实测为 5V 直线，异常。

5）打开一键起动开关，用示波器测量动力电池包的 BK51/29 对地信号波形，正常为 0 → 4.2V 方波，实测为 4.2V 直线，异常。

6）打开一键起动开关，用示波器测量充配电总成的 BK46/12 对地信号波形，正常为 0 → 4.2V 方波，实测正常，综合上步测试结果，说明动力电池包的 BK51/29 到充配电总成的 BK46/12 之间线路断路。

7）关闭一键起动开关，断负极，拔掉动力电池包、充配电总成的插接器，用万用表测量 BK51/29 至 BK46/12 之间线路的电阻，为无穷大。

8）排除充配电总成与动力电池包之间的高压互锁线路断路故障，系统恢复正常。

故障机理

由于充配电总成与动力电池包之间的高压互锁线路断路，导致 BMS 无法判断高压系统的完整性，所以打开一键起动开关时，高压上电失败。

任务 3　驱动功能异常的故障检修

| 案例 1 |　加速踏板位置传感器信号故障检修

故障点 1：加速踏板位置传感器信号线路相互短路
故障点 2：加速踏板位置传感器信号 1、2 线路同时断路
故障点 3：加速踏板位置传感器信号 1、2 线路同时对地短路
故障点 4：加速踏板位置传感器信号 1、2 线路反接

故障现象

1）打开一键起动开关，高压上电正常，"OK"灯点亮，但仪表上 ESP 系统警告灯点亮，仪表提示"请检查动力系统""请检查 ESP 系统""请检查电子驻车系统"；切换档位至 D 位，踩加速踏板，电子驻车功能不自动解锁；按压电子驻车按键，手动解除电子驻车功能正常，但车辆无法行驶；将档位切换至 R 位，现象相同。

2）故障码：P1D7C00 节气门信号故障——2 信号、P1D7B00 节气门信号故障——1 信号、P1D6600 节气门信号故障——校验故障。

现象分析

电子驻车可以手动解锁，说明电子驻车系统执行机构正常；根据故障码提示说明可能是电子驻车系统没有收到正常的加速踏板位置传感器信号，导致电子驻车不能解锁，且车辆不能行驶。结合故障码信息，具体故障原因可能为：①加速踏板位置传感器自身故障；②加速踏板位置传感器相关线路故障；③整车控制器内部故障。加速踏板位置传感器电路如图 3-1 所示。

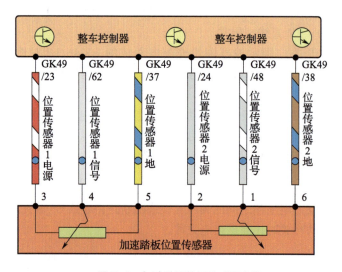

图 3-1　加速踏板位置传感器电路

故障点 1　加速踏板位置传感器信号线路相互短路

诊断过程

1）读取整车控制器中加速踏板位置传感器的数据流，或者用示波器测量加速踏板位置传感器的信号波形，正常波形如图 3-2 所示，信号 1 约为信号 2 的两倍，即信号 1 正常值为 0.73→4.49V，信号 2 正常值为 0.35→2.25V，实测波形如图 3-3 所示，信号 1 与信号 2 数据一致，说明两者之间可能短路。

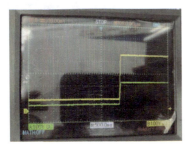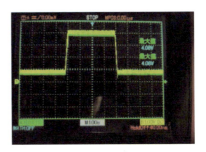

图 3-2　加速踏板位置传感器正常波形　　图 3-3　加速踏板位置传感器故障波形（一）

2）关闭点火开关，拆下低压蓄电池负极，断开 VCU 和加速踏板位置传感器的插接器，用万用表测量两者之间线路的电阻，近乎为零。

3）排除加速踏板位置传感器信号线路相互短路故障，系统恢复正常。

故障机理

由于加速踏板位置传感器信号线路相互短路，导致 VCU 接收到异常的踏板信号，所以造成车辆动力系统故障，仪表提示动力系统存在故障。

故障点 2　加速踏板位置传感器信号 1、2 线路同时断路

诊断过程

1）读取整车控制器中加速踏板位置传感器的数据流，或者用示波器测量 VCU 端传感器的信号波形，正常情况下，信号 1 的电压约为 2 的两倍，即信号 1 正常值为 0.73→4.49V，信号 2 正常值为 0.35→2.25V，实测发现两信号均为 0.27V 不变，异常，如图 3-4 所示。

2）打开一键起动开关，用示波器或万用表测量加速踏板位置传感器端信号对地电压，实测正常，说明信号线路均断路。

3）关闭点火开关，拆下低压蓄电池负极，断开 VCU 和加速踏板位置传感器的插接器，用万用表分别测量信号 1、2 线路的阻值，为无穷大。

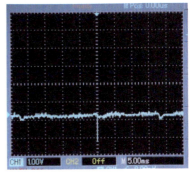

图 3-4　加速踏板位置传感器故障波形（二）

4）排除加速踏板位置传感器信号线路均断路故障，系统恢复正常。

故障机理

由于加速踏板位置传感器信号线路均断路，导致 VCU 无法接收到踏板信号，所以造成车辆动力系统故障，仪表提示动力系统存在故障。

故障点 3 加速踏板位置传感器信号 1、2 线路同时对地短路

诊断过程

1）读取整车控制器中加速踏板位置传感器的数据流，或者用示波器测量 VCU 端传感器的信号波形，正常情况下，信号 1 的电压约为 2 的两倍，即信号 1 正常值为 0.73 → 4.49V，信号 2 正常值为 0.35 → 2.25V，实测发现两信号均为 0V 不变，异常，如图 3-5 所示。

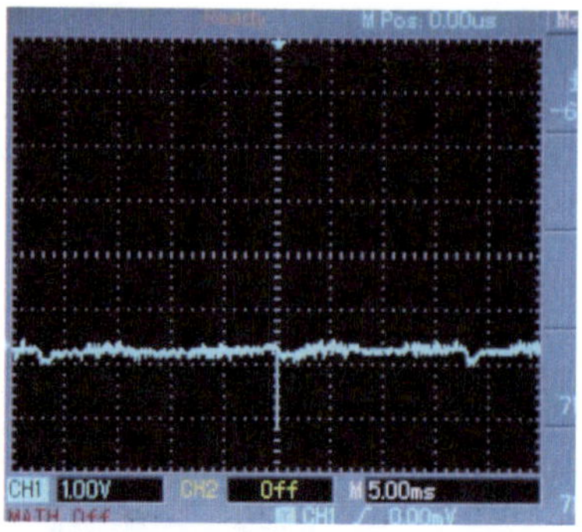

2）打开一键起动开关，用示波器或万用表测量加速踏板位置传感器端信号对地电压，实测均为 0V，异常。

3）打开一键起动开关，用万用表分别测量加速踏板位置传感器 3、2 端子对地电压，正常均为 5V，实测均正常，说明信号线路可能存在对地短路或传感器内部损坏。

图 3-5 加速踏板位置传感器故障波形（三）

4）关闭点火开关，拆下蓄低压电池负极，断开 VCU 和加速踏板位置传感器的插接器，用万用表分别测量信号 1、2 线路的对地阻值，为 0Ω。

5）排除加速踏板位置传感器信号线路均对地短路故障，系统恢复正常。

故障机理

由于加速踏板位置传感器信号线路均对地短路，导致 VCU 无法接收到踏板信号，所以造成车辆动力系统故障，仪表提示动力系统存在故障。

故障点 4 加速踏板位置传感器信号 1、2 线路反接

诊断过程

1）读取整车控制器中加速踏板位置传感器的数据流，或者用示波器测量 VCU 端传感器的信号波形，正常情况下，信号 1 的电压约为 2 的两倍，即信号 1 正常值为 0.73 → 4.49V，信号 2 正常值为 0.35 → 2.25V，实测发现两个信号对调，异常，如图 3-6 所示。

2）打开一键起动开关，用示波器或万用表测量加速踏板位置传感器端信号对地电压，实测正常，发现 GK49/62 与传感器 1# 端子信号一致，GK49/48 与传感器 4# 端子信号一致，说明信号线路存在反接。

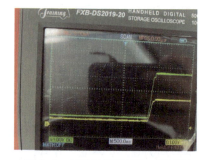

图 3-6 加速踏板位置传感器故障波形（四）

3）关闭点火开关，拆下低压蓄电池负极，断开 VCU 和加速踏板位置传感器的插接器，用万用表分别测量信号 1、2 线路的阻值，发现信号线路反接。

4）排除加速踏板位置传感器信号线路反接故障，系统恢复正常。

故障机理

由于加速踏板位置传感器信号线路反接，导致 VCU 无法接收到正常的踏板信号，所以造成车辆动力系统故障，仪表提示动力系统存在故障。

| 案例 2 | 驱动电机位置传感器故障检修

故障点 1：驱动电机位置传感器励磁（+）线路断路
故障点 2：驱动电机位置传感器正弦（−）线路断路
故障点 3：驱动电机位置传感器内部余弦绕组断路

故障现象

1）打开一键起动开关，仪表点亮正常，车辆上电正常，可正常换档；松开制动踏板后接着踩加速踏板，车辆蠕动一下后停止不动；等待大约 6s 后，仪表"OK"灯熄灭，仪表提示"请检查动力系统""请检查 ESP 系统"；此时下电后重新上电，高压无法上电。

2）故障码：P1BBF00 前驱动电机旋变故障——信号丢失。

现象分析

初次打开一键起动开关后可正常上电，车辆对说明上电过程涉及的驱动电机控制器、VCU、OBC、BMS、高压互锁、高压绝缘的检测都正常；在换档加速时车辆蠕动了一下，说明电机控制器已正常对驱动电机进行驱动，驱动电机开始运转，但无法持续，说明故障可能在于驱动电机三相供电线路或电机位置传感器信号线路。而根据故障码提示，分析故障在于驱动电机位置传感器。综合现象和故障码分析，可能的故障原因有：①电机位置传感器自身故障；②电机位置传感器相关线路故障；③ MCU 内部故障。驱动电机位置传感器电路如图 3-7 所示。

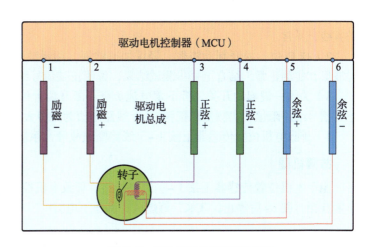

图 3-7　驱动电机位置传感器电路

故障点 1　驱动电机位置传感器励磁（+）线路断路

诊断过程

注意：本测试最好在车轮离开地面的情况下进行。

1）挂 D 位，松开制动踏板，轻踩加速踏板，用示波器测量 MCU 端位置传感器的正、余弦信号线路波形，正常波形如图 3-8 所示，实测均为一条直线，异常，根据发生故障的概率，最有可能是励磁信号异常。

2）挂 D 位，松开制动踏板，轻踩加速踏板，用示波器测量驱动电机端励磁线路的

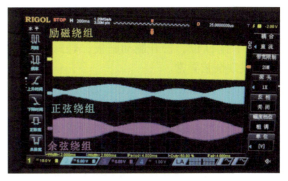

图 3-8　驱动电机位置传感器正常波形

相对波形，实测为一条直线，异常。

3）挂 D 位，松开制动踏板，轻踩加速踏板，用示波器测量 MCU 端励磁线路的相对波形，实测正常，结合上一步测试结果，说明励磁线路出现断路故障。

4）关闭一键起动开关，拆下低压蓄电池负极，断开位置传感器、MCU 插接器，用万用表测量励磁线路阻值，实测发现励磁（+）线路阻值为无穷大。

5）排除电机位置传感器励磁（+）线路断路故障，系统恢复正常。

故障机理

由于电机位置传感器励磁（+）线路断路，导致电机控制器无法检测电机的运转情况，所以车辆挂档行驶 6s 后停止，"OK"灯熄灭，高压下电。

故障点2 驱动电机位置传感器正弦（-）线路断路

诊断过程

注意：本测试最好在车轮离开地面的情况下进行。

1）挂 D 位，松开制动踏板，轻踩加速踏板，用示波器测量 MCU 端位置传感器的正、余弦信号线路波形，正常波形如图 3-8 所示，实测余弦信号线路波形正常，正弦信号线路波形为一条直线，异常。

2）挂 D 位，松开制动踏板，轻踩加速踏板，用示波器测量驱动电机端正弦信号线路的相对波形，实测正常，结合上一步测试结果，说明正弦信号线路出现断路故障。

3）关闭一键起动开关，拆下蓄电池负极，断开位置传感器、MCU 插接器，用万用表测量正弦信号线路阻值，实测发现正弦（-）线路阻值为无穷大。

4）排除电机位置传感器正弦（-）线路断路故障，系统恢复正常。

故障机理

由于电机位置传感器正弦（-）线路断路，导致电机控制器无法检测电机的运转情况，所以车辆挂档行驶 6s 后停止，"OK"灯熄灭，高压下电。

故障点3 驱动电机位置传感器内部余弦绕组断路

诊断过程

注意：本测试最好在车轮离开地面的情况下进行。

1）挂 D 位，松开制动踏板，轻踩加速踏板，用示波器测量 MCU 端位置传感器的正、余弦信号线路波形，正常波形如图 3-8 所示，实测正弦信号线路波形正常，余弦信号线路波形为一条直线，异常。

2）挂 D 位，松开制动踏板，轻踩加速踏板，用示波器测量驱动电机端的余弦信号波形，实测发现余弦异常。

3）拆下低压蓄电池负极，断开位置传感器插接器，用万用表测量传感器余弦绕组的阻值，正常阻值为（47.4±10%）Ω，实测发现余弦绕组阻值为无穷大。

4）排除电机位置传感器的内部余弦绕组断路故障，系统恢复正常。

故障机理

由于电机位置传感器的内部余弦绕组断路，导致电机控制器无法检测电机的运转情况，所以车辆挂档行驶 6s 后停止，"OK"灯熄灭，高压下电。

任务 4   充电功能异常的故障检修

| 案例 1 | 充配电总成内部 L1 线路断路故障检修

故障现象

1）充电时：仪表上充电连接指示灯点亮，文字提示：充电连接中，但无法跳转到充电信息显示界面。

2）故障码：P157016 充电机交流侧电压低。

现象分析

充电系统电气连接关系如图 4-1 所示，充电的时候，仪表上充电连接指示灯点亮，且文字提示：充电连接中，说明 CC、CP 信号存在故障的可能性较小，但仪表没有跳转到充电信息显示界面，充电系统可能的故障原因有：①充配电总成故障；②充电设备故障。

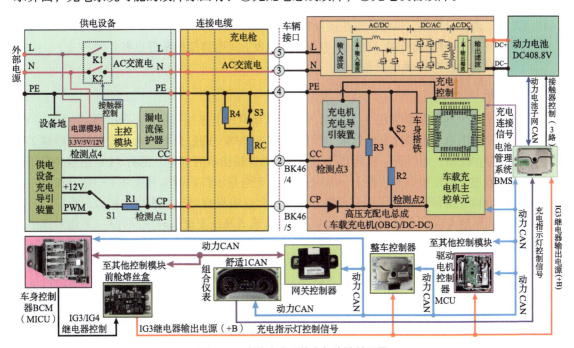

图 4-1   交流充电系统电气连接关系图

诊断过程

1）读数据流：

充电机交流侧电压 5V，异常。

充放电系统工作状态：充电暂停。

2）插枪，测 BK46/5 对地电压为 9V 方波，异常（CP 未进入工作状态）。

3）打开充配电总成检查交流电源，发现 AC L1 端子断路。

4）排除充配电总成内部 L1 端子断路故障，系统恢复正常。

故障机理

因为车载充电机充配电总成内部的交流电源线路断路，导致 OBC 的交流供电异常，所以插枪后仪表上充电连接指示灯点亮，文字提示：充电连接中，但无法跳转到充电信息显示界面。

案例 2 交流充电口至 OBC 之间的 CP 信号故障检修

故障点 1：交流充电口至 OBC 之间的 CP 信号线路断路

故障点 2：交流充电口至 OBC 之间的 CP 线路虚接 500Ω 电阻

故障点 3：交流充电口至 OBC 之间的 CP 信号线路对地短路

故障点 4：交流充电口至 OBC 之间的 CP 信号线路对地虚接 500Ω 电阻

故障点 5：交流充电口至 OBC 之间的 CP 信号线路对正极短路

故障现象

1）充电设备电源指示灯正常点亮。

2）连接充电枪到车辆，仪表上充电连接指示灯不亮，且始终提示"充电连接中"，但无法跳转到充电信息显示界面，供电设备连接指示灯不闪烁。

3）接着打开一键起动开关，高压上电正常，仪表上充电连接指示灯点亮。

4）故障码：P157400 供电设备故障。

现象分析

充电系统电气连接关系如图 4-2 所示，充电过程中充电连接指示灯不亮，说明"CC、CP 信号→高压充配电总成（通过充电连接信号线路）→ BMS（通过充电指示灯控制信号线路）→组合仪表"存在故障；而打开一键起动开关时，充电连接指示灯点亮，说明"CC 信号→高压充配电总成（通过充电连接信号线路）→ BMS（通过充电指示灯控制信号线路）→组合仪表"工作正常。综合以上两种情况，说明在充电过程中组合仪表没有对充电线束连接做出反应，可能是由于高压充配电总成没有接收到正确的 CP 信号，或者高压充配电总成没有对 CP 信号做出正确的反应。

根据故障码的定义，说明高压充配电总成是根据 CP 信号电压来判定其与供电设备之间的连接，如果高压充配电接收到来自充电枪的 CC 信号，而没有接收到任何来自供电设备的 CP 信号，则出现该故障码。

综合故障现象和故障码，说明可能的故障原因是：①供电设备故障；②充电枪故障；③交流充电口到 OBC 之间的 CP 信号相关线路故障；④高压充配电总成故障。

故障点 1 交流充电口至 OBC 之间的 CP 信号线路断路

诊断过程

交流充电口电路如图 4-3 所示。

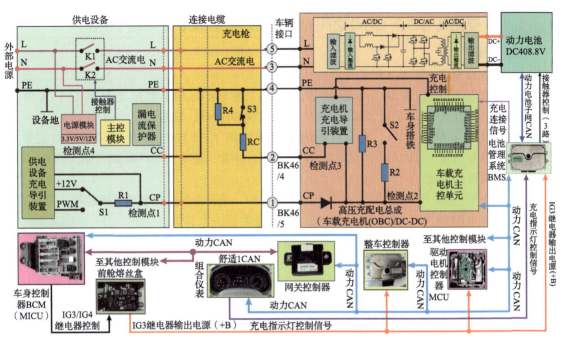

图 4-2 交流充电系统电气连接关系图

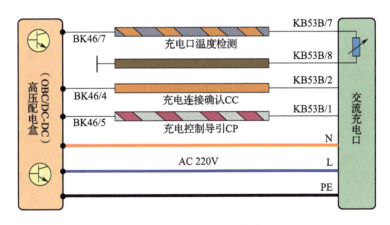

图 4-3 交流充电口电路

1）连接充电枪到车辆，用示波器测量 OBC 端 BK46/5 对地信号波形，正常为 0V → 9V → 9V 方波→ 6V 方波，实测为 0V 不变，异常。

2）连接充电枪到车辆，用示波器测量充电口端 KB53B/1 对地信号波形，正常为 0V → 9V → 9V 方波→ 6V 方波，实测为 +B 不变，异常，说明充电口端 KB53B/1 到 OBC 端 BK46/5 之间线路断路。

3）关闭一键起动开关，拆下低压蓄电池负极接线，拔掉高压充配电总成插接器，用万用表测量充电口端 KB53B/1 到 OBC 端 BK46/5 之间线路阻值，为无穷大。

4）排除充电口至 OBC 之间的 CP 信号线路断路故障，系统恢复正常。

(故障机理)

由于充电口至 OBC 之间的 CP 信号线路断路，导致车载充电机无法正常确认供电设备连接状态，所以连接充电枪到车辆后，仪表上的连接信号灯不能亮，无法充电。

故障点 2 交流充电口至 OBC 之间的 CP 线路虚接 500 Ω 电阻

诊断过程

交流充电口电路如图 4-3 所示。

1）连接充电枪到车辆，用示波器测 OBC 端 BK46/05 对地信号波形，正常为 0V → 9V → 9V 方波 → 6V 方波，实测为 0V → 7V 后不再变动，异常。

2）连接充电枪到车辆，用示波器测量充电口端 KB53B/1 对地信号波形，正常为 0V → 9V → 9V 方波 → 6V 方波，实测为 0V → 11V，异常，说明充电口端 KB53B/1 到 OBC 端 BK46/05 之间线路虚接。

3）关闭一键起动开关，拆下低压蓄电池负极接线，拔掉高压充配电总成插接器，用万用表测量充电口端 KB53B/1 到 OBC 端 BK46/05 之间线路阻值，为 500Ω。

4）排除充电口至 OBC 之间的 CP 信号线路虚接故障，系统恢复正常。

故障机理

由于充电口至 OBC 之间的 CP 信号线路虚接，导致车载充电机无法正常确认供电设备连接状态，所以连接充电枪到车辆后，仪表上的连接信号灯不能亮，无法充电。

故障点 3 交流充电口至 OBC 之间的 CP 信号线路对地短路

诊断过程

交流充电口电路如图 4-3 所示。

1）连接充电枪到车辆，用示波器测量 OBC 端 BK46/05 对地信号波形，正常为 0V → 9V → 9V 方波 → 6V 方波，实测为 0V 不变，异常。

2）连接充电枪到车辆，用示波器测量充电口端 KB53B/1 对地信号波形，正常为 0V → 9V → 9V 方波 → 6V 方波，实测为 0V 不变，异常。

3）拔下充电枪，用示波器测量充电枪端的 CP 信号，正常为 +B，实测正常，说明车端 CP 信号线路可能存在对地短路。

4）关闭一键起动开关，拆下低压蓄电池负极接线，拔掉高压充配电总成插接器，用万用表测量充电口端 KB53B/1 到 OBC 端 BK46/05 之间线路对地阻值，为 0Ω。

5）排除充电口至 OBC 之间的 CP 信号线路对地短路故障，系统恢复正常。

故障机理

由于充电口至 OBC 之间的 CP 信号线路对地短路，导致车载充电机无法正常确认供电设备连接状态，所以连接充电枪到车辆后，仪表上的连接信号灯不能亮，无法充电。

故障点 4 交流充电口至 OBC 之间的 CP 信号线路对地虚接 500 Ω 电阻

诊断过程

交流充电口电路如图 4-3 所示。

1）连接充电枪到车辆，用示波器测量 OBC 端 BK46/05 对地信号波形，正常为 0V → 9V → 9V 方波 → 6V 方波，实测为 0V → 3V，异常。

2）连接充电枪到车辆，用示波器测量充电口端 KB53B/1 对地信号波形，正常为 0V → 9V → 9V 方波 → 6V 方波，实测为 0V → 3V，异常。

3）拔下充电枪，用示波器测量枪端的 CP 信号，正常为 +B，实测正常，说明车端 CP 信号线路对地电阻过小。

4）关闭一键起动开关，拆下低压蓄电池负极接线，拔掉高压充配电总成插接器，用万用表测量充电口端 KB53B/1 到 OBC 端 BK46/05 之间线路对地阻值，为 500Ω。

5）排除充电口至 OBC 之间的 CP 信号线路对地虚接故障，系统恢复正常。

故障机理

由于充电口至 OBC 之间的 CP 信号线路对地虚接，导致车载充电机无法正常确认供电设备连接状态，所以连接充电枪到车辆后，仪表上的连接信号灯不能亮，无法充电。

故障点 5　交流充电口至 OBC 之间的 CP 信号线路对正极短路

诊断过程

交流充电口电路如图 4-3 所示。

1）连接充电枪到车辆，用示波器测量 OBC 端 BK46/05 对地信号波形，正常为 0V → 9V → 9V 方波 → 6V 方波，实测为 +B 不变，异常，说明整个 CP 信号线路对 +B 短路（测试时，一般先接示波器，再操作车辆，同时读数，所以刚开始就发现对 +B 短路）。

2）关闭一键起动开关，拆下低压蓄电池负极接线，拔掉高压充配电总成插接器，用万用表测量充电口的 KB53B/1 到 OBC 的 BK46/05 之间的线路对正极线路的阻值，正常为无穷大，实测为 0Ω。

3）排除充电口至 OBC 之间的 CP 信号线路对正极短路故障，系统恢复正常。

故障机理

由于充电口至 OBC 之间的 CP 信号线路对正极短路，导致车载充电机无法正常确认供电设备连接状态，所以连接充电枪到车辆后，仪表上的连接信号灯不能亮，无法充电。

案例 3 ｜ OBC 的 BK46/4 至充电口之间的 CC 信号故障检修

故障点 1：OBC 的 BK46/4 至充电口之间的 CC 信号线路断路
故障点 2：OBC 的 BK46/4 至充电口之间的 CC 信号线路虚接 1000Ω 电阻
故障点 3：OBC 的 BK46/4 至充电口之间的 CC 信号线路对地短路

故障现象

1）充电设备电源指示灯正常点亮。
2）连接充电枪到车辆，仪表不亮，充电连接指示灯不亮，也无法充电。
3）打开一键起动开关，高压上电正常，仪表没有任何与充电有关的提示。
4）故障码：P157897 CC（充电枪连接确认）信号异常。

现象分析

充电系统电气连接关系如图 4-4 所示，充电过程中充电连接指示灯不亮，说明"CC、CP 信号 → 高压充配电总成（通过充电连接信号线路）→ BMS（通过充电指示灯控制信号线路）→ 组合仪表"存在故障。而整车运行正常，说明高压充配电总成、BMS、组合仪表的电源与通信工作正常。所以，故障可能是由于高压充配电总成没有接收到正确的 CC、CP 信号，或者高压充配电总成对 CC、CP 信号没有做出正确的反应，或者是高压充配电总成、BMS 没有把连接信号输送给仪表。

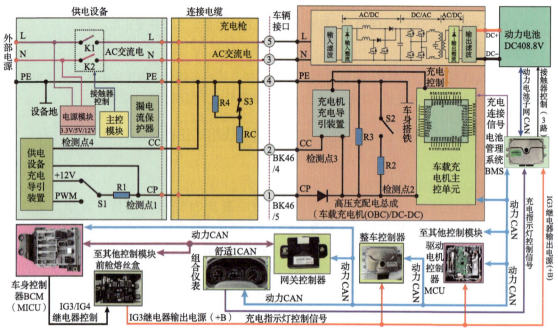

图 4-4 交流充电系统电气连接关系图

结合故障码，说明高压充配电总成一定收到了 CP 信号，但没有接收到 CC 信号，所以才会报出这样的故障码。

综合故障现象和故障码，说明造成上述故障现象的可能原因在于：①充电枪内 CC 信号线路故障；②车端充电口与 OBC 之间 CC 信号线路故障；③ OBC 自身故障。

故障点 1 OBC 的 BK46/4 至充电口之间的 CC 信号线路断路

诊断过程

交流充电口电路如图 4-5 所示。

1）连接充电枪到车辆，用万用表测量 OBC 端的 BK46/4 对地电压，正常值为 +B → 4.3V → 2.4V，实测为 +B 不变，异常。

2）连接充电枪到车辆，用万用表测量充电口的 KB53B/2 对地电压，正常为 +B → 4.3V → 2.4V，实测为 0V 不变，说明 BK46/4 到 KB53B/2 之间的 CC 信号线路断路。

3）关闭一键起动开关，拆下低压蓄电池负极接线，断开线路插接器，用万用表

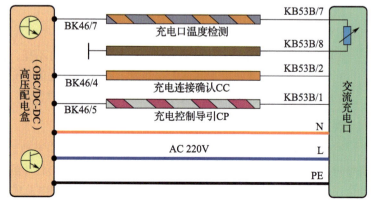

图 4-5 交流充电口电路

测量 BK46/4 到 KB53B/2 之间的 CC 信号线路阻值，为无穷大。

4）排除充电口至 OBC 之间的 CC 信号线路断路故障，系统恢复正常。

故障机理

由于充电口至 OBC 之间的 CC 信号线路断路，导致车载充电机无法正常确认供电设备连接状态，所以连接充电枪到车辆后，仪表上的连接信号灯不能亮，无法充电。

故障点 2　OBC 的 BK46/4 至充电口之间的 CC 信号线路虚接 1000Ω 电阻

诊断过程

1）如图 4-5 所示，连接充电枪到车辆，用万用表测量 OBC 端的 BK46/4 对地电压，正常值为 +B → 4.3V → 2.4V，实测为 +B → 6V → 4.5V，异常。

2）连接充电枪到车辆，用万用表测量充电口的 KB53B/2 对地电压，正常为 +B → 4.3V → 2.4V，实测为 +B → 4V → 2V，说明 BK46/4 到 KB53B/2 之间的 CC 信号线路虚接。

3）关闭一键起动开关，拆下低压蓄电池负极接线，断开线路插接器，用万用表测量 BK46/4 到 KB53B/2 之间的 CC 信号线路阻值为 1000Ω。

4）排除充电口至 OBC 之间的 CC 信号线路虚接故障，系统恢复正常。

故障机理

由于充电口至 OBC 之间的 CC 信号线路虚接，导致车载充电机无法正常确认供电设备连接状态，所以连接充电枪到车辆后，仪表上的连接信号灯不能亮，无法充电。

故障点 3　OBC 的 BK46/4 至充电口之间的 CC 信号线路对地短路

诊断过程

1）如图 4-5 所示，连接充电枪到车辆，用万用表测量 OBC 端的 BK46/4 对地电压，正常值为 +B → 4.3V → 2.4V，实测始终为 0V 不变，说明 OBC 存在故障或 CC 信号线路存在对地短路。

2）关闭一键起动开关，拆下低压蓄电池负极接线，断开 OBC 插接器，用万用表测量 CC 信号线路对地阻值为 0Ω，说明充电口至 OBC 之间的 CC 信号线路对地短路。

3）排除充电口至 OBC 之间的 CC 信号线路对地短路故障，系统恢复正常。

故障机理

由于充电口至 OBC 之间的 CC 信号线路对地短路，导致车载充电机无法正常确认供电设备连接状态，所以连接充电枪到车辆后，仪表上的连接信号灯不能亮，无法充电。

｜案例 4｜OBC 端 CC 与 CP 信号线路故障检修

故障点 1：OBC 端 CC 与 CP 信号线路相互短路
故障点 2：OBC 端 CC 与 CP 信号线路相互虚接 10Ω 电阻

故障现象

1）充电设备电源指示灯正常点亮。

2）未插枪，仪表的充电连接指示灯异常点亮；连接充电枪到车辆，仪表不亮，充电连接指示灯点亮，但无法充电。

3）拔下充电枪，打开一键起动开关，高压上电异常，仪表上的充电指示灯始终点亮。

4）故障码：P157897 CC（充电枪连接确认）信号异常。

现象分析

充电系统电气连接关系如图4-6所示，充电连接指示灯始终点亮，说明"CC、CP信号→高压充配电总成（通过充电连接信号线路）→BMS→组合仪表"存在故障，最有可能是由于OBC接收到错误的连接信号或者做成错误的判定。

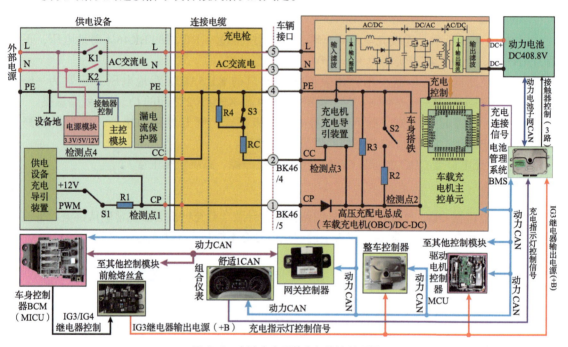

图4-6　交流充电系统电气连接关系图

综合故障现象和故障码，说明造成上述故障现象的可能原因在于：①充电枪内CC、CP信号线路故障；②车端充电口与OBC之间CC、CP信号线路故障；③OBC自身故障。

故障点1　OBC端CC与CP信号线路相互短路

诊断过程

交流充电口电路如图4-7所示。

1）连接充电枪到车辆，用万用表测量OBC端的BK46/4、BK46/5对地电压，CC正常值为+B→4.3V→2.4V，CP正常值为0V→9V→9V方波→6V方波，实测均为4V→2.2V→2V，说明CC与CP线路可能存在关联。

2）关闭一键起动开关，拆下低压蓄电池负极接线，断开OBC插接器，用万用表测量CC与CP线路之间阻值，实测为0Ω，异常，说明CC与CP线路之间短路。

3）排除车辆侧CC与CP信号线路互相短路故障，系统恢复正常。

故障机理

由于车辆侧CC与CP信号线路互相短路，导致车载充电机无法正常确认供电设备连接状态，所以连接充电枪到车辆后，仪表上的连接信号灯不能亮，无法充电。

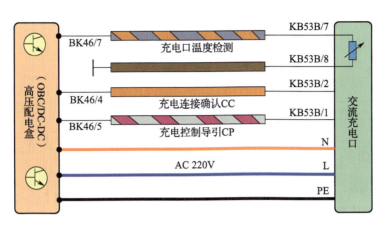

图 4-7　交流充电口电路

故障点 2　OBC 端 CC 与 CP 信号线路相互虚接 10Ω 电阻

诊断过程

1）如图 4-7 所示，连接充电枪到车辆，用万用表测量 OBC 端的 BK46/4、BK46/5 对地电压，CC 正常值为 +B → 4.3V → 2.4V，CP 正常值为 0V → 9V → 9V 方波 → 6V 方波，实测发现 CC 与 CP 之间的电压差始终为 0.2V，说明 CC 与 CP 线路可能存在关联。

2）关闭一键起动开关，拆下低压蓄电池负极接线，断开 OBC 插接器，用万用表测量 CC 与 CP 线路之间阻值，实测为 10Ω。

3）排除车辆侧 CC 与 CP 信号线路相互虚接故障，系统恢复正常。

故障机理

由于车辆侧 CC 与 CP 信号线路相互虚接，导致车载充电机无法正常确认供电设备连接状态，所以连接充电枪到车辆后，仪表上的连接信号灯不能亮，无法充电。

｜案例 5｜ OBC 端 CC 与 CP 信号线路反接故障检修

故障现象

1）充电设备电源指示灯正常点亮。

2）连接充电枪到车辆，仪表不亮，充电连接指示灯不亮，也无法充电。

3）打开一键起动开关，高压上电正常，仪表没有任何与充电有关的提示。

4）故障码：无。

现象分析

充电系统电气连接关系如图 4-8 所示，充电过程中充电连接指示灯不亮，说明"CC、CP 信号→高压充配电总成（通过充电连接信号线路）→ BMS（通过充电指示灯控制信号线路）→组合仪表"存在故障。而整车运行正常，说明高压充配电总成、BMS、组合仪表的电源与通信工作正常。所以，故障可能是由于高压充配电总成没有接收到正确的 CC、CP 信号，或者高压充配电总成对 CC、CP 信号没有做出正确的反应，或者是高压充配电总成、BMS 没有把连接信号输送给仪表。

综合故障现象，说明造成上述故障现象的可能原因在于：①充电枪内 CC 信号线路故障；②车端充电口与 OBC 之间 CC 信号线路故障；③ OBC 自身故障。

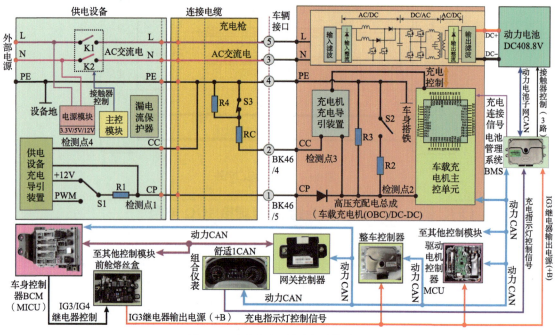

图 4-8　交流充电系统电气连接关系图

诊断过程

交流充电口电路如图 4-9 所示。

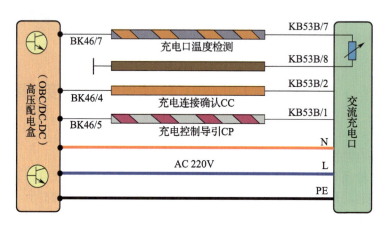

图 4-9　交流充电口电路

1）连接充电枪到车辆，用万用表、示波器分别测量 OBC 端的 BK46/4、BK46/5 对地电压及波形，BK46/4 正常值为 +B → 4.3V → 2.4V，BK46/5 正常值为 0V → 9V → 9V 方波 → 6V 方波，实测 BK46/4 为 +B → 3.5V 后不再变化，BK46/5 始终为 0V，均异常。

2）连接充电枪到车辆，用万用表、示波器分别测量充电口端的 KB53B/2、KB53B/1 对地电压及波形，KB53B/2 正常值为 +B → 4.3V → 2.4V，KB53B/1 正常值为 0V → 9V → 9V 方波 → 6V 方波，实测 KB53B/1 为 +B → 3.5V 后不再变化，KB53B/2 始终为 0V，均异常，但正好与上一步测试结果相反，说明充电口到 OBC 之间 CC、CP 信号线路错接。

3）关闭一键起动开关，拆下低压蓄电池负极接线，检查充电口到 OBC 之间 CC、CP 信号线路的导通性，发现 CC 与 CP 线路反接。

4）排除车辆侧 CC 与 CP 信号线路反接故障，系统恢复正常。

故障机理

由于车辆侧 CC 与 CP 信号线路反接，导致车载充电机无法正常确认供电设备连接状态，所以连接充电枪到车辆后，仪表上的连接信号灯不能亮，无法充电。

案例 6 ｜ 交流充电口温度传感器线路故障检修

故障点 1：交流充电口温度传感器信号线路断路
故障点 2：交流充电口温度传感器信号线路虚接 500Ω 电阻
故障点 3：交流充电口温度传感器信号线路对地短路
故障点 4：交流充电口温度传感器信号线路对地虚接 50Ω 电阻
故障点 5：交流充电口温度传感器搭铁线路断路
故障点 6：交流充电口温度传感器搭铁线路虚接 500Ω 电阻

故障现象

1）充电设备电源指示灯始终正常点亮。

2）连接 32A 供电设备至车辆慢充接口，释放充电枪锁止开关。此时动力电池包内接触器发出正常的上电"咔嗒"声，充电枪锁止正常，车辆充电正常。但仪表显示充电功率只有 2.3kW（正常值应该在 4kW 以上），充电时间达到 9h。等待 30min 后，充电功率也不增加。

3）故障码：P158900——充电口温度采样异常。

现象分析

交流充电口电路如图 4-10 所示。仪表显示的充电功率和当前所选用的供电设备功率不匹配，也和正常情况下显示的功率不匹配，说明车辆在充电过程中系统启动故障保护功能，限制充电功率，而结合车辆充电控制逻辑和故障码，可能为充电口温度异常。可能的故障原因有：①温度传感器故障；②温度传感器线路故障；③ OBC 内部故障。

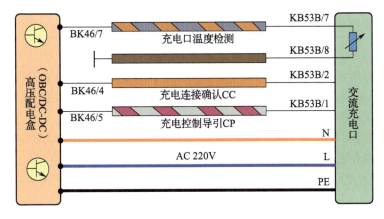

图 4-10　交流充电口电路

故障点 1　交流充电口温度传感器信号线路断路

诊断过程

1）如图 4-10 所示，连接充电枪到车辆，用万用表测量 OBC 的 BK46/7 对地电压，常温下电压应该为 2.5V 左右（根据温度不同会有变化），实测为 5V，异常，说明信号线路可能存在断路。

2）连接充电枪到车辆，用万用表测量交流充电口的 KB53B/7 对地电压，常温下电压应该为 2.5V 左右（根据温度不同会有变化），实测为 0V，异常，说明 BK46/7 到 KB53B/7 之间线路断路。

3）关闭一键起动开关，拆下低压蓄电池负极接线，断开交流充电口与 OBC 之间线路两端的插接器，用万用表测量线路阻值，为无穷大。

4）排除交流充电口温度传感器信号线路断路故障，系统恢复正常。

故障机理

由于交流充电口温度传感器信号线路断路，导致 OBC 无法准确监测到充电口的温度，所以 OBC 会限制充电电流，避免温度过高对车辆的损坏。

故障点 2　交流充电口温度传感器信号线路虚接 500Ω 电阻

诊断过程

1）如图 4-10 所示，连接充电枪到车辆，用万用表测量 OBC 的 BK46/7 对地电压，常温下电压应该为 2.5V 左右（根据温度不同会有变化），实测为 4.5V，异常。

2）连接充电枪到车辆，用万用表测量交流充电口的 KB53B/7 对地电压，常温下电压应该为 2.5V 左右（根据温度不同会有变化），实测为 2V，说明 BK46/7 到 KB53B/7 之间线路虚接。

3）关闭一键起动开关，拆下低压蓄电池负极接线，断开交流充电口与 OBC 之间线路两端的插接器，用万用表测量线路阻值，为 500Ω。

4）排除交流充电口温度传感器信号线路虚接故障，系统恢复正常。

故障机理

由于交流充电口温度传感器信号线路虚接，导致 OBC 无法准确监测到充电口的温度，所以 OBC 会限制充电电流，避免温度过高对车辆的损坏。

故障点 3　交流充电口温度传感器信号线路对地短路

诊断过程

1）如图 4-10 所示，连接充电枪到车辆，用万用表测量 OBC 的 BK46/7 对地电压，常温下电压应该为 2.5V 左右（根据温度不同会有变化），实测为 0V，异常，说明测试点到 OBC 之间线路断路或者测试点所在线路与搭铁短接。

2）关闭一键起动开关，拆下低压蓄电池负极接线，断开交流充电口与 OBC 之间线路两端的插接器，用万用表测量线路对地阻值，为 0Ω，说明信号线路对地短路。

3）排除交流充电口温度传感器信号线路对地短路故障，系统恢复正常。

故障机理

由于交流充电口温度传感器信号线路对地短路，导致 OBC 无法准确监测到充电口的温度，所以 OBC 会限制充电电流，避免温度过高对车辆的损坏。

故障点 4　交流充电口温度传感器信号线路对地虚接 50Ω 电阻

诊断过程

1）如图 4-10 所示，连接充电枪到车辆，用万用表测量 OBC 的 BK46/7 对地电压，常温下电压应该为 2.5V 左右（根据温度不同会有变化），实测为 0.5V，异常，说明测试点与搭铁之间的电阻偏小或者 OBC 存在故障。

2）关闭一键起动开关，拆下低压蓄电池负极接线，拔下 OBC 插接器，用万用表测量 OBC 的 BK46/7 对地阻值，正常为 3.5kΩ，实测约为 50Ω，异常，说明对地电阻明显偏小。

3）接着拔下交流充电口插接器，用万用表测量温度传感器的电阻，正常为 3.5kΩ，实测正常。

4）接着用万用表测量温度传感器信号线路与搭铁之间的阻值，正常为无穷大，实测为 50Ω，说明信号线路存在对地虚接。

5）排除交流充电口温度传感器信号线路对地虚接故障，系统恢复正常。

故障机理

由于交流充电口温度传感器信号线路对地虚接，导致 OBC 无法准确监测到充电口的温度，所以 OBC 会限制充电电流，避免温度过高对车辆的损坏。

故障点 5　交流充电口温度传感器搭铁线路断路

诊断过程

1）如图 4-10 所示，连接充电枪到车辆，用万用表测量 OBC 的 BK46/7 对地电压，常温下电压应该为 2.5V 左（根据温度不同会有变化），实测为 5V，异常，说明测试点与搭铁之间断路或信号线路对 5V 短路。

2）连接充电枪到车辆，用万用表测量交流充电口的 KB53B/7 对地电压，常温下电压应该为 2.5V 左右（根据温度不同会有变化），实测为 5V，异常。

3）连接充电枪到车辆，用万用表测量交流充电口的 KB53B/8 对地电压，常温下电压应该小于 0.1V，实测为 5V，异常，说明搭铁线路断路。

4）关闭一键起动开关，拆下低压蓄电池负极接线，拔下交流充电口插接器，用万用表测量传感器搭铁线路阻值，为无穷大。

5）排除交流充电口温度传感器搭铁线路断路故障，系统恢复正常。

故障机理

由于交流充电口温度传感器搭铁线路断路，导致 OBC 无法准确监测到充电口的温度，所以 OBC 会限制充电电流，避免温度过高对车辆的损坏。

故障点 6　交流充电口温度传感器搭铁线路虚接 500Ω 电阻

诊断过程

1）如图 4-10 所示，连接充电枪到车辆，用万用表测量 OBC 的 BK46/7 对地电压，常温下电压应该为 2.5V 左右（根据温度不同会有变化），实测为 4.5V，异常，说明测试点与搭铁之间电阻过大。

2）连接充电枪到车辆，用万用表测量交流充电口的 KB53B/7 对地电压，常温下电压应该为 2.5V 左右（根据温度不同会有变化），实测为 4.5V，异常。

3）连接充电枪到车辆，用万用表测量交流充电口的 KB53B/8 对地电压，常温下电压应该小于 0.1V，实测为 2V，说明搭铁线路虚接。

4）关闭一键起动开关，拆下低压蓄电池负极接线，拔下交流充电口插接器，用万用表测量温度传感器搭铁线路阻值，为 500Ω。

5）排除交流充电口温度传感器搭铁线路虚接故障，系统恢复正常。

故障机理

由于交流充电口温度传感器搭铁线路虚接，导致 OBC 无法准确监测到充电口的温度，所以 OBC 会限制充电电流，避免温度过高对车辆的损坏。

| 案例 7 | BMS 至 OBC 之间的充电连接信号线路故障检修

故障点 1：BMS 至 OBC 之间的充电连接信号线路断路

故障点 2：BMS 至 OBC 之间的充电连接信号线路虚接 1000Ω 电阻

故障现象

1）充电设备电源指示灯正常点亮。

2）连接充电枪到车辆，仪表不亮，充电连接指示灯不亮，也无法充电。

3）打开一键起动开关，高压上电正常，仪表没有任何与充电有关的提示。

4）故障码：无。

现象分析

交流充电设备高压配电盒的电路如图 4-11 所示。充电连接指示灯不亮，说明"CP、CC 信号→高压充配电总成（充电连接信号）→ BMS →组合仪表"的控制流程存在故障；而整车运行正常，说明高压充配电总成、BMS、组合仪表的电源与通信工作正常。所以，故障可能是由于高压充配电总成没有接收到正确的 CC、CP 信号，或者高压充配电总成对 CC、CP 信号没有做出正确的反应，或者是高压充配电总成没有把连接信号输送给 BMS、BMS 没有把连接信号输送给仪表。

可能的故障原因有：①供电设备故障；②充电枪自身故障；③充电枪与车辆之间的线路故障；④ OBC 自身故障；⑤ OBC 与 BMS 之间充电连接确认线路故障；⑥ BMS 自身故障。

故障点 1 BMS 至 OBC 之间的充电连接信号线路断路

诊断过程

1）连接充电枪，用万用表测量 BMS 的 BK45（B）/20 端子对地电压，正常约 10V → 2.5V，实测 10V 不变，异常。

2）连接充电枪，用万用表测量 OBC 的 BK46/6 端子对地电压，正常约 10V → 2.5V，实测为 0V，说明 BMS 的 BK45（B）/20 端子到 OBC 的 BK46/6 端子之间线路断路。

3）关闭一键起动开关，拆下低压蓄电池负极接线，拔下 BMS、OBC 插接器，用万用表测

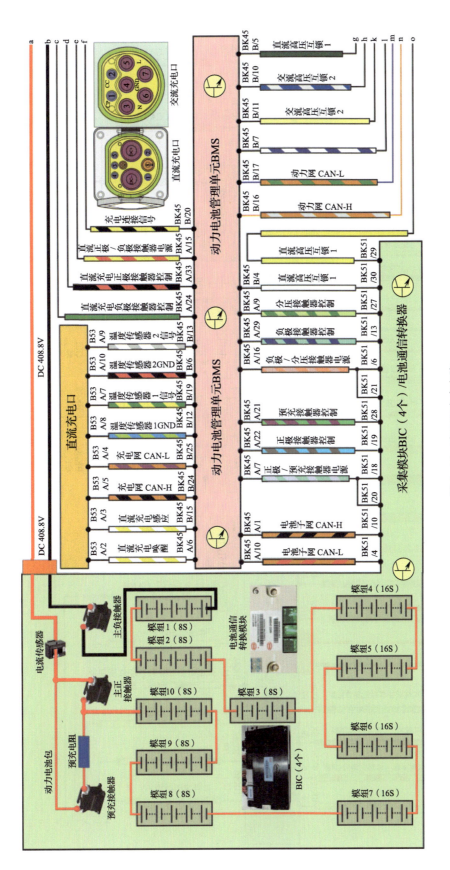

图 4-11 高压配电盒电路

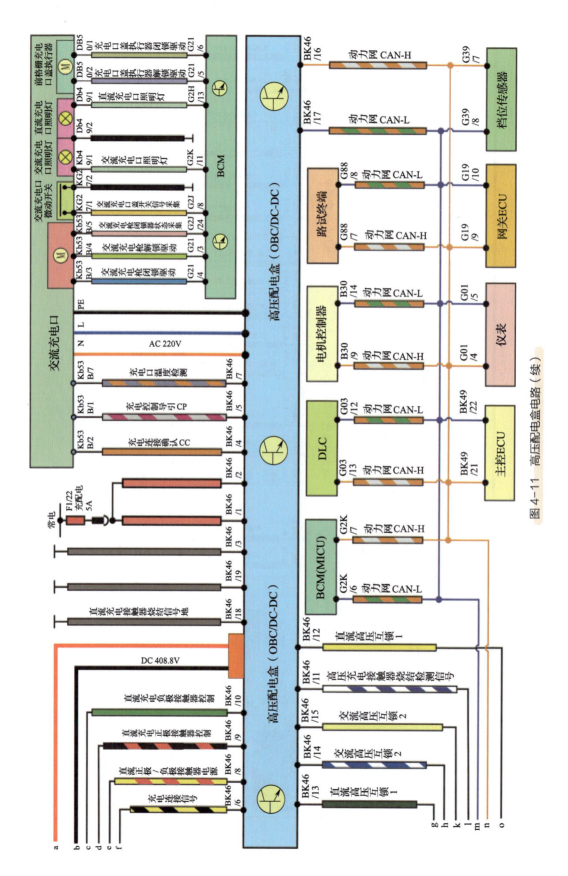

图4-11 高压配电盒电路（续）

量 BMS 的 BK45（B）/20 端子到 OBC 的 BK46/6 端子之间线束的电阻，为无穷大。

4）排除 BMS、OBC 之间的充电连接信号线路断路故障，系统恢复正常。

故障机理

由于 BMS、OBC 之间的充电连接信号线路断路，导致 BMS 无法收到充电连接信号，不能进入充电模式，所以连接充电枪到车辆后，仪表充电指示灯不亮，也无法充电。

故障点 2　BMS 至 OBC 之间的充电连接信号线路虚接 1000Ω 电阻

诊断过程

1）连接充电枪，用万用表测量 BMS 的 BK45（B）/20 端子对地电压，正常约 10V → 2.5V，实测 10V → 6V，异常。

2）连接充电枪，用万用表测量 OBC 的 BK46/6 端子对地电压，正常约 10V → 2.5V，实测为 10V → 1V，说明 BMS 的 BK45（B）/20 端子到 OBC 的 BK46/6 端子之间线路虚接。

3）关闭一键起动开关，拆下低压蓄电池负极接线，拔下 BMS、OBC 插接器，用万用表测量 BMS 的 BK45（B）/20 端子到 OBC 的 BK46/6 端子之间线束电阻，为 1000Ω。

4）排除 BMS、OBC 之间的充电连接信号线路虚接故障，系统恢复正常。

故障机理

由于 BMS、OBC 之间的充电连接信号线路虚接，导致 BMS 无法收到充电连接信号，不能进入充电模式，所以连接充电枪到车辆后，仪表充电指示灯不亮，也无法充电。

| 案例 8 | 高压互锁线路 2 故障检修

故障点 1：高压互锁线路 2（BMS 的 BK45B/10 对应线路）断路
故障点 2：高压互锁线路 2（BMS 的 BK45B/11 对应线路）虚接 1000Ω 电阻
故障点 3：高压互锁线路 2（BMS 的 BK45B/10 对应线路）对地短路
故障点 4：高压互锁线路 2（BMS–BK45B/10 对应线路）对地虚接 100Ω 电阻

故障现象

1）打开一键起动开关，"OK" 灯不能正常点亮，高压上电失败。

2）关闭一键起动开关，连接充电枪到车辆，充电连接指示灯点亮，但不能充电，仪表提示充电系统故障。

3）故障码：P1A6000 高压互锁 2 故障。

现象分析

充电连接指示灯点亮，说明 "CP、CC 信号→高压充配电总成（充电连接信号）→BMS→组合仪表" 工作正常，但无法充电，说明系统存在故障，但无法确定故障所在，只能借助诊断仪进行进一步分析。根据故障码和故障现象分析，说明可能是充电系统高压互锁线路 2 存在故障。可能的故障原因为：①高压互锁线路 2 故障；② BMS 内部故障。BMS 的高压互锁线路 2 如图 4-12 所示。

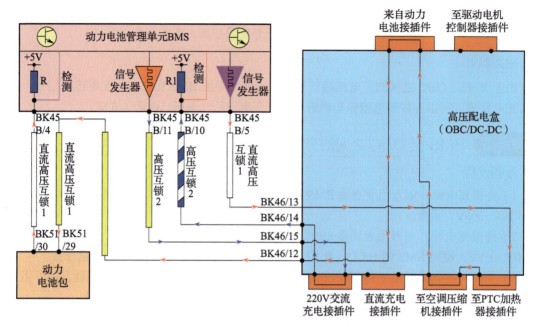

图 4-12　BMS 的高压互锁线路 2

故障点 1 高压互锁线路 2（BMS 的 BK45B/10 对应线路）断路

诊断过程

1）如图 4-12 所示，打开一键起动开关，用示波器测量 BMS 的 BK45B/10 端子对地信号波形，正常为 0→5V 方波，实测为 4.5V，异常。

2）打开一键起动开关，用示波器测量 BMS 的 BK45B/11 端子对地信号波形，正常为 0→5V 方波，实测正常，结合上一步测试结果，说明 BMS 的 BK45B/10 端子到 BMS 的 BK45B/11 端子之间线路存在断路。

3）打开一键起动开关，用示波器分别测量充配电总成的 BK46/14、BK46/15 端子对地信号波形，正常为 0→5V 方波，实测均为 5V，异常，说明高压配电总成的 BK46/15 端子到 BMS 的 BK45B/11 端子之间线路存在断路。

4）关闭一键起动开关，拆下低压蓄电池负极接线，断开 BMS、OBC 线路插接器，用万用表测量高压配电总成的 BK46/15 端子到 BMS 的 BK45B/11 端子之间线路阻值，为无穷大。

5）排除高压互锁线路 2 断路故障，系统恢复正常。

故障机理

由于高压互锁线路 2 断路，导致 BMS 无法验证充电系统的完整性，所以无法充电。

故障点 2 高压互锁线路 2（BMS 的 BK45B/11 对应线路）虚接 1000Ω 电阻

诊断过程

1）如图 4-12 所示，打开一键起动开关，用示波器测量 BMS 的 BK45B/10 端子对地信号波形，正常为 0→5V 方波，实测为 3→5V 方波，异常。

2）打开一键起动开关，用示波器测量 BMS 的 BK45B/11 端子对地信号波形，正常为 0→5V 方波，实测正常，说明高压互锁线路存在虚接。

3）打开一键起动开关，用示波器分别测量充配电总成的 BK46/14、BK46/15 端子对地信号波形，正常为 0 → 5V 方波，实测均为 3 → 5V 方波，说明 BMS 的 BK45B/11 端子到 OBC 的 BK46/15 端子之间线路虚接。

4）关闭一键起动开关，拆下低压蓄电池负极接线，断开 BMS、OBC 线路插接器，用万用表测量 BMS 的 BK45B/11 端子到 OBC 的 BK46/15 端子之间线路阻值，为 1000Ω。

5）排除高压互锁线路 2 虚接故障，系统恢复正常。

(故障机理)

由于高压互锁线路 2 虚接，导致 BMS 无法验证充电系统的完整性，所以无法充电。

故障点 3 ▶ 高压互锁线路 2（BMS 的 BK45B/10 对应线路）对地短路

诊断过程

1）如图 4-12 所示，打开一键起动开关，用示波器测量 BMS 的 BK45B/10 端子对地信号波形，正常为 0 → 5V 方波，实测为 0V 直线，异常，说明高压互锁线路可能存在对地短路或者 BMS 故障。

2）关闭一键起动开关，拆下低压蓄电池负极，断开高压互锁线路 2 上的所有插接器，用万用表分段测量高压互锁线路 2 对地阻值，检查发现 BMS 的 BK45B/10 端子到 OBC 的 BK46/14 端子之间的线路对地阻值，为 0Ω。

3）排除高压互锁线路 2 对地短路故障，系统恢复正常。

(故障机理)

由于高压互锁线路 2 对地短路，导致 BMS 无法验证充电系统的完整性，所以无法充电。

故障点 4 ▶ 高压互锁线路 2（BMS-BK45B/10 对应线路）对地虚接 100Ω 电阻

诊断过程

1）如图 4-12 所示，打开一键起动开关，用示波器测量 BMS 的 BK45B/10 端子对地信号波形，正常为 0 → 5V 方波，实测为 0 → 2V 方波，异常，说明高压互锁线路可能存在对地虚接或者 BMS 存在故障。

2）拆下低压蓄电池负极，断开互锁线路 2 上的所有插接器，用万用表分段测量高压互锁线路对地阻值，检查发现 BMS 的 BK45B/10 端子到 OBC 的 BK46/14 端子之间的线路对地阻值为 100Ω，存在虚接。

3）排除高压互锁线路 2 对地虚接故障，系统恢复正常。

(故障机理)

由于高压互锁线路 2 对地虚接，导致 BMS 无法验证充电系统的完整性，所以无法充电。

｜案例 9 ｜ 充电枪内部的 CC 信号故障检修

故障点 1：充电枪内部的 CC 信号线路断路

故障点 2：充电枪内部的 CC 信号线路虚接 1000Ω 电阻

故障点 3：充电枪内部的 CC 信号线路对地短路

故障点 4：充电枪内部的 CC 与 CP 信号线路互虚 10Ω 电阻

故障点 5：充电枪内部的 RC 电阻阻值小于 100Ω

故障现象

1）充电设备电源指示灯正常点亮。

2）连接充电枪到车辆，仪表不亮，充电连接指示灯不亮，也无法充电。

3）打开一键起动开关，高压上电正常，仪表没有任何与充电有关的提示。

4）故障码：P157897 CC（充电枪连接确认）信号异常。

现象分析

充电系统电气连接关系如图 4-13 所示，充电连接指示灯不亮，说明 "CP、CC 信号→高压充配电总成（通过充电连接信号线路）→ BMS（通过充电指示灯控制信号线路）→组合仪表" 的控制流程存在故障。而整车运行正常，说明高压充配电总成、BMS、组合仪表的电源与通信工作正常。所以，故障可能是由于高压充配电总成没有接收到正确的 CC、CP 信号，或者高压充配电总成对 CC、CP 信号没有做出正确的反应，或者是高压充配电总成没有把连接信号输送给 BMS、BMS 没有把连接信号输送给仪表，但具体故障部位不好确定，需要借助诊断仪进一步分析。结合故障码，可能的故障原因有：①充电枪自身故障；②交流充电口与 OBC 之间的 CC 信号线路故障；③ OBC 自身故障。

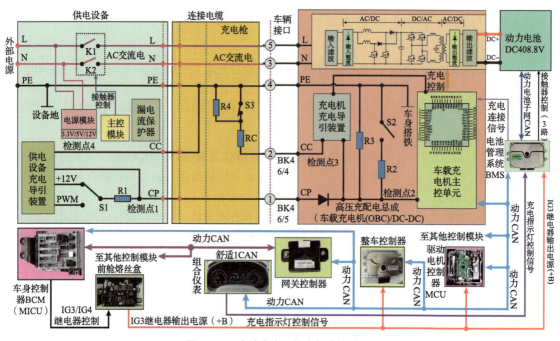

图 4-13　交流充电系统电气连接关系图

故障点 1 ▶ 充电枪内部的 CC 信号线路断路

诊断过程

1）如图 4-14 所示，连接充电枪到车辆，用万用表测量 OBC 端的 BK46/4 端子对地电压，正常值为 10.7V → 4.3V → 2.4V，实测为 10.7V 不变，异常，说明测试点到搭铁之间断路。

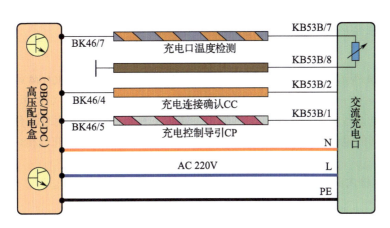

图 4-14　交流充电口电路

2）连接充电枪到车辆，用万用表测量充电口的 KB53B/2 端子对地电压，正常为 10.7V →
4.3V → 2.4V，实测为 10.7V 不变，异常。

3）连接充电枪到车辆，用万用表测量充电口的 PE 端子对地电压，正常为小于 0.1V，实测
为 0V 不变，正常，说明充电枪内的 CC 信号线路存在断路。

4）关闭供电设备电源，从车端、供电设备端拔下充电枪，用万用表测量充电枪的 CC 与
PE 之间的阻值，正常为 680Ω、3500Ω，实测始终为无穷大，说明充电枪内的 CC 信号线路存
在断路。

5）排除充电枪内部 CC 信号线路断路故障，系统恢复正常。

【故障机理】

由于充电枪内部 CC 信号线路断路，导致车辆无法与充电设备完成连接，所以连接充电枪
到车辆后，仪表不显示连接指示灯，也无法充电。

故障点 2　充电枪内部的 CC 信号线路虚接 1000Ω 电阻

【诊断过程】

1）如图 4-14 所示，连接充电枪到车辆，用万用表测量 OBC 端的 BK46/4 端子对地电压，
正常值为 10.7V → 4.3V → 2.4V，实测为 10.7V → 6V → 4.5V，异常，说明测试点到搭铁之间的
电阻变大。

2）连接充电枪到车辆，用万用表测量充电口的 KB53B/2 对地电压，正常为 10.7V →
4.3V → 2.4V，实测为 10.7V → 6V → 4.5V，异常。

3）连接充电枪到车辆，用万用表测量充电口的 KB53B/4 对地电压，正常为小于 0.1V，实
测为 0V，正常，结合上一步测试结果，说明充电枪内部 CC 信号线路电阻过大。

4）关闭供电设备电源，从车端、供电设备端拔下充电枪，用万用表测量充电枪的 CC 与
PE 之间的阻值，正常为 680Ω、3500Ω，实测比正常值增大 1000Ω，说明充电枪内部 CC 信号
线路虚接。

5）排除充电枪内部 CC 信号线路虚接故障，系统恢复正常。

【故障机理】

由于充电枪内部 CC 信号线路虚接，导致车辆无法与充电设备完成连接，所以连接充电枪
到车辆后，仪表不显示连接指示灯，也无法充电。

故障点 3 充电枪内部的 CC 信号线路对地短路

诊断过程

1）如图 4-14 所示，连接充电枪到车辆，用万用表测量 OBC 的 BK46/4 端子对地电压，正常值为 10.7V → 4.3V → 2.4V，实测为 10.7V → 0V，异常，说明测试点对地短路。

2）关闭供电设备电源，从车端、供电设备端拔下充电枪，用万用表测量充电枪的 CC 端子与 PE 端子之间的阻值，正常为 680Ω、3500Ω，实测为 0Ω，说明充电枪内部 CC 信号线路短路。

3）排除充电枪内部 CC 与 PE 之间的线路短路故障，系统恢复正常。

故障机理

由于充电枪内部 CC 与 PE 之间的线路短路，导致车辆无法与充电设备完成连接，所以连接充电枪到车辆后，仪表不显示连接指示灯，也无法充电。

故障点 4 充电枪内部的 CC 与 CP 信号线路互虚 10Ω 电阻

诊断过程

1）如图 4-14 所示，连接充电枪到车辆，用万用表测量 OBC 端的 BK46/4 对地电压，正常值为 10.7V → 4.3V → 2.4V，实测为 9V → 7V 方波，说明 CC 与 CP 线路可能存在关联。

2）连接充电枪到车辆，用万用表测量 OBC 端的 BK46/5 对地电压，正常值为 0V → 9V → 9V 方波 → 6V 方波，实测为 8.5V → 7.5V 方波，说明 CC 与 CP 线路存在虚接。

3）关闭供电设备电源，从车端、供电设备端拔下充电枪，用万用表测量充电枪 CC 端子与 CP 端子线路之间的阻值，实测为 10Ω。

4）排除充电枪内部 CC 与 CP 线路之间虚接故障，系统恢复正常。

故障机理

由于充电枪内部 CC 与 CP 线路之间虚接，导致车辆无法与充电设备完成连接，所以连接充电枪到车辆后，仪表不显示连接指示灯，也无法充电。

故障点 5 充电枪内部的 RC 电阻阻值小于 100Ω

诊断过程

1）如图 4-14 所示，连接充电枪到车辆，用万用表测量 OBC 端的 BK46/4 对地电压，正常值为 10.7V → 4.3V → 2.4V，实测为 10.7V → 1V → 0.5V，异常，说明测试点与搭铁之间的电阻偏小，测试点到充电机充电导引装置之间线路虚接，或者充电机充电导引装置损坏。

2）关闭供电设备电源，从车端、供电设备端拔下充电枪，用万用表测量充电枪车端接口的 CC 与 PE 之间的阻值，正常为 680Ω、3500Ω，实测均小于正常值，说明充电枪内部损坏或者充电枪型号不符合要求。

3）排除充电枪内部损坏或型号不符合要求故障，系统恢复正常。

故障机理

由于充电枪内部损坏或型号不符合要求，导致车辆无法与充电设备完成连接，所以连接充电枪到车辆后，仪表不显示连接指示灯，也无法充电。

| 案例 10 | 充电枪内部的 CP 信号线路故障检修

故障点 1：充电枪内部的 CP 信号线路断路

故障点 2：充电枪内部的 CP 信号线路虚接 500Ω 电阻

故障点 3：充电枪内部的 CP 信号线路对地虚接 200Ω

故障点 4：充电枪内部的 CP 信号线路对地短路

故障现象

1）充电设备电源指示灯正常点亮。

2）连接充电枪到车辆，仪表上充电连接指示灯不亮，且始终提示"充电连接中"，但无法跳转到充电信息显示界面，供电设备连接指示灯不闪烁。

3）接着打开一键起动开关，高压上电正常，仪表上充电连接指示灯点亮。

4）故障码：P157400 供电设备故障。

现象分析

充电系统电气连接关系如图 4-15 所示，充电过程中充电连接指示灯不亮，说明"CC、CP 信号→高压充配电总成（通过充电连接信号线路）→ BMS（通过充电指示灯控制信号线路）→组合仪表"存在故障；而打开一键起动开关时，充电连接指示灯点亮，说明"CC 信号→高压充配电总成（通过充电连接信号线路）→ BMS（通过充电指示灯控制信号线路）→组合仪表"工作正常。综合以上两种情况，说明在充电过程中组合仪表没有对充电线束连接做出反应，一方面可能是由于高压充配电总成没有接收到正确的 CP 信号，或者高压充配电总成对 CP 信号做出正确的反应。

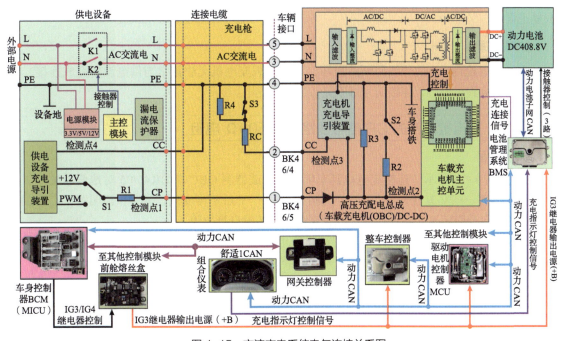

图 4-15 交流充电系统电气连接关系图

根据故障码的定义，说明高压充配电总成是根据 CP 信号电压来判定其与供电设备之间的连接，如果高压充配电接收到来自充电枪的 CC 信号，而没有接收到任何来自供电设备的 CP 信号，则出现该故障码。

综合故障现象和故障码，说明可能的故障原因有：①供电设备故障；②充电枪故障；③交流充电口到 OBC 之间的 CP 信号相关线路故障；④高压充配电总成故障。

故障点 1　充电枪内部的 CP 信号线路断路

诊断过程

1）如图 4-16 所示，连接充电枪到车辆，用示波器测 OBC 端 BK46/05 对地信号波形，正常为 0V → 9V → 9V 方波→ 6V 方波，实测为 0V 不变，异常。

2）连接充电枪到车辆，用示波器测量充电口端 KB53B/1 对地信号波形，正常为 0V → 9V → 9V 方波→ 6V 方波，实测为 0V 不变，异常。

3）从车端拔下充电枪，用示波器测量枪端的 CP 信号，正常为 +B，实测 0V，说明充电枪内部 CP 信号线路断路损坏。

4）从供电设备端拔下充电枪，用万用表测量充电枪两端 CP 信号端子之间的阻值，正常近乎为零，实测为无穷大。

5）排除充电枪内部 CP 信号线路断路损坏故障，系统恢复正常。

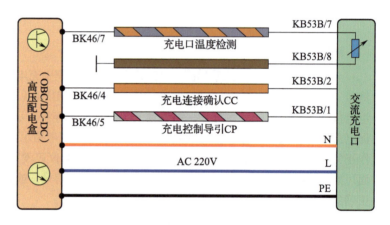

图 4-16　交流充电口电路

故障机理

由于充电枪内 CP 信号线路断路损坏，导致车载充电机无法正常与供电设备完成连接，所以连接充电枪到车辆后，连接信号灯不亮，也无法充电。

故障点 2　充电枪内部的 CP 信号线路虚接 500Ω 电阻

诊断过程

1）如图 4-16 所示，连接充电枪到车辆，用示波器测 OBC 端 BK46/05 对地信号波形，正常为 0V → 9V → 9V 方波→ 6V 方波，实测为 0V → 7V 后不再变化，异常，说明测试点到供电设备中的充电导引装置之间存在虚接或者充电导引装置自身故障。

2）连接充电枪到车辆，用示波器测量充电口端 KB53B/1 对地信号波形，正常为 0V → 9V → 9V 方波→ 6V 方波，实测为 0V → 7V，异常。

3）连接充电枪到车辆，用示波器测量供电设备端的 CP 信号，正常为 0V → 9V → 9V 方波→ 6V 方波，实测为 0V → 12V。结合上一步测试结果，说明充电枪内的 CP 信号线路存在虚接。

4）从车端、供电设备端拔下充电枪，用万用表测量充电枪两端 CP 信号端子之间的阻值，正常近乎为零，实测为 500Ω。

5）排除充电枪内部 CP 信号线路存在虚接故障，系统恢复正常。

故障机理

由于充电枪内部 CP 信号线路存在虚接，导致车载充电机无法正常与供电设备完成连接，所以连接充电枪到车辆后，连接信号灯不亮，也无法充电。

故障点 3　充电枪内部的 CP 信号线路对地虚接 200 Ω

诊断过程

1）如图 4-16 所示，连接充电枪到车辆，用示波器测 OBC 端 BK46/05 对地信号波形，正常为 0V → 9V → 9V 方波 → 6V 方波，实测为 0V → 3V，异常，说明测试点与搭铁之间存在虚接或测试点与供电设备充电导引装置之间存在虚接。

2）连接充电枪到车辆，用示波器测量充电口端 KB53B/1 对地信号波形，正常为 0V → 9V → 9V 方波 → 6V 方波，实测为 0V → 3V，异常。

3）连接充电枪到车辆，用示波器测量供电设备端 CP 对地信号波形，正常为 0V → 9V → 9V 方波 → 6V 方波，实测为 0V → 3V，异常。

4）从车端、供电设备端拔下充电枪，用万用表测量充电枪的任何一端的 CP 与搭铁端子之间的电阻；接着解除供电设备电源，用万用表测量供电设备端的 CP 与搭铁端子之间的电阻；拆下车辆低压蓄电池负极，用万用表测量车端的 CP 与搭铁端子之间的电阻。测试发现，充电枪内的 CP 与搭铁端子之间的电阻为 200 Ω。

5）排除充电枪内部的 CP 与搭铁端子之间虚接故障，系统恢复正常。

故障机理

由于充电枪内部的 CP 与搭铁端子之间虚接，导致车载充电机无法正常与供电设备完成连接，所以连接充电枪到车辆后，连接信号灯不亮，也无法充电。

故障点 4　充电枪内部的 CP 信号线路对地短路

诊断过程

1）如图 4-16 所示，连接充电枪到车辆，用示波器测 OBC 端 BK46/05 对地信号波形，正常为 0V → 9V → 9V 方波 → 6V 方波，实测为 0V 不变，异常，说明测试点与供电设备的充电导引装置之间线路断路或者测试点所在线路与搭铁短路。

2）连接充电枪到车辆，用示波器测量充电口端 KB53B/1 对地信号波形，正常为 0V → 9V → 9V 方波 → 6V 方波，实测为 0V 不变，异常。

3）连接充电枪到车辆，用示波器测量供电设备端 CP 对地信号波形，正常为 0V → 9V → 9V 方波 → 6V 方波，实测为 0V 不变，异常。

4）从车端、供电设备端拔下充电枪，用万用表测量充电枪的任何一端的 CP 与搭铁端子之间的电阻；接着解除供电设备电源，用万用表测量供电设备端的 CP 与搭铁端子之间的电阻；拆下车辆低压蓄电池负极，用万用表测量车端的 CP 与搭铁端子之间的电阻。测试发现，充电枪内的 CP 与搭铁端子之间的电阻为 0。

5）排除充电枪内部 CP 与搭铁端子之间短接故障，系统恢复正常。

故障机理

由于充电枪内部 CP 与搭铁端子之间短接，导致车载充电机无法正常与供电设备完成连接，所以连接充电枪到车辆后，连接信号灯不亮，也无法充电。

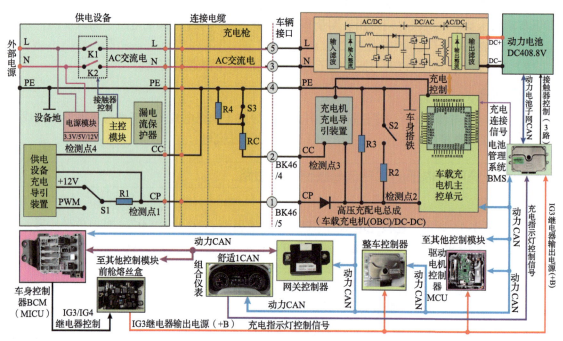

| 案例 11 | 充电枪的锁止开关断路故障检修

故障现象

1）充电设备电源指示灯正常点亮。

2）连接充电枪到车辆，仪表不亮，充电连接指示灯不亮，也无法充电。

3）打开一键起动开关，高压上电正常，仪表没有任何与充电有关的提示。

4）故障码：无。

现象分析

充电系统电气连接关系如图 4-17 所示，充电过程中充电连接指示灯不亮，说明 "CC、CP 信号→高压充配电总成（通过充电连接信号线路）→BMS（通过充电指示灯控制信号线路）→组合仪表"存在故障。而整车运行正常，说明高压充配电总成、BMS、组合仪表的电源与通信工作正常。所以，故障可能是由于高压充配电总成没有接收到正确的 CC、CP 信号，或者高压充配电总成对 CC、CP 信号没有做出正确的反应，或者是高压充配电总成、BMS 没有把连接信号输送给仪表。

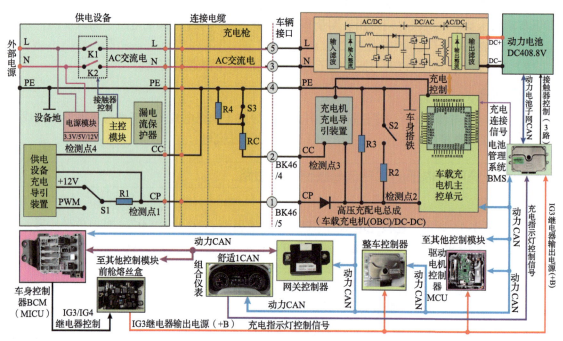

图 4-17 交流充电系统电气连接关系图

综合故障现象，说明造成上述故障现象的可能原因在于：①充电枪内 CC、CP 信号线路故障；②车端充电口与 OBC 之间 CC、CP 信号线路故障；③ OBC 自身故障。

诊断过程

1）连接充电枪到车辆，用万用表测量 OBC 端的 BK46/4、BK46/5 对地电压，BK46/4 正常值为 10.7V → 4.3V → 2.4V，实测为 10.7V → 4.3V 后不再变化，异常，说明开关 S3 可能存在故障。

2）从车端、供电设备端拔下充电枪，用万用表测量充电枪车端接口的 CC 与 PE 之间的阻值，正常为 680Ω、3500Ω，实测为 3500Ω 不变，说明充电枪锁止开关损坏。

3）排除充电枪开关损坏故障，系统恢复正常。

故障机理

由于充电枪开关损坏，导致车辆无法与充电设备完成连接，所以连接充电枪到车辆后，仪表不显示连接指示灯，也无法充电。

| 案例 12 | 高压母线电流传感器电路故障检修

故障点 1：高压母线电流传感器信号线路断路
故障点 2：高压母线电流传感器 +15V 电源线路断路
故障点 3：高压母线电流传感器 –15V 电源线路虚接 1000Ω 电阻

故障现象

1）连接充电枪到车辆，听到高压接触器的工作声；供电设备充电指示灯正常闪烁；仪表的充电连接指示灯点亮，SOC 显示正常，同时显示充电中，但是仪表中部的充电功率及充电时间显示无内容或有显示但与实际明显不符。

2）故障码：P1A4D04 电流霍尔传感器故障。

现象分析

仪表的充电连接指示灯点亮，且显示充电中，说明 OBC 与供电设备连接正常，且也开始充电，但不显示电流及时间，根据故障码说明 BMS 可能监测不到高压母线的电流。可能故障原因为：①高压母线电流传感器故障；②高压母线电流传感器线路故障；③ BMS 内部故障。电流传感器电路如图 4-18 所示。

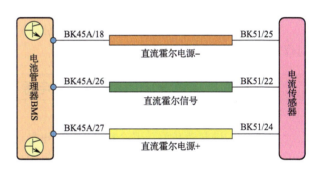

图 4-18　电流传感器电路

故障点 1　高压母线电流传感器信号线路断路

诊断过程

1）打开一键起动开关，用诊断仪读取高压母线电流的数据流，发现电流始终为 0A，异常。

2）打开一键起动开关，用万用表测量 BMS 的 BK45A/26 端子对地电压，正常为 0.02～0.05V 之间，实测低于正常值。

3）打开一键起动开关，用万用表测量传感器的 BK51/22 端子对地电压，正常为 0.02～0.05V 之间，实测为 –15V，结合上一步测试结果，说明传感器信号线路存在故障。

4）关闭一键起动开关，拆下低压蓄电池负极接线，断开电流传感器、BMS 的插接器，用万用表测量电流传感器 BK51/22 到 BMS 的 BK45A/26 之间线路的阻值为无穷大。

5）排除高压母线电流传感器信号线路断路故障，系统恢复正常。

 故障机理

由于高压母线电流传感器信号线路断路，导致 BMS 无法监测到母线电流，所以充电时仪表不显示充电电流及时间。

故障点 2 高压母线电流传感器 +15V 电源线路断路

诊断过程

1）打开一键起动开关，用诊断仪读取高压母线电流的数据流，发现电流始终为 0A，异常。

2）打开一键起动开关，用万用表测量 BMS 的 BK45A/26 端子对地电压，正常为 0.02 ~ 0.05V 之间，实测发现明显低于正常值，异常。

3）打开一键起动开关，用万用表测量传感器的 BK51/22 端子对地电压，正常为 0.02 ~ 0.05V 之间，实测发现明显低于正常值，异常，说明传感器或其电源线路存在故障。

4）打开一键起动开关，用万用表测量传感器的 BK51/24 端子对地电压，正常为 +15V，实测近乎为零。

5）打开一键起动开关，用万用表测量 BMS 的 BK45A/27 端子对地电压，正常为 +15V，实测正常，结合上一步测试结果，说明传感器正极电源线路断路。

6）关闭一键起动开关，拆下低压蓄电池负极接线，断开电流传感器、BMS 的插接器，用万用表测量电流传感器的 BK51/24 到 BMS 的 BK45A/27 之间线路的阻值为无穷大，说明线路断路。

7）排除高压母线电流传感器 +15V 电源线路断路故障，系统恢复正常。

故障机理

由于高压母线电流传感器 +15V 电源线路断路，导致 BMS 无法监测到母线电流，所以充电时仪表不显示充电电流及时间。

故障点 3 高压母线电流传感器 −15V 电源线路虚接 1000Ω 电阻

诊断过程

1）打开一键起动开关，用诊断仪读取高压母线电流的数据流，发现电流始终为 0A，异常。

2）打开一键起动开关，用万用表测量 BMS 的 BK45A/26 端子对地电压，正常为 0.02 ~ 0.05V 之间，实测明显高于正常值，异常。

3）打开一键起动开关，用万用表测量传感器的 BK51/22 端子对地电压，正常为 0.02 ~ 0.05V 之间，实测明显高于正常值，异常，说明传感器或其电源线路存在故障。

4）打开一键起动开关，用万用表测量传感器的 BK51/24 端子对地电压，正常为 +15V，实测正常。

5）打开一键起动开关，用万用表测量传感器的 BK51/25 端子对地电压，正常为 −15V，实测为 −2V。

6）打开一键起动开关，用万用表测量 BMS 的 BK45A/18 端子对地电压，正常为 −15V，实测正常，结合上一步测试结果，说明传感器负极电源线路虚接。

7）关闭一键起动开关，拆下低压蓄电池负极接线，断开电流传感器、BMS 的插接器，用万用表测量电流传感器的 BK51/25 到 BMS 的 BK45A/18 之间线路的阻值为 1000Ω，说明线路虚接。

8）排除高压母线电流传感器 −15V 电源线路虚接故障，系统恢复正常。

故障机理

由于高压母线电流传感器 −15V 电源线路虚接，导致 BMS 无法监测到母线电流，所以充电时仪表不显示充电电流及时间。

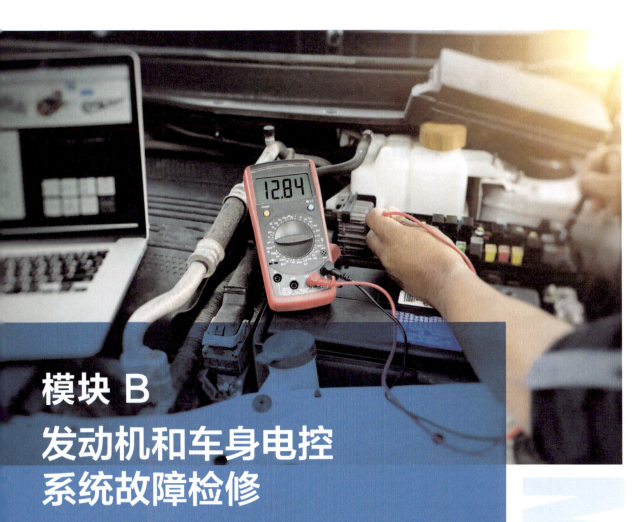

模块 B

发动机和车身电控
系统故障检修

本模块在燃油车迈腾 B8 汽车上完成。

Module B

任务 5　起动机不运转的故障检修

| 案例 1 | 一键起动开关 E378 信号故障检修

故障点 1：一键起动开关 E378 内部触点断路
故障点 2：一键起动开关 E378 信号 1 线路断路
故障点 3：一键起动开关 E378 信号 1 线路虚接 400Ω 电阻

故障现象

1）无钥匙进入功能正常。

2）拉开车门、进入车内、关闭车门，钥匙指示灯正常闪烁，E378（一键起动开关）背景灯点亮，仪表能正常显示车门状态。

3）打开 E378 时，钥匙指示灯不闪烁，转向盘不解锁，仪表不能正常点亮。

4）踩下制动踏板，车后部的制动灯正常点亮。

5）踩住制动踏板，按住 E378，起动机不转；应急起动失败。

现象分析

该车进入及起动流程如图 5-1 所示，一键起动时钥匙指示灯未闪烁，说明"E378 → J965（进入及起动系统接口、通过 CAN）→ J285（组合仪表）；J965 →室内天线→钥匙"工作异常。但无钥匙进入时，仪表上的转向指示灯闪烁正常，说明"车外门把手触摸传感器→ J965（通过唤醒线、CAN）→ J519（车载电网控制单元、通过 CAN）→ J285；J965 →室外天线→钥匙→ J519"工作正常。E378 背景指示灯点亮，说明"J965（通过一根导线）→ E378 背景指示灯→搭铁"工作正常。

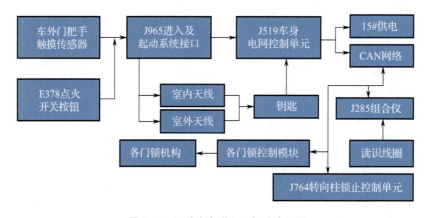

图 5-1　迈腾汽车进入及起动流程图

注意：根据车辆技术特点，车内前部天线属于主天线，如果其出现故障，车外无钥匙进入失效，现在无钥匙进入时钥匙指示灯正常闪烁，说明室内天线肯定没有问题；车辆进入与起动系统电路如图 5-2 所示，由此可以推出，E378 与 J965 之间信号线路存在故障，具体表现在：

1）E378 自身故障。

2）E378 到 J965 之间的信号线路故障。

3）J965 局部故障。

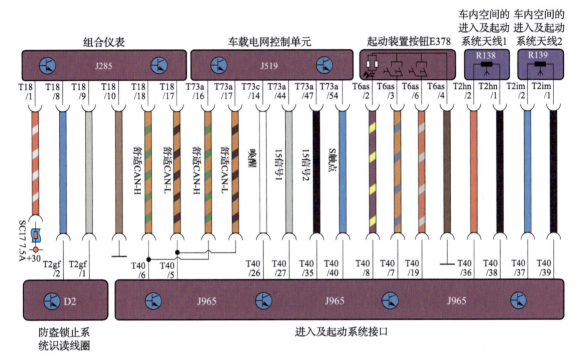

图 5-2　进入与起动系统电路

故障点 1　一键起动开关 E378 内部触点断路

诊断过程

1）打开 E378，用万用表测量 J965 的 T40/7、T40/19 对地电压，正常为 +B → 0V，实测均为 +B 不变，异常，说明测试点到搭铁之间线路断路。

2）打开 E378，用万用表测量 E378 的 T6as/3、T6as/6 对地电压，正常为 +B → 0V，实测均为 +B 不变，异常，说明 E378 内部存在故障。

3）关闭 E378，断开 E378 插接器，用万用表分别测量 E378 端的 T6as/4 与 T6as/3、T6as/6 之间的阻值，正常为 0Ω，实测为无穷大，所以 E378 内部触点断路。

4）更换 E378，故障排除，系统恢复正常。

故障机理

由于 E378 内部两个触点均损坏，导致 J965 无法识别到 E378 是否被按下（只有 J965 的 T40/7、T40/19 两个信号线路同时被拉低到零），所以打开 E378 后，转向盘不解锁，仪表不能正常点亮，起动机不转。

一键起动开关 E378 信号 1 线路断路

诊断过程

1）打开 E378，用万用表测量 J965 的 T40/7、T40/19 对地电压，正常为 +B → 0V，实测为 +B 不变，异常，说明测试点到搭铁之间断路；T40/19 为 +B → 0V，正常。

2）打开 E378，用万用表测量 E378 的 T6as/3 对地电压，正常为 +B → 0V，实测为 0V 不变，异常，结合上一步测试结果，说明 J965 的 T40/7 至 E378 的 T6as/3 对应线路断路。

3）关闭 E378，拆下蓄电池负极接线，断开 J965、E378 插接器，用万用表测量 J965 的 T40/7 至 E378 的 T6as/3 之间线路的阻值，正常近乎为 0Ω，实测为无穷大，说明 J965 的 T40/7 至 E378 的 T6as/3 之间信号线路断路。

4）排除 J965 的 T40/7 至 E378 的 T6as/3 之间信号线路断路故障，系统恢复正常。

故障机理

由于 J965 的 T40/7 至 E378 的 T6as/3 之间信号线路断路，导致 J965 无法正常识别到 E378 是否被按下（只有 J965 的 T40/7、T40/19 两个信号线路同时被拉低到零），所以打开 E378 后，转向盘不解锁、仪表不能正常点亮、起动机不转。

一键起动开关 E378 信号 1 线路虚接 400Ω 电阻

诊断过程

1）打开 E378，用万用表测量 J965 的 T40/7、T40/19 对地电压，正常为 +B → 0V，实测值：T40/7 为 +B → 4.8V（可能会有偏差），异常，说明测试点与搭铁之间线路虚接；T40/19 为 +B → 0V，正常。

2）打开 E378，用万用表测量 E378 的 T6as/3 对地电压，正常为 +B → 0V，实测为 +B → 0V，正常。综合上一步测试结果，说明 J965 的 T40/7 至 E378 的 T6as/3 之间对应线路虚接。

3）关闭 E378，拆下蓄电池负极接线，断开 J965、E378 插接器，用万用表测量 J965 的 T40/7 至 E378 的 T6as/3 之间线路的阻值，正常近乎为 0Ω，实测为 400Ω，说明 J965 的 T40/7 至 E378 的 T6as/3 之间信号线路虚接。

4）排除 J965 的 T40/7 至 E378 的 T6as/3 之间信号线路虚接故障，系统恢复正常。

故障机理

由于 J965 的 T40/7 至 E378 的 T6as/3 之间信号线路虚接，导致 J965 无法正常识别到 E378 是否被按下（只有 J965 的 T40/7、T40/19 两个信号线路同时被拉低到零），所以打开 E378 后，转向盘不解锁，仪表不能正常点亮，起动机不转。

| 案例 2 | 一键起动开关 E378 搭铁线路断路故障检修

故障现象

1）无钥匙进入功能正常。

2）拉开车门、进入车内、关闭车门，钥匙指示灯正常闪烁，E378（一键起动开关）背景灯未正常点亮，仪表能正常显示车门状态。

3）打开 E378 时，钥匙指示灯不闪烁，转向盘不解锁，仪表不能正常点亮。

4）踩下制动踏板，车后部的制动灯正常点亮。

5）踩住制动踏板，按住 E378，起动机不转；应急起动也失败。

现象分析

　　该车进入及起动流程如图 5-3 所示，拉开车门 E378 背景灯不亮，说明"驾驶人侧车门接触开关 F2 →驾驶人侧车门控制单元 J386（通过 CAN）→ J519（通过 CAN）→ J965 → E378 背景灯→搭铁线路"异常；而钥匙指示灯正常闪烁，说明

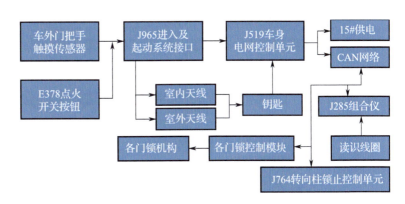

图 5-3　迈腾汽车进入及起动流程图

"驾驶人侧车门接触开关 F2 →驾驶人侧车门控制单元 J386（通过 CAN）→ J519（通过 CAN）→ J965 →室内天线→钥匙"正常。综合以上两点，加上打开 E378 后车辆无反应，说明故障可能原因为：① E378 搭铁线路故障；② E378 自身故障。E378 电路如图 5-4 所示。

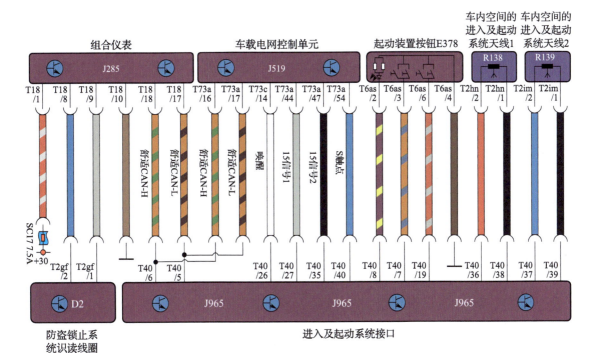

图 5-4　进入与起动系统电路

诊断过程

　　1）打开 E378，用万用表测量 E378 的 T6as/4 对地电压，正常应小于 0.1V，实测为 +B 不变，异常。

　　2）关闭 E378，断开 E378 插接器，用万用表测量 E378 搭铁线路阻值，正常为 0Ω，实测为无穷大，E378 搭铁线路断路。

3）排除 E378 搭铁线路断路，系统恢复正常。

故障机理

由于 E378 搭铁线路断路，导致 J965 无法点亮 E378 背景灯，也无法正常识别到 E378 是否被按下，所以打开 E378 后，转向盘不解锁，仪表不能正常点亮，起动机不转。

| 案例 3 | 一键起动开关 E378 起动线路虚接 400Ω 电阻故障检修

故障现象

1）无钥匙进入功能正常。

2）拉开车门、进入车内、关闭车门，钥匙指示灯正常闪烁，E378（一键起动开关）背景灯亮度不足，仪表能正常显示车门状态。

3）打开 E378 时，其背景灯熄灭，钥匙指示灯不闪烁，转向盘不解锁，仪表不能正常点亮。

4）踩下制动踏板，车后部的制动灯正常点亮。

5）踩住制动踏板，按住 E378，起动机不转；应急起动也失败。

现象分析

如图 5-5 所示，拉开车门 E378 背景灯亮度不足，说明"J965 → E378 背景指示灯→搭铁"线路存在虚接。而按下 E378 后其背景灯熄灭，说明 E378 背景灯两端的电压降进一步减小。根据以上两种情况下线路的共同点，说明 E378 的起动线路电阻过大。

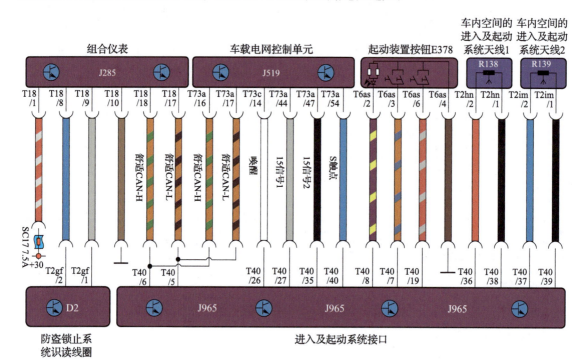

图 5-5　进入与起动系统电路

诊断过程

1）打开 E378，用万用表测量 E378 的 T6as/4 对地电压，正常应始终小于 0.1V，实测为

0.3 ~ 4.8V，异常。

2）关闭 E378，断开 E378 插接器，用万用表测量 E378 线束端起动线路与蓄电池负极接线之间的阻值，正常近乎为 0Ω，实测为 400Ω，说明 E378 起动线路虚接。

3）排除 E378 搭铁线路虚接故障，系统恢复正常。

【故障机理】

由于 E378 搭铁线路虚接，导致 J965 无法正常识别到 E378 是否被按下，所以打开 E378 后，转向盘不解锁，仪表不能正常点亮，起动机不转。

| 案例 4 | J965 与 J519 信号传输故障检修

故障点 1：J965 的 15#（1）、15#（2）线路同时断路
故障点 2：J965-15#（1）、15#（2）线路虚接 1000Ω 电阻
故障点 3：J965-15#（1）、S 线路断路
故障点 4：J965-15#（1）、S 线路虚接 1000Ω

故障现象

1）无钥匙进入功能正常。
2）拉开车门，仪表能正常显示车门状态。
3）打开 E378，钥匙指示灯正常闪烁，转向有助力，但仪表不能正常点亮，起动机不转。

现象分析

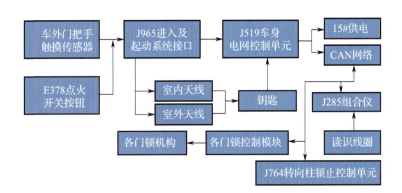

图 5-6　迈腾汽车进入及起动流程图

如图 5-6 所示，点火开关打开时仪表不能正常点亮，说明"E378 → J965（通过唤醒线、2 根 15#、S#、CAN）→ J519（通过 CAN）→ J285""J965（通过 CAN）→ J285""J965 → 车内天线 → 钥匙 → J519"工作异常；但操作点火开关时钥匙指示灯闪烁正常，说明"E378 → J965（通过 CAN）→ J285""J965 → 车内天线 → 钥匙"工作正常；所以打开点火开关，仪表不能正常点亮的原因就为 J519 没有对点火开关打开的信号做出反应，具体表现在：

1）J519 自身故障。
2）J519 与 J965 之间 15#（两根）、S 信号线路故障，如图 5-7 所示。
3）J965 自身故障。

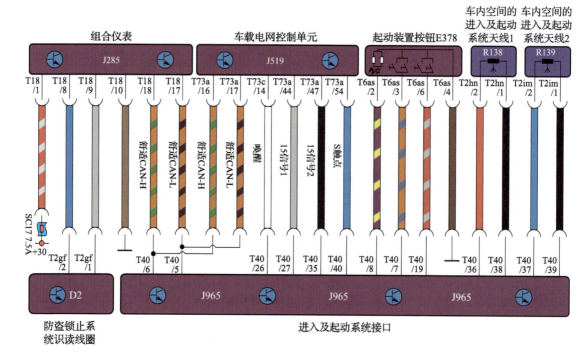

图 5-7　进入与起动系统电路

故障点 1　J965 的 15#（1）、15#（2）线路同时断路

诊断过程

1）如图 5-7 所示，打开 E378，用万用表分别测量 J519 的 T73a/44、T73a/47、T73a/54 对地电压，正常均为 0V → +B，实测为：T73a/44、T73a/47 均为 0V 不变，异常，T73a/54 为 0V → +B，正常。

2）打开 E378，用万用表分别测量 J965 的 T40/27、T40/35 对地电压，正常均为 0V → +B，实测均为 0V → +B，正常，说明 15#（1）、15#（2）线路断路。

3）关闭 E378，拆下蓄电池负极接线，断开 J965、J519 的插接器，用万用表测量 J965 的 T40/27 到 J519 的 T73a/44、J965 的 T40/35 到 J519 的 T73a/47 之间线路的阻值，正常近乎为 0Ω，实测为无穷大，异常。

4）排除 15#（1）、15#（2）线路断路故障，系统恢复正常。

故障机理

由于 15#（1）、15#（2）线路断路，导致 J519 无法收到来自 J965 的完整的一键起动开关打开信号（系统要求 15#（1）、15#（2）、S 三个信号必须至少有两个正常），J519 没有发出上电指令，所以打开 E378 后，转向有助力，但仪表不能正常点亮，起动机不转。

故障点 2　J965-15#（1）、15#（2）线路虚接 1000Ω 电阻

诊断过程

1）如图 5-7 所示，打开 E378，用万用表分别测量 J519 的 T73a/44、T73a/47、T73a/54 对地电压，正常均为 0V → +B，实测为：T73a/44、T73a/47 均为 0V → 5V（可能会有差异），异

常，T73a/54 为 0V → +B，正常。

2）打开 E378，用万用表分别测量 J965 的 T40/27、T40/35 对地电压，正常均为 0V → +B，实测均为 0V → +B，正常，说明 15#（1）、15#（2）线路虚接。

3）关闭 E378，拆下蓄电池负极接线，断开 J965、J519 的插接器，用万用表测量 J965 的 T40/27 到 J519 的 T73a/44、J965 的 T40/35 到 J519 的 T73a/47 之间线路的阻值，正常为 0Ω，实测为 1000Ω，异常。

4）排除 15#（1）、15#（2）线路虚接故障，系统恢复正常。

（故障机理）

由于 15#（1）、15#（2）线路虚接，导致 J519 无法收到来自 J965 的完整的一键起动开关打开信号（系统要求 15#（1）、15#（2）、S 三个信号必须至少有两个正常），J519 没有发出上电指令，所以打开 E378 后，转向有助力，但仪表不能正常点亮，起动机不转。

故障点 3　J965-15#（1）、S 线路断路

诊断过程

1）如图 5-7 所示，打开 E378，用万用表分别测量 J519 的 T73a/44、T73a/47、T73a/54 对地电压，正常均为 0V → +B，实测为：T73a/44、T73a/54 均为 0V 不变，异常，T73a/47 为 0V → +B，正常。

2）打开 E378，用万用表分别测量 J965 的 T40/27、T40/40 对地电压，正常均为 0V → +B，实测均为 0V → +B，正常，说明 15#（1）、S 线路断路。

3）关闭 E378，拆下蓄电池负极接线，断开 J965、J519 的插接器，用万用表测量 J965 的 T40/27 到 J519 的 T73a/44、J965 的 T40/40 到 J519 的 T73a/54 之间线路阻值，正常为 0Ω，实测为无穷大，异常。

4）排除 15#（1）、S 线路断路故障，系统恢复正常。

（故障机理）

由于 15#（1）、S 线路断路，导致 J519 无法收到来自 J965 的完整的一键起动开关打开信号（系统要求 15#（1）、15#（2）、S 三个信号必须至少有两个正常），J519 没有发出上电指令，所以打开 E378 后，转向有助力，但仪表不能正常点亮，起动机不转。

故障点 4　J965-15#（1）、S 线路虚接 1000Ω

诊断过程

1）如图 5-7 所示，打开 E378，用万用表分别测量 J519 的 T73a/44、T73a/47、T73a/54 对地电压，正常均为 0V → +B，实测为：T73a/44、T73a/54 均为 0V → 5V（可能存在差异），异常，T73a/47 为 0V → +B，正常。

2）打开 E378，用万用表分别测量 J965 的 T40/27、T40/40 对地电压，正常均为 0V → +B，实测均为 0V → +B，正常，说明 15#（1）、S 线路虚接。

3）关闭 E378，拆下蓄电池负极接线，断开 J965、J519 的插接器，用万用表测量 J965 的 T40/27 到 J519 的 T73a/44、J965 的 T40/40 到 J519 的 T73a/54 之间线路阻值，正常为 0Ω，实测为 1000Ω，异常。

4）排除 15#（1）、S 线路虚接故障，系统恢复正常。

故障机理

由于 15#（1）、S 线路虚接，导致 J519 无法收到来自 J965 的完整的一键起动开关打开信号（系统要求 15#（1）、15#（2）、S 三个信号必须至少有两个正常），J519 没有发出上电指令，所以打开 E378 后，转向有助力，但仪表不能正常点亮，起动机不转。

| 案例 5 | 车内前部天线 1 故障检修

故障点 1：车内前部天线 1 自身损坏
故障点 2：车内前部天线 1 线路断路

故障现象

1）无钥匙进入功能失效，但触摸门把手时，钥匙指示灯正常闪烁；遥控钥匙解锁正常。

2）拉开车门、进入车内、关闭车门，钥匙指示灯不闪烁，但 E378 背景灯正常点亮，仪表能正常显示车门状态。

3）打开 E378，钥匙指示灯不闪烁，仪表不能正常点亮且提示"未找到遥控钥匙"，起动机不转。

4）应急模式可以正常起动发动机。

现象分析

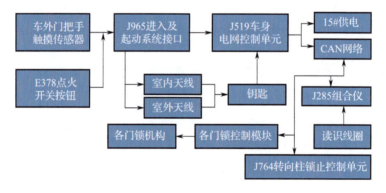

图 5-8　迈腾汽车进入及起动流程图

如图 5-8 所示，打开点火开关时钥匙指示灯不能闪烁，说明"E378 → J965 →车内主天线 R138 →钥匙""J965（通过 CAN）→ J519 → J285"工作异常，但所有车门无钥匙进入时钥匙指示灯均能闪烁，说明"各车门触摸传感器→ J965 →室外天线→钥匙"工作正常；应急模式可以打开点火开关，说明"E378 → J965（通过 CAN）→ J285、J519"工作正常。

综上所述，故障原因可能存在于遥控钥匙没有对室内天线做出响应，加之室内前部天线 1 为主天线，其故障会导致所有天线功能失效，而其余天线故障不会造成系统瘫痪，所以造成上述故障的可能原因为室内前部天线 1 存在故障，具体表现为：

1）J965 局部故障。

2）车内主天线 R138 到 J965 之间的线路。

3）R138 自身故障。

故障点 1　车内前部天线 1 自身损坏

诊断过程

1）如图 5-9 所示，打开 E378 时，用示波器测量室内前部天线 1 的 T2hn/1 与 T2hn/2 之间的工作波形，实测波形正常，如图 5-10 所示，说明天线自身可能存在故障。

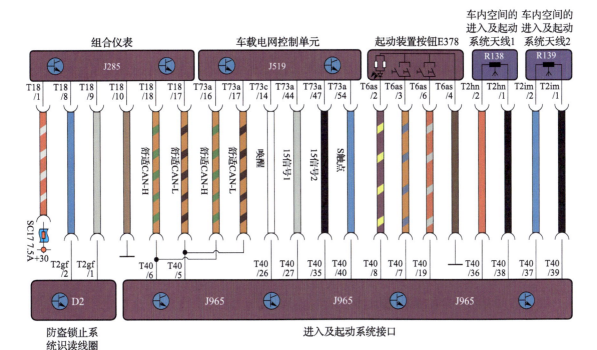

图 5-9　进入与起动系统电路

2）更换室内前部天线 1，故障排除，系统恢复正常。

故障机理

由于室内前部天线自身损坏，导致无法向遥控钥匙发送查询码，所以无钥匙功能失效，打开 E378 后，钥匙指示灯不亮，一键起动开关无法打开，起动机不转。

故障点 2　车内前部天线 1 线路断路

诊断过程

1）如图 5-9 所示，打开 E378，用示波器测量室内前部天线 T2hn/1 与 T2hn/2 之间的工作波形，实测波形为一条直线，如图 5-11 所示，异常。

2）打开 E378，用示波器测量 J965 端 T40/36、T40/38 的相对信号波形，实测有波形输出，说明 J965 与天线 1 之间线路存在断路。

3）关闭 E378，拆下蓄电池负极接线，断开天线 1 及 J965 的插接器，用万用表测量室内前部天线与 J965 之间的

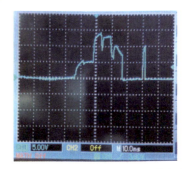

图 5-10　室内前部天线 1 正常波形

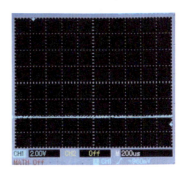

图 5-11　室内前部天线 1 故障波形

线路阻值，正常为 0Ω，实测天线 1 的 T2hn/1 到 J965 的 T40/38 之间线路阻值为无穷大。

故障机理

由于室内前部天线 1 线路断路，导致天线无法向遥控钥匙发送查询码，所以无钥匙功能失效，打开 E378 后，钥匙指示灯不亮，一键起动开关无法打开，起动机不转。

| 案例 6 | 驱动 CAN 总线故障检修

故障点 1：驱动 CAN-L 线路对正极电源线路短路
故障点 2：驱动 CAN-L 线路对正极电源线路虚接 20Ω 电阻
故障点 3：驱动 CAN-H 线路对搭铁线路短路
故障点 4：驱动 CAN-H 线路对搭铁线路虚接 20Ω 电阻
故障点 5：驱动 CAN-L 与 CAN-H 线路之间短路
故障点 6：驱动 CAN-L 与 CAN-H 线路之间虚接 10Ω 电阻

故障现象

1）打开 E378，仪表正常点亮，但不显示档位信息，制动指示灯在自检完成后自动熄灭（应点亮），发动机故障指示灯闪烁一下后长亮；如果车辆设置为 EPC，指示灯在打开点火开关、J623 与 J285 彼此认证通过后点亮，此时仪表上还会出现 EPC 指示灯不能正常点亮。

2）E313 背景灯异常闪烁，无法换档。

3）踩下制动踏板，车辆后部的制动灯正常点亮。

4）踩住制动踏板，按住 E378，仪表熄灭，起动机不转。

现象分析

如图 5-12 所示，仪表上 EPC 指示灯不亮，说明"J623（通过驱动 CAN）→ J533（通过舒

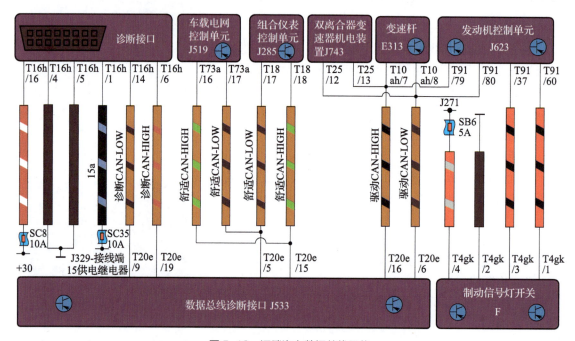

图 5-12　迈腾汽车数据总线网络

适 CAN）→ J285"通信异常。

仪表不显示档位信息，说明"E313（通过驱动 CAN）→ J533（通过舒适 CAN）→ J285"通信异常。

仪表显示制动踏板状态不亮，说明"F → J623（通过驱动 CAN）→ J533（通过舒适 CAN）→ J285"通信异常。

变速杆 E313 背景灯异常闪烁，说明其与驱动 CAN 总线通信异常。

起动时仪表熄灭，表明仪表接收到长按点火开关的信号但没有接收到制动踏板或档位信号，说明"E313（通过驱动 CAN）→ J533（通过舒适 CAN）→ J285""F → J623（通过驱动 CAN）→ J533（通过舒适 CAN）→ J285"通信异常。

但仪表可以正常显示车门状态，说明舒适 CAN 工作正常，基于故障概率，F、E313、J623 同时损坏的概率不高，而问题应在驱动 CAN 总线存在系统性故障。

可能原因为：① J533 自身故障；②驱动 CAN 总线故障。

故障点 1　驱动 CAN-L 线路对正极电源线路短路

诊断过程

1）打开 E378，用示波器测量 J623 端的 CAN 总线 T91/79、T91/80 分别对地波形，如图 5-13 所示，发现 CAN-L 的隐性电压被抬高到大约 12V，说明 CAN-L 对 +B 电源短路。

2）关闭 E378，拆下蓄电池负极接线，用万用表测量 CAN-L 线路对正极线路（或蓄电池正极接线端子）之间的阻值，正常为无穷大，实测为 0Ω。

3）排除驱动 CAN-L 总线对 +B 短路故障，系统恢复正常。

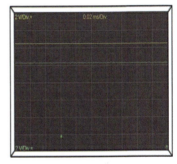

图 5-13　驱动 CAN-L 对电源短路波形

故障机理

由于驱动 CAN-L 线路对正极电源线路短路，导致驱动系统各模块之间无法正常通信，所以打开 E378 后，仪表不显示档位、制动踏板信息（或 EPC 灯不亮），起动机不转。

故障点 2　驱动 CAN-L 线路对正极电源线路虚接 20Ω 电阻

诊断过程

1）打开 E378，用示波器测量 J623 端的 CAN 总线 T91/79、T91/80 分别对地波形，如图 5-14 所示，发现 CAN-L 的隐性电压被抬高到大约 10V，说明 CAN-L 对 +B 电源虚接。

2）关闭 E378，拆下蓄电池负极接线，用万用表测量 CAN-L 线路对正极线路（或蓄电池正极接线端子）之间的阻值，正常为无穷大，实测为 20Ω。

3）排除驱动 CAN-L 总线对 +B 虚接故障，系统恢复正常。

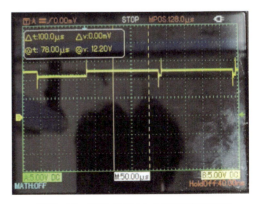

图 5-14　驱动 CAN-L 对电源虚接波形

故障机理

由于驱动 CAN-L 线路对正极电源线路虚接，导致驱动系统各模块之间无法正常通信，所以打开 E378 后，仪表不显示档位、制动踏板信息（或 EPC 灯不亮），起动机不转。

故障点 3　驱动 CAN-H 线路对搭铁线路短路

诊断过程

1）打开 E378，用示波器测量 J623 端（或其余模块）的驱动 CAN 总线对地波形，如图 5-15 所示，发现 CAN-H 的隐性电压被拉低到大约 0V，CAN-L 的隐性电压大约为 0.5V，说明 CAN-H 对搭铁短路。

2）关闭 E378，拆下蓄电池负极接线，用万用表测量驱动 CAN-H 线路与搭铁之间的阻值，正常为无穷大，实测近乎为 0Ω。

3）排除驱动 CAN-H 线路对搭铁短路故障，系统恢复正常。

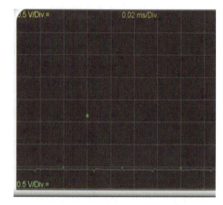

图 5-15　驱动 CAN-H 对搭铁短路波形

故障机理

由于驱动 CAN-H 线路对搭铁短路，导致驱动系统各模块之间无法正常通信，所以打开 E378 后，仪表不显示档位信息（或 EPC 灯不亮），起动机不转。

故障点 4　驱动 CAN-H 线路对搭铁线路虚接 20Ω 电阻

诊断过程

1）打开 E378，用示波器测量 J623 端（或其余模块）的驱动 CAN 总线对地波形，如图 5-16 所示，发现 CAN-H 的隐形电压被拉低到大约 1V（可能存在偏差），而 CAN-L 的隐形电压也被拉低，但稍高于 CAN-H 的隐形电压，说明 CAN-H 对搭铁虚接。

2）关闭 E378，拆下蓄电池负极接线，用万用表测量 CAN-H 线路与搭铁之间的阻值，正常为无穷大，实测为 20Ω。

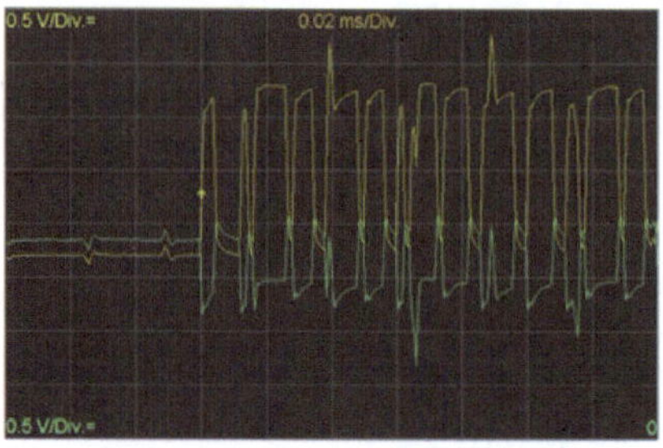

图 5-16　驱动 CAN-H 对搭铁虚接波形

3）排除驱动 CAN-H 线路对搭铁线路虚接 20Ω 故障，系统恢复正常。

故障机理

由于驱动 CAN-H 线路对搭铁虚接，导致驱动系统各模块之间无法正常通信，所以打开 E378 后，仪表不显示档位信息（或 EPC 灯不亮），起动机不转。

故障点 5　驱动 CAN-L 与 CAN-H 线路之间短路

诊断过程

1）打开 E378，测量 J623 端（或其余模块）的驱动 CAN 总线对地波形，如图 5-17 所示，发现 CAN-L 与 CAN-H 之间的信号电压始终保持在 2.5V，说明驱动 CAN-L 与 CAN-H 线路之间极大可能短路。

2）关闭 E378，断开蓄电池负极，测量 J623 端 T91/80 与 T91/79（也可以是其他模块的线路）间的线路电阻，应为 60Ω，实测近乎为零。

3）排除驱动 CAN-L 与 CAN-H 线路之间短路故障，系统恢复正常。

故障机理

由于驱动 CAN-L 与 CAN-H 线路之间短路，导致驱动系统各模块之间无法正常通信，所以打开 E378 后，仪表不显示档位信息（或 EPC 灯不亮），起动机不转。

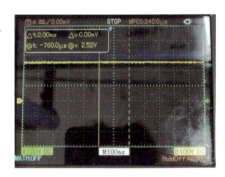

图 5-17　驱动 CAN-L 与 CAN-H 线路之间短路波形

故障点 6　驱动 CAN-L 与 CAN-H 线路之间虚接 10Ω 电阻

诊断过程

1）打开 E378，测量 J623 端（或其余模块）的驱动 CAN 总线对地波形，如图 5-18 所示，发现 CAN-H、CAN-L 的显性电压之间的差值明显小于 2V，说明 CAN-H、CAN-L 之间的电阻减小。

2）关闭 E378，拆下蓄电池负极接线，测量 J623 端 T91/80 与 T91/50（也可以是其他模块的 15# 端子或线路）之间的电阻，应为 60Ω，实测约为 20Ω。

3）断开驱动 CAN 上所有模块，测量 J623 线束端 T91/80 与 T91/50（也可以是其他模块的 15# 端子或线路）之间的电阻，应无穷大，实测为 10Ω。

4）排除驱动 CAN-L 与 CAN-H 线路之间虚接故障，系统恢复正常。

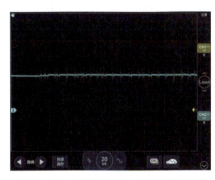

图 5-18　驱动 CAN-L 与 CAN-H 线路之间虚接波形

故障机理

由于驱动 CAN-L 与 CAN-H 线路之间虚接 10Ω，导致驱动系统各模块之间无法正常通信，所以打开 E378 后，仪表不显示档位信息（或 EPC 灯不亮），起动机不转。

| 案例 7 | J623 端驱动 CAN 总线故障检修

故障点 1：J623 端驱动 CAN-L 线路断路
故障点 2：J623 端驱动 CAN-L 线路虚接 100Ω 电阻
故障点 3：J623 端驱动 CAN-H 线路断路
故障点 4：J623 端驱动 CAN-H 线路虚接 300Ω 电阻
故障点 5：J623 端驱动 CAN 两线交叉

故障现象

1）无钥匙进入正常，拉开车门时未感受到油泵运转。

2）打开 E378，转向有助力，仪表正常点亮，档位信息显示正常，但制动指示灯在自检完成后自动熄灭（应点亮），未感受到油泵运转；不踩制动踏板便可以换档；如果车辆设置为 EPC，指示灯在打开点火开关、J623 与 J285 彼此认证通过后点亮，此时仪表上还会出现 EPC 指示灯不能正常点亮。

3）踩下制动踏板，车辆尾部制动灯正常点亮。

4）按住 E378，仪表熄灭，但起动机不转。

现象分析

如图 5-19 所示，仪表上 EPC 指示灯不亮，说明"J623（通过驱动 CAN）→ J533（通过舒适 CAN）→ J285"通信异常。

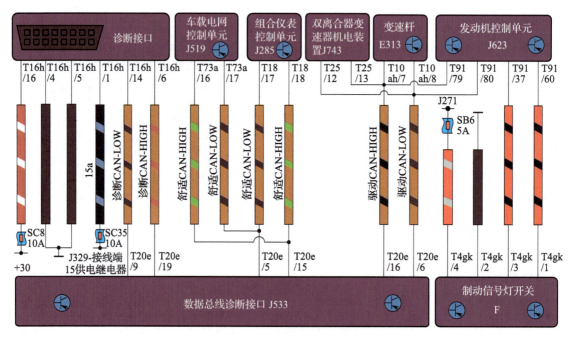

图 5-19　迈腾汽车数据总线网络

仪表显示制动踏板状态不亮，说明"F → J623（通过驱动 CAN）→ J533（通过舒适 CAN）→ J285"通信异常。

起动时仪表熄灭，表明仪表接收到长按点火开关的信号但没有接收到制动踏板或档位信号，说明"E313（通过驱动 CAN）→ J533（通过舒适 CAN）→ J285""F → J623（通过驱动 CAN）→ J533（通过舒适 CAN）→ J285"通信异常。

但仪表可以正常显示车门状态，说明舒适 CAN 工作正常，如果可以参考 EPC 指示灯的信息，以上两个分析的重合部分，即 J623 与 J533 之间的 CAN 通信有故障；如果 EPC 指示灯的信息无法参考，则结合油泵不转、制动指示灯异常进行综合分析，均可以得出问题应在 J623 与 J533 之间的 CAN 通信有故障；但仪表可以正常显示档位信息，说明 J533 端驱动 CAN 没有问题。那问题的症结就在于 J623 不具备通信条件。

可能原因为：

1）J623 自身故障。

2）J623 端的 CAN 总线故障。

3）J623 电源（30#）线路故障。

故障点 1　J623 端驱动 CAN-L 线路断路

诊断过程

1）打开 E378，用示波器测量 J623 端的驱动 CAN 总线对地波形，如图 5-20 所示，实测发现 J623 端 CAN-L 线路断路。

2）关闭 E378，拆下蓄电池负极接线，断开 J623、J533 插接器，用万用表测量 J623 端的 T91/80 与 J533 端的 T20e/6 之间线路的阻值，正常为 0Ω，实测为无穷大。

3）排除 J623 端 CAN-L 线路断路故障，系统恢复正常。

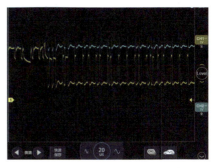

图 5-20　J623 端 CAN-L 线路断路波形

故障机理

由于 J623 端 CAN-L 线路断路，导致 J623 与其他模块之间无法正常通信，所以打开 E378 后，仪表不显示制动踏板状态（或 EPC 灯不亮），起动机不转。

故障点 2　J623 端驱动 CAN-L 线路虚接 100Ω 电阻

诊断过程

1）打开 E378，用示波器测量 J623 端的驱动 CAN 总线对地波形，如图 5-21 所示，发现 J623 端 CAN-L 线路可能虚接。

2）关闭 E378，拆下蓄电池负极接线，断开 J623、J533 插接器，用万用表测量 J623 端的 T91/80 与 J533 端的 T20e/6 之间线路的阻值，正常为 0Ω，实测为 100Ω。

3）排除 J623 端 CAN-L 线路虚接故障，系统恢复正常。

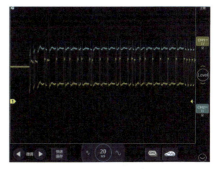

图 5-21　J623 端驱动 CAN-L 线路虚接波形

故障机理

由于 J623 端 CAN-L 线路虚接，导致 J623 与其他模块之间无法正常通信，所以打开 E378 后，仪表不显示制动踏板状态（或 EPC 灯不亮），起动机不转。

故障点 3　J623 端驱动 CAN-H 线路断路

诊断过程

1）打开 E378，用示波器测量 J623 端的驱动 CAN 总线对地波形，如图 5-22 所示，发现 J623 端 CAN-H 线路断路或虚接。

2）关闭 E378，拆下蓄电池负极接线，断开 J623、J533 插接器，用万用表测量 J623 端的 T91/79 与 J533 端的 T20e/16 之间线路的阻值，正常为 0Ω，实测为无穷大。

3）排除 J623 端 CAN-H 线路断路故障，系统恢复正常。

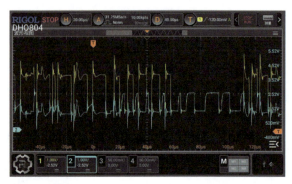

图 5-22　J623 端 CAN-H 线路断路波形

故障机理

　　由于 J623 端 CAN-H 线路断路，导致 J623 与其他模块之间无法正常通信，所以打开 E378 后，仪表不显示制动踏板状态（或 EPC 灯不亮），起动机不转。

故障点 4　J623 端驱动 CAN-H 线路虚接 300Ω 电阻

诊断过程

　　1）打开 E378，用示波器测量 J623 端的驱动 CAN 总线对地波形，如图 5-23 所示，发现 J623 端 CAN-H 线路虚接或断路。

　　2）关闭 E378，拆下蓄电池负极接线，断开 J623、J533 插接器，用万用表测量 J623 端的 T91/79 与 J533 端的 T20e/16 之间线路的阻值，正常为 0Ω，实测为 300Ω。

　　3）排除 J623 端 CAN-H 线路虚接故障，系统恢复正常。

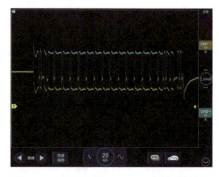

图 5-23　J623 端 CAN-H 线路虚接波形

故障机理

　　由于 J623 端 CAN-H 线路虚接，导致 J623 与其他模块之间无法正常通信，所以打开 E378 后，仪表不显示制动踏板状态（或 EPC 灯不亮），起动机不转。

故障点 5　J623 端驱动 CAN 两线交叉

诊断过程

　　1）打开 E378，用示波器测量 J623 端的驱动 CAN 总线对地波形，如图 5-24 所示，实测发现驱动总线波形存在反接。

　　2）关闭 E378，拆下蓄电池负极接线，拔掉 J623、J533 插接器，用万用表测量 J623 与 J533 之间 CAN 总线线路阻值，实测发现反接。

　　3）排除 J623 与 J533 之间 CAN 总线线路反接故障，系统恢复正常。

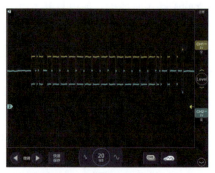

图 5-24　J623 端驱动 CAN-H 与
CAN-L 反接波形

故障机理

由于 J623 与 J533 之间 CAN 总线线路反接，导致多个系统之间无法通信，所以打开一键起动开关后仪表提示多个系统存在故障，起动后，起动机不转。

案例 8 ｜ J533 端驱动 CAN 总线故障检修

故障点 1：J533 端驱动 CAN-H 线路断路

故障点 2：J533 端驱动 CAN-H 线路虚接 50Ω 电阻

故障点 3：J533 端驱动 CAN 两线交叉

故障现象

1）打开 E378，仪表正常点亮，但不显示档位信息，制动指示灯在自检完成后自动熄灭（应点亮）；如果车辆设置为 EPC 指示灯在打开点火开关、J623 与 J285 彼此认证通过后点亮，此时仪表上还会出现 EPC 指示灯不能正常点亮。

2）踩下制动踏板，车辆后部的制动灯正常点亮。

3）踩住制动踏板，按住 E378，仪表熄灭，但起动机不转。

现象分析

如图 5-25 所示，仪表上 EPC 指示灯不亮，说明"J623（通过驱动 CAN）→ J533（通过舒适 CAN）→ J285"通信异常。

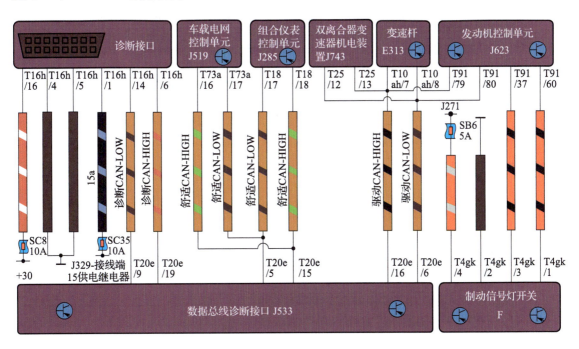

图 5-25　迈腾汽车数据总线网络

仪表不显示档位信息，说明"E313（通过驱动 CAN）→ J533（通过舒适 CAN）→ J285"通信异常。

仪表显示制动踏板状态不亮，说明"F→J623（通过驱动CAN）→J533（通过舒适CAN）→J285"通信异常。

起动时仪表熄灭，表明仪表接收到长按点火开关的信号但没有接收到制动踏板或档位信号，说明"E313（通过驱动CAN）→J533（通过舒适CAN）→J285""F→J623（通过驱动CAN）→J533（通过舒适CAN）→J285"通信异常。

但仪表可以正常显示车门状态，说明舒适CAN工作正常，基于故障概率，F、E313、J623同时损坏的概率不高，而问题应在驱动CAN总线存在系统性故障。

可能原因为：①J533自身故障；②驱动CAN总线故障。

故障点1 | J533端驱动CAN-H线路断路

诊断过程

1）打开E378，用示波器测量J623端的驱动CAN总线对地波形，正常，如图5-26所示。

2）打开E378，用示波器测量J533端的驱动CAN总线对地波形，如图5-27所示，发现CAN-H线路存在断路或虚接。

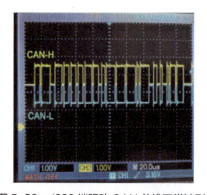
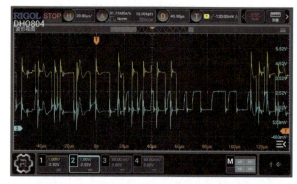

图5-26 J623端驱动CAN总线正常波形　　图5-27 J533端驱动CAN-H线路断路波形

3）关闭E378，拆下蓄电池负极接线，断开J533、J623插接器，用万用表测量J533端的T20e/16与J623端的T91/79之间线路的阻值，正常为0Ω，实测为无穷大。

4）排除J533端CAN-H线路断路故障，系统恢复正常。

故障机理

由于J533端CAN-H线路断路，导致J623与J285等模块之间无法正常通信，所以打开E378后，仪表不显示制动踏板状态（或EPC灯不亮），起动机不转。

故障点2 | J533端驱动CAN-H线路虚接50Ω电阻

诊断过程

1）打开E378，用示波器测量J623端的驱动CAN总线对地波形，正常，如图5-28所示。

2）打开E378，用示波器测量J533端的驱动CAN总线对地波形，如图5-29所示，发现CAN-H线路存在断路或虚接。

3）关闭E378，拆下蓄电池负极接线，用万用表测量J533端的T20e/16与T20e/6之间线路的阻值，正常为60Ω，实测约为27Ω。

4）关闭E378，拆下蓄电池负极接线，断开动力CAN上的所有模块插接器，用万用表测量

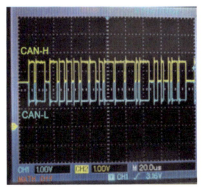

图 5-28　J623 端驱动 CAN 总线正常波形

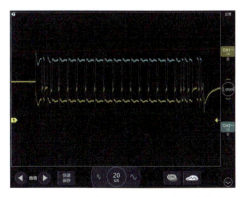

图 5-29　J533 端驱动 CAN-H 线路虚接波形

J533 线束端的 T20e/16 与 T20e/6 之间线路的阻值，正常为无穷大，实测约为 50Ω。

　　5）排除 J533 端 CAN-H 线路虚接故障，系统恢复正常。

（故障机理）

　　由于 J533 端 CAN-H 线路虚接，导致 J623 与 J285 等模块之间无法正常通信，所以打开 E378 后，仪表不显示制动踏板状态（或 EPC 灯不亮），起动机不转。

故障点 3　J533 端驱动 CAN 两线交叉

诊断过程

　　1）打开 E378，用示波器测量 J623 端的驱动 CAN 总线对地波形，如图 5-30 所示，实测发现驱动总线波形存在反接。

　　2）关闭 E378，拆下蓄电池负极接线，拔掉 J623、J533 插接器，用万用表测量 J623 与 J533 之间 CAN 总线线路阻值，实测发现反接。

　　3）排除 J533 端 CAN 总线线路反接故障，系统恢复正常。

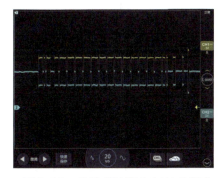

图 5-30　J623 端的驱动 CAN 总线反接波形

（故障机理）

　　由于 J533 端 CAN 总线线路反接，导致多个系统之间无法通信，所以打开一键起动开关后仪表提示多个系统存在故障，起动后，起动机不转。

｜ 案例 9 ｜ J743 端驱动 CAN 总线故障检修

　　故障点 1：J743 端驱动 CAN-L 线路断路
　　故障点 2：J743 端驱动 CAN-L 线路虚接 200Ω 电阻
　　故障点 3：J743 供电熔丝 SB13 断路
　　故障点 4：J743 搭铁线路断路

故障现象

1）打开 E378，仪表正常点亮，但不显示档位信息，发动机故障指示灯常亮。

2）踩下制动踏板，仪表上的制动指示灯熄灭，车辆后部的制动灯正常点亮。

3）E313 背景灯异常闪烁，无法换档。

4）踩住制动踏板，按住 E378，仪表熄灭，但起动机不转。

现象分析

如图 5-31 所示，仪表不显示档位信息，说明"E313（通过驱动 CAN）→ J533（通过舒适 CAN）→ J285"通信异常。

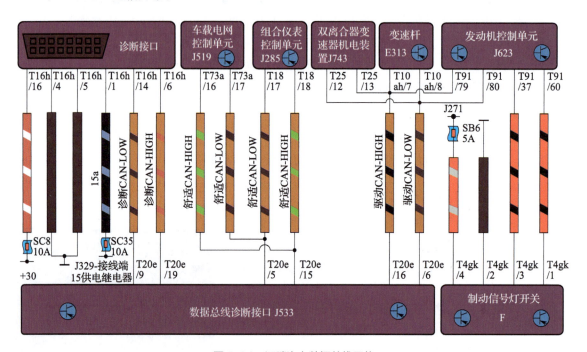

图 5-31　迈腾汽车数据总线网络

变速杆 E313 背景灯异常闪烁，说明其与驱动 CAN 总线通信异常。

起动时仪表熄灭，表明仪表接收到长按点火开关的信号但没有接收到制动踏板或档位信号，说明"E313（通过驱动 CAN）→ J533（通过舒适 CAN）→ J285""F → J623（通过驱动 CAN）→ J533（通过舒适 CAN）→ J285"通信异常。

但仪表可以正常显示车门状态，说明舒适 CAN 工作正常；仪表可以显示 EPC 指示灯或制动踏板的状态，说明"J623（通过驱动 CAN）→ J533（通过舒适 CAN）→ J285"通信正常，问题应在 E313 端的驱动 CAN 总线或者之前的模块认证失败。可能的故障原因为：① E313 自身故障；② E313 端的驱动 CAN 总线故障；③ J743、ABS 等模块通信故障。

故障点 1　J743 端驱动 CAN-L 线路断路

诊断过程

1）打开 E378，用示波器测量 E313 端的 CAN 总线波形，未发现异常。

2）打开 E378，用示波器测量 J743 端的 CAN 总线波形，如图 5-32 所示，实测发现 CAN-L 断路或虚接。

3）关闭 E378，拆下蓄电池负极接线，断开 J743、J533 连接器，用万用表测量 J743 端 CAN-L 线路与 J533 端 CAN-L 之间的阻值，正常为 0Ω，实测为无穷大。

4）排除 J743 端 CAN-L 线路断路故障，系统恢复正常。

故障机理

由于 J743 端 CAN-L 线路断路，造成 J743 与其他模块之间无法正常通信，导致 J743 与

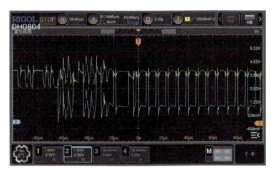

图 5-32　J743 端 CAN-L 断路虚接波形

J285 的相互认证失败，模块认证终止，随后的 E313 等模块都没有认证通过，所以打开 E378 后，仪表不能和 E313 进行有效通信，仪表不显示档位信息，E313 背景灯闪烁，起动机不转。

故障点 2 **J743 端驱动 CAN-L 线路虚接 200Ω 电阻**

诊断过程

1）打开 E378，用示波器测量 E313 端的 CAN 总线波形，未发现异常。

2）打开 E378，用示波器测量 J743 端的 CAN 总线波形，如图 5-33 所示，实测发现 CAN-L 虚接电阻。

3）关闭 E378，拆下蓄电池负极接线，断开 J743、J533 插接器，用万用表测量 J743 端 CAN-L 线路与 J533 端 CAN-L 之间的阻值，正常为 0Ω，实测为 200Ω。

4）排除 J743 端 CAN-L 线路虚接故障，系统恢复正常。

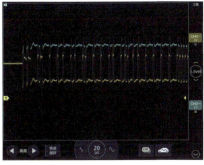

图 5-33　J743 端 CAN-L 线路虚接 200Ω 电阻波形

故障机理

由于 J743 端 CAN-L 线路虚接，造成 J743 与其他模块之间无法正常通信，导致 J743 与 J285 的相互认证失败，模块认证终止，随后的 E313 等模块都没有认证通过，所以打开 E378 后，仪表不能和 E313 进行有效通信，仪表不显示档位信息，E313 背景灯闪烁，起动机不转。

故障点 3 **J743 供电熔丝 SB13 断路**

诊断过程

1）打开 E378，用示波器测量 E313 端的 CAN 总线波形，未发现异常，由于 E313 背景灯闪烁，所以不考虑 E313 电源问题，优先考虑需要优先认证的驱动系统模块是否认证通过。

2）打开 E378，用示波器测量 J743 端的 CAN 总线波形，未发现异常，波形正常，不排除 J743 自身和电源故障问题。

3）如图 5-34 所示，打开 E378，用万用表测量 J743 的供电端子对地电压，正常情况下，T16y/9、T16y/16、T16y/15 分别为 +B、0V、+B，实测为 0V、0V、+B。

4）打开 E378，用万用表测量 J743 的供电熔丝 SB13 两端对地电压，正常均为 +B，实测一端为 0V，一端为 +B，说明 SB13 断路。

5）关闭 E378，拔下 SB13，用万用表测量熔丝阻值，实测为无穷大。

6）更换 SB13，系统恢复正常。

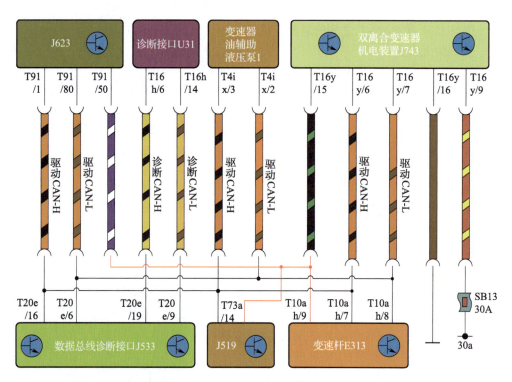

图 5-34 J743 电源电路

故障机理

由于 SB13 断路，导致 J743 供电异常，与其他模块之间无法正常通信，导致 J743 与 J285 的相互认证失败，模块认证终止，随后的 E313 等模块都没有认证通过，所以打开 E378 后，仪表不能和 E313 进行有效通信，仪表不显示档位信息，E313 背景灯闪烁，起动机不转。

故障点4 J743 搭铁线路断路

诊断过程

1）打开 E378，用示波器测量 E313 端的 CAN 总线波形，未发现异常，由于 E313 背景灯闪烁，所以不考虑 E313 电源问题，优先考虑需要优先认证的驱动系统模块是否认证通过。

2）打开 E378，用示波器测量 J743 端的 CAN 总线波形，未发现异常，波形正常，不排除 J743 自身和电源故障问题。

3）如图 5-34 所示，打开 E378，用万用表测量 J743 的供电端子对地电压，正常情况下，T25/8、T25/9、T25/24、T25/25 分别为 0V、+B、0V、+B，实测值分别为 +B、+B、+B、+B，说明 J743 搭铁线路存在断路故障。

4）关闭 E378，拆下蓄电池负极接线，断开 J743 插接器，用万用表测量搭铁线路与蓄电池负极接线之间的阻值，正常近乎为零，实测为无穷大。

5）排除 J743 搭铁线路断路故障，系统恢复正常。

故障机理

由于 J743 搭铁线路断路，导致 J743 供电异常，与其他模块之间无法正常通信，导致 J743

与 J285 的相互认证失败，模块认证终止，随后的 E313 等模块都没有认证通过，所以打开 E378 后，仪表不能和 E313 进行有效通信，仪表不显示档位信息，E313 背景灯闪烁，起动机不转。

┃案例 10┃ J623 供电线路故障检修

故障点 1：J623 搭铁线路断路
故障点 2：J623 搭铁线路虚接 100Ω 电阻
故障点 3：J623 的 30# 电源线路虚接 100Ω 电阻
故障点 4：J623 的 30# 电源线路断路

故障现象

1）无钥匙进入正常，拉开车门时未感受到油泵运转。

2）打开 E378，转向有助力，仪表正常点亮，档位信息显示正常，但制动指示灯在自检完成后自动熄灭（应点亮），未感受到油泵运转；不踩制动踏板便可以换档；如果车辆设置为 EPC，指示灯在打开点火开关、J623 与 J285 彼此认证通过后点亮，此时仪表上还会出现 EPC 指示灯不能正常点亮。

3）踩下制动踏板，车后的制动灯正常点亮。

4）踩住制动踏板，按住 E378，仪表熄灭，但起动机不转。

现象分析

如图 5-35 所示，仪表上 EPC 指示灯不亮，说明"J623（通过驱动 CAN）→ J533（通过舒适 CAN）→ J285"通信异常。

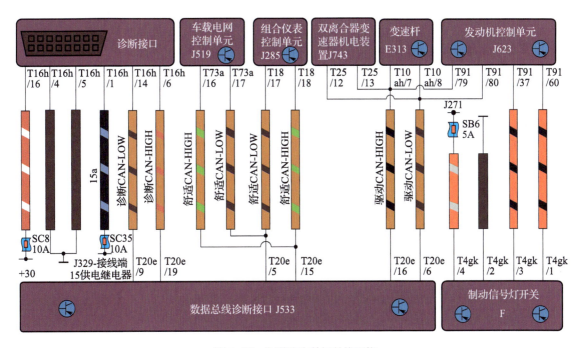

图 5-35　迈腾汽车数据总线网络

仪表显示制动踏板状态不亮，说明"F→J623（通过驱动 CAN）→J533（通过舒适 CAN）→J285"通信异常。

起动时仪表熄灭，表明仪表接收到长按点火开关的信号但没有接收到制动踏板或档位信号，说明"E313（通过驱动 CAN）→J533（通过舒适 CAN）→J285""F→J623（通过驱动 CAN）→J533（通过舒适 CAN）→J285"通信异常。

但仪表可以正常显示车门状态，说明舒适 CAN 工作正常，如果可以参考 EPC 指示灯的信息，即可以上两个分析的重合部分，即 J623 与 J533 之间的 CAN 通信有故障；如果 EPC 指示灯的信息无法参考，则结合油泵不转、制动指示灯异常进行综合分析，均可以得出问题应在 J623 与 J533 之间的 CAN 通信有故障；但仪表可以正常显示档位信息，说明 J533 端驱动 CAN 没有问题。那问题的症结就在于 J623 不具备通信条件。

可能原因为：①J623 自身故障；②J623 端的 CAN 总线故障；③J623 电源（30#）线路故障，如图 5-36 所示。

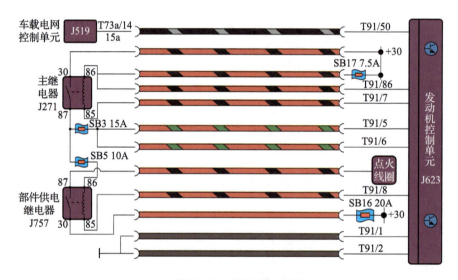

图 5-36　J623 供电电路

故障点 1　J623 搭铁线路断路

诊断过程

1）打开 E378，用示波器测量 J623 端的 CAN 总线信号波形，未发现异常，但不能排除 J623 自身电源故障。

2）用万用表分别测量 J623 端的 T91/86、T91/50、T91/1、T91/2 对地电压，正常值分别为 +B、+B、0V、0V，实测为 +B、+B、+B、+B，说明 J623 的搭铁线路断路。

3）关闭 E378，拆下蓄电池负极接线，断开 J623 的插接器，用万用表测量 J623 线束端 T91/1、T91/2 对地与蓄电池负极接线之间的电阻，正常为 0Ω，实测为无穷大。

4）排除 J623 搭铁线路断路故障，系统恢复正常。

故障机理

由于 J623 搭铁线路断路，导致 J623 与其他模块之间无法正常通信，所以打开 E378 后，仪表不显示制动踏板状态（或 EPC 灯不亮），起动机不转。

故障点 2　J623 搭铁线路虚接 100Ω 电阻

诊断过程

1）打开 E378，用示波器测量 J623 端的 CAN 总线信号波形，未发现异常，但不能排除 J623 自身电源故障。

2）用万用表分别测量 J623 端的 T91/86、T91/50、T91/1、T91/2 对地电压，正常值分别为 +B、+B、0V、0V，实测为 +B、+B、5V（可能存在偏差）、5V（可能存在偏差），说明 J623 的搭铁线路断路。

3）关闭 E378，拆下蓄电池负极接线，断开 J623 的插接器，用万用表测量 J623 线束端 T91/1、T91/2 对地与蓄电池负极接线之间的电阻，正常为 0Ω，实测为 100Ω。

4）排除 J623 搭铁线路虚接故障，系统恢复正常。

故障机理

由于 J623 搭铁线路虚接，导致 J623 与其他模块之间无法正常通信，所以打开 E378 后，仪表不显示制动踏板状态（或 EPC 灯不亮），起动机不转。

故障点 3　J623 的 30# 电源线路虚接 100Ω 电阻

诊断过程

1）打开 E378，用示波器测量 J623 端的 CAN 总线信号波形，未发现异常，但不能排除 J623 自身电源故障。

2）用万用表分别测量 J623 端的 T91/86、T91/50、T91/1、T91/2 对地电压，正常值分别为 +B、+B、0V、0V，实测为 3V（可能存在偏差）、+B、0V、0V，说明 J623 的 30# 线路虚接。

3）打开 E378，用万用表测量 SB17 两端电压，正常均为 +B，实测为 +B，正常，说明 J623 的 T91/86 至 SB17 之间线路虚接。

4）关闭 E378，拆下蓄电池负极接线，断开 J623 的插接器，用万用表测量 J623 线束端 T91/86 与 SB17 之间的电阻，正常为 0Ω，实测为 100Ω。

5）排除 J623 的 30# 电源线路虚接故障，系统恢复正常。

故障机理

由于 J623 的 30# 电源线路虚接，导致 J623 与其他模块之间无法正常通信，所以打开 E378 后，仪表不显示制动踏板状态（或 EPC 灯不亮），起动机不转。

故障点 4　J623 的 30# 电源线路断路

诊断过程

1）打开 E378，用示波器测量 J623 端的 CAN 总线信号波形，未发现异常，但不能排除 J623 自身电源故障。

2）用万用表分别测量 J623 端的 T91/86、T91/50、T91/1、T91/2 对地电压，正常值分别为 +B、+B、0V、0V，实测为 0V、+B、0V、0V，说明 J623 的 30# 线路断路。

3）打开 E378，用万用表测量 SB17 两端电压，正常均为 +B，实测为 +B，正常，说明 J623 的 T91/86 至 SB17 之间线路断路。

4）关闭 E378，拆下蓄电池负极接线，断开 J623 的插接器，用万用表测量 J623 线束端 T91/86 与 SB17 之间的电阻，正常为 0Ω，实测为无穷大。

5）排除 J623 的 30# 电源线路断路故障，系统恢复正常。

故障机理

由于 J623 的 30# 电源线路断路，导致 J623 与其他模块之间无法正常通信，所以打开 E378 后，仪表不显示制动踏板状态（或 EPC 灯不亮），起动机不转。

案例 11 | J623 的 15# 电源线路故障检修

故障点 1：J623 的 15# 电源线路虚接 1000Ω 电阻
故障点 2：J623 的 15# 电源线路断路

故障现象

1）无钥匙进入正常，拉开车门时偶然可以感受到油泵运转。

2）打开 E378，转向有助力，仪表正常点亮，档位信息显示正常，但制动指示灯在自检完成后自动熄灭（应点亮），未感受到油泵运转；不踩制动踏板便可以换档；如果车辆设置为 EPC 指示灯在打开点火开关、J623 与 J285 彼此认证通过后点亮，此时仪表上还会出现 EPC 指示灯不能正常点亮。

3）踩下制动踏板，车辆尾部制动灯正常点亮。

4）按住 E378，仪表熄灭，但起动机不转。

现象分析

如图 5-37 所示，仪表上 EPC 指示灯不亮，说明"J623（通过驱动 CAN）→ J533（通过舒适 CAN）→ J285"通信异常。

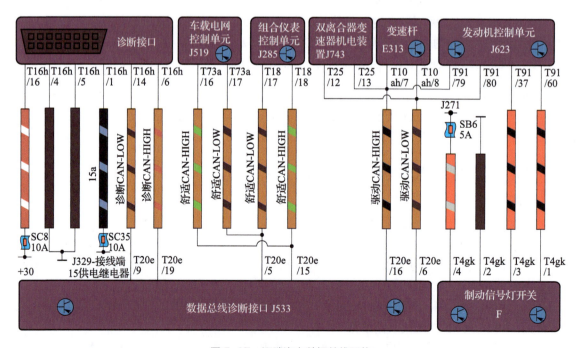

图 5-37 迈腾汽车数据总线网络

仪表显示制动踏板状态不亮,说明"F → J623(通过驱动 CAN)→ J533(通过舒适 CAN)→ J285"通信异常。

起动时仪表熄灭,表明仪表接收到长按点火开关的信号但没有接收到制动踏板或档位信号,说明"E313(通过驱动 CAN)→ J533(通过舒适 CAN)→ J285""F → J623(通过驱动 CAN)→ J533(通过舒适 CAN)→ J285"通信异常。

但仪表可以正常显示车门状态,说明舒适 CAN 工作正常;拉开车门时油泵转动,说明"车门微动开关→ J386 → J533 → J623 → J538 →油泵"工作正常。那造成以上症结的原因就在于 J623 没有被 15 电激活。

可能原因为:① J623 自身故障;② J623 电源(15#)线路故障,如图 5-38 所示。

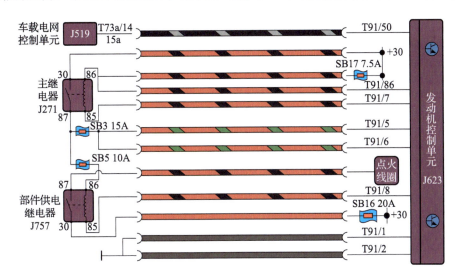

图 5-38　J623 供电电路

故障点 1　J623 的 15# 电源线路虚接 1000Ω 电阻

诊断过程

1)打开 E378,用示波器测量 J623 端的 CAN 总线信号波形,未发现异常,但不能排除 J623 自身电源故障。

2)用万用表分别测量 J623 端的 T91/86、T91/50、T91/1、T91/2 对地电压,正常值分别为 +B、+B、0V、0V,实测为 +B、3V、0V、0V,说明 J623 的 15# 线路虚接。

3)打开 E378,用万用表测量 J519 的 T73a/14,正常为 +B,实测为 +B,正常,说明 J623 的 T91/50 至 J519 的 T73a/14 之间线路虚接。

4)关闭 E378,拆下蓄电池负极接线,断开 J623 的插接器,用万用表测量 J623 的 T91/50 至 J519 的 T73a/14 之间线路电阻,正常为 0Ω,实测为 1000Ω。

5)排除 J623 的 15# 电源线路虚接故障,系统恢复正常。

故障机理

由于 J623 的 15# 电源线路虚接,导致 J623 与其他模块之间无法正常通信,所以打开 E378 后,仪表不显示制动踏板状态(或 EPC 灯不亮),起动机不转。

故障点 2 J623 的 15# 电源线路断路

诊断过程

1）打开 E378，用示波器测量 J623 端的 CAN 总线信号波形，未发现异常，但不能排除 J623 自身电源故障。

2）用万用表分别测量 J623 端的 T91/86、T91/50、T91/1、T91/2 对地电压，正常值分别为 +B、+B、0V、0V，实测为 +B、0V、0V、0V，说明 J623 的 15# 线路断路。

3）打开 E378，用万用表测量 J519 的 T73a/14，正常为 +B，实测为 +B，正常，说明 J623 的 T91/50 至 J519 的 T73a/14 之间线路断路。

4）关闭 E378，拆下蓄电池负极接线，断开 J623 的插接器，用万用表测量 J623 的 T91/50 至 J519 的 T73a/14 之间线路电阻，正常为 0Ω，实测为无穷大。

5）排除 J623 的 15# 电源线路断路故障，系统恢复正常。

（**故障机理**）

由于 J623 的 15# 电源线路断路，导致 J623 与其他模块之间无法正常通信，所以打开 E378 后，仪表不显示制动踏板状态（或 EPC 灯不亮），起动机不转。

| 案例 12 | 制动开关 F 信号线路断路及电源电路断路故障检修

故障现象

1）踩制动踏板，仪表上的制动指示灯不灭，同时车后的制动灯不亮。

2）打开 E378，起动机不转，但仪表熄灭。

现象分析

如图 5-39 所示，踩制动踏板时，仪表制动指示灯不灭，说明"F→J623（通过驱动 CAN）→

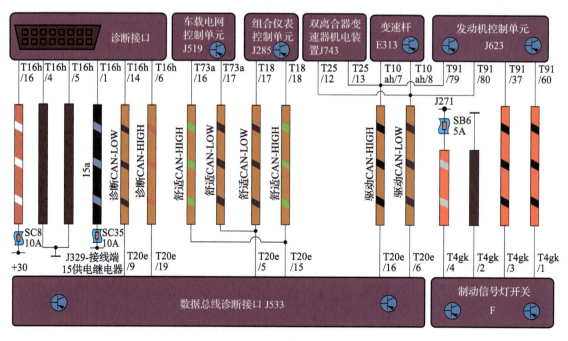

图 5-39　迈腾汽车数据总线网络

J533（驱动舒适 CAN）→ J285"工作异常。

踩制动踏板时，后部制动灯不亮，说明"F → J519 →制动灯"工作异常。

起动时仪表熄灭，表明仪表接收到长按点火开关的信号，但没有接收到制动踏板或档位信号，说明"E313（通过驱动 CAN）→ J533（通过舒适 CAN）→ J285""F → J623（通过驱动 CAN）→ J533（通过舒适 CAN）→ J285"通信异常。

综合以上三种故障分析的重叠部分，说明最大可能是制动踏板信号异常导致，具体表现为：①开关自身损坏；②开关线路故障。

诊断过程

1）打开 E378，踩制动踏板，用万用表测量 J623 的 T91/60、T91/37 的对地电压，T91/60 正常为 +B → 0，实测为 +B 不变，异常，说明测试点通过 F、到搭铁之间断路；T91/37 正常为 0 → +B，实测低电压不变，异常，说明测试点通过 F 到 +B 之间断路。

2）打开 E378，踩制动踏板，用万用表测量 F 的 T4gk/1、T4gk/3 的对地电压，T4gk/1 正常为 +B → 0，实测为悬空电压→ 0，说明 J623 的 T91/60 到 F 的 T4gk/1 之间线路断路；T4gk/3 正常为 0 → +B，实测低电压不变，异常，说明测试点通过 F 到 +B 之间断路。

3）打开 E378，踩制动踏板，用万用表测量 F 的 T4gk/4 的对地电压，正常为 +B，实测为 0，说明 F 的 T4gk/4 供电异常。

4）打开 E378，用万用表测量 SB6 两端对地电压，正常均为 +B，实测为输出 0V，输入 +B，说明 SB6 断路损坏。

5）关闭 E378，拔下 SB6 熔丝，目视或用万用表测量熔丝的电阻，发现电阻为无穷大。

6）更换熔丝 SB6，排除 T91/60 对应线路断路故障，系统恢复正常。

故障机理

由于制动开关 T91/60 对应线路断路、供电熔丝断路，导致制动开关不能发出正常的制动信号，所以踩下制动踏板后，制动灯不亮，起动机不转。

案例 13 ｜ 仪表控制单元 J285 供电熔丝 SC17 断路故障检修

故障现象

1）无钥匙进入功能正常，但仪表的转向指示灯未正常闪烁。

2）拉开车门，仪表不显示车门状态。

3）打开 E378，钥匙指示灯不闪烁，转向盘不解锁，仪表不点亮。

4）应急模式起动失效。

现象分析

1）如图 5-40 所示，无钥匙进入车辆时，仪表上的转向指示灯不闪烁，说明"各车门触摸传感器→ J965 →室外天线→钥匙→ J519（通过 CAN）→ J285"工作异常；而无钥匙车辆解锁正常，说明"各车门触摸传感器→ J965 →室外天线→钥匙→

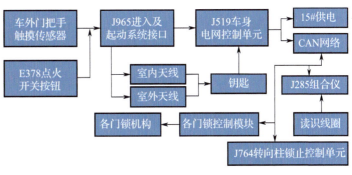

图 5-40　迈腾汽车进入及起动流程图

J519（通过 CAN）→ J386、J387"工作正常；两者对比，说明故障在 J285 与 J519 之间。

2）拉开车门，仪表不显示车门状态，说明"F2 → J386（通过 CAN）→ J285"工作异常。

3）打开 E378 时钥匙指示灯不能闪烁，说明"E378 → J965（通过 CAN）→ J285、J965 → 室内天线 → 钥匙"工作异常。

综合以上三种分析结果，其中都涉及 J285，根据故障概率，可能的故障原因为：① J285 自身损坏；② J285 电源及通信线路故障。

诊断过程

1）如图 5-41 所示，用示波器分别测量 J285 的 T18/18、T18/17 对地波形，未发现异常，但不能排除 J285 自身及电源故障可能。

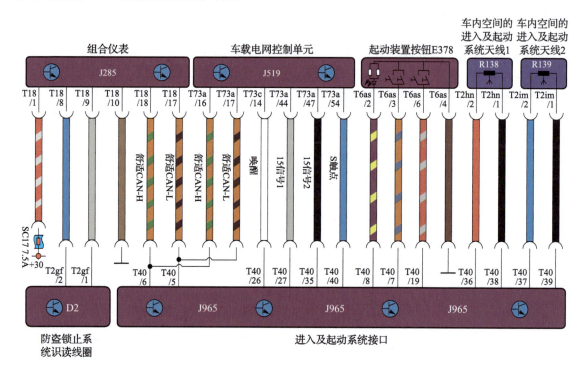

图 5-41　进入与起动系统电路

2）用万用表测量 J285 的 T18/1 对地电压，正常为 +B，实测为 1.7V（存在偏差），异常。

3）用万用表测量 SC17 两端对地电压，正常均为 +B，实测输出 1.7V，输入 12.4V，异常。

4）拔下 SC17 熔丝，目视或用万用表测量熔丝的电阻，发现 SC17 断路。

5）更换熔丝 SC17 后，系统恢复正常。

故障机理

由于 SC17 断路，导致 J285 供电异常，不能与其他模块进行通信，所以在无钥匙进入、拉开车门时仪表无显示；打开 E378 后，仪表不能正常点亮，起动机不转。

| 案例 14 | 起动许可信号线路故障检修

故障点 1：起动许可信号线路断路

故障点 2：起动许可信号线路虚接 2500Ω 电阻

故障现象

踩住制动踏板，按住 E378，起动机不转，未听到起动继电器的吸合声；其他正常。

现象分析

如图 5-42 所示，未听到继电器吸合声，所以故障可能存在于两个继电器的公共部分，或者是起动条件（P/N、起动许可、BOO 三个信号）不满足。主要表现在：①起动继电器线圈电源故障；②起动条件（P/N、起动许可、BOO 三个信号）不满足；③ J623 自身故障。

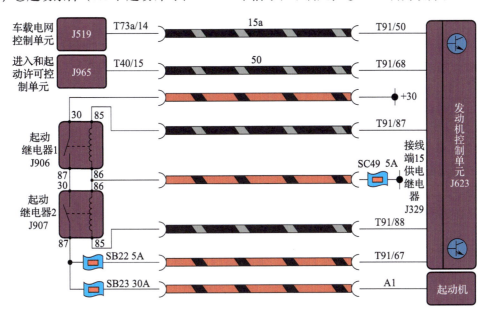

图 5-42　进入与起动信号控制电路

故障点 1　起动许可信号线路断路

诊断过程

1）踩住制动踏板，按住 E378，用万用表测量 J623 端的 J906（或 J907）的控制端信号：T91/87 对地电压，正常为 +B → 0V，实测为 +B → +B，异常；（或检查 T91/88 对地电压：正常为 +B → 0V，实测为 +B → +B，异常）。说明故障可能在于 J623 自身或者起动条件不满足，但由于仪表显示档位信息正常，踩下制动踏板时仪表上的制动指示灯正常熄灭，说明 P/N、BOO 存在故障的概率较小，所以优先对 J965 发出的起动许可信号进行测量。

2）踩住制动踏板，按住 E378，用示波器测量 J623 的 T91/68 对地波形，正常为 0 → +B，实测为 0V 直线，异常。

3）踩住制动踏板，按住 E378，用示波器测量 J965 的 T40/15 对地波形，正常为 0 → +B，实测正常，说明 J965 到 J623 之间的起动许可信号线路断路。

4）关闭 E378，拆掉蓄电池负极，断开 965、J623 插接器，测量 J965 的 T91/68 到 J623 的 T40/15 的线路阻值，正常近乎为零，实测为无穷大，说明 J623 的 T91/68 至 J965 的 T40/15 之间线路断路。

5）排除 J623 的 T91/68 至 J965 的 T40/15 之间线路断路故障，系统恢复正常。

故障机理

由于 J623 的 T91/68 至 J965 的 T40/15 之间线路断路，导致 J623 无法收到 J965 的起动许可

信号，起动条件不满足，所以起动后，起动继电器不吸合，起动机不转。

故障点 2 起动许可信号线路虚接 2500Ω 电阻

诊断过程

1）踩住制动踏板，按住 E378，用万用表测量 J623 端的 J906（或 J907）的控制端信号：T91/87 对地电压，正常为 +B → 0V，实测为 +B → +B，异常；（或检查 T91/88 对地电压：正常为 +B → 0V，实测为 +B → +B，异常）。说明故障可能在于 J623 自身或者起动条件不满足，但由于仪表显示档位信息正常，踩下制动踏板时仪表上的制动指示灯正常熄灭，说明 P/N、BOO 存在故障的概率较小，所以优先对 J965 发出的起动许可信号进行测量。

2）踩住制动踏板，按住 E378，用示波器测量 J623 的 T91/68 对地波形，正常为 0 → +B，实测为 0 → 5V 直线（可能存在偏差），异常。

3）踩住制动踏板，按住 E378，用示波器测量 J965 的 T40/15 对地波形，正常为 0 → +B，实测正常，说明 J965 到 J623 之间的起动许可信号线路虚接。

4）关闭 E378，拆掉蓄电池负极，断开 965、J623 插接器，测量 J965 的 T91/68 到 J623 的 T40/15 的线路阻值，正常近乎为零，实测为 2500Ω，说明 J623 的 T91/68 至 J965 的 T40/15 之间线路虚接。

5）排除 J623 的 T91/68 至 J965 的 T40/15 之间线路虚接故障，系统恢复正常。

故障机理

由于 J623 的 T91/68 至 J965 的 T40/15 之间线路虚接，导致 J623 无法收到来自 J965 正确的起动许可信号，起动条件不满足，所以起动后，起动继电器不吸合，起动机不转。

案例 15 起动继电器线圈端供电熔丝 SC49 故障检修

故障点 1：起动继电器线圈端供电熔丝 SC49 虚接 100Ω 电阻
故障点 2：起动继电器线圈端供电熔丝 SC49 断路

故障现象

踩住制动踏板，按住 E378，起动机不转，未听到起动继电器的吸合声；其他正常。

现象分析

如图 5-43 所示，未听到继电器吸合声，所以故障可能存在于两个继电器的公共部分（电磁圈正极电源及其控制），或者是起动条件（P/N、起动许可、BOO 三个信号）不满足。可能的故障原因有：①起动继电器线圈电源故障；②起动条件（P/N、起动许可、BOO 三个信号）不满足；③J623 自身故障。

故障点 1 起动继电器线圈端供电熔丝 SC49 虚接 100Ω 电阻

诊断过程

注意：按照故障树理论，应该优先测量继电器的 86# 端子电压，但基于测量方便的原则，可以直接测量 SC49 熔丝的输出是否正常。

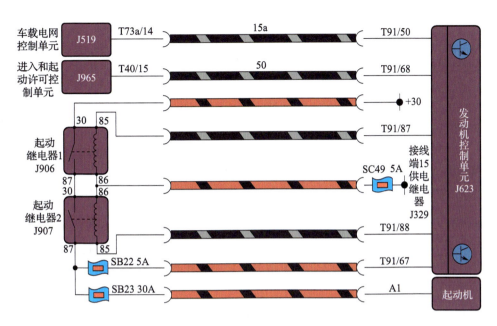

图 5-43　进入与起动信号控制电路

1）踩住制动踏板，按住 E378，用万用表测量 SC49 两端电压，正常为 +B，实测一端为 +B，一端为 5V（可能会有偏差），异常。

2）关闭 E378，拔下 SC49，目视或用万用表测量 SC49 阻值，正常为 0Ω，实测为 100Ω，说明 SC49 电阻过大。

3）排除 SC49 电阻过大故障，系统恢复正常。

（故障机理）

由于 SC49 电阻过大，导致起动继电器线圈供电异常，所以起动后，起动继电器不吸合，起动机不转。

故障点 2　起动继电器线圈端供电熔丝 SC49 断路

诊断过程

注意：按照故障树理论，应该优先测量继电器的 86# 端子电压，但基于测量方便的原则，可以直接测量 SC49 熔丝的输出是否正常。

1）踩住制动踏板，按住 E378，用万用表测量 SC49 两端电压，正常为 +B，实测一端为 +B，一端为 0V，异常。

2）关闭 E378，拔下 SC49，目视或用万用表测量 SC49 阻值，正常为 0Ω，实测为无穷大，说明 SC49 烧损。

3）排除 SC49 烧损故障，系统恢复正常。

（故障机理）

由于 SC49 烧损，导致起动继电器线圈供电异常，所以起动后，起动继电器不吸合，起动机不转。

| 案例 16 | 起动机控制线路故障检修

故障点 1：起动继电器 J906 线圈断路（电阻断路）
故障点 2：起动继电器 J907 触点断路
故障点 3：起动继电器 J907 控制线路断路
故障点 4：起动机控制线路 SB23 断路

故障现象

踩住制动踏板，按住 E378，起动机不转，但可以听到起动继电器的吸合声；其他正常。

现象分析

如图 5-44 所示，由于可以听到继电器吸合声，说明起动条件已满足。起动机不能运转的可能原因为：①起动机自身故障；②起动机搭铁及正极电源线路故障；③起动机控制线路故障。

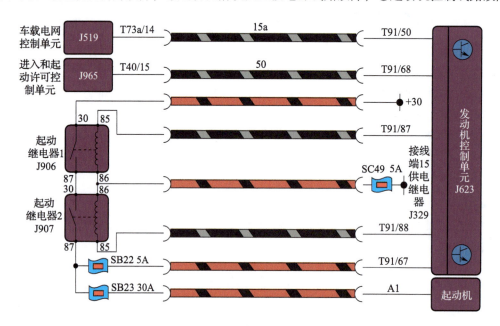

图 5-44　进入与起动信号控制电路

故障点 1　起动继电器 J906 线圈断路（电阻断路）

诊断过程

注意：按照故障树理论，应该优先测量起动机的 A1 端子电压，但基于测量方便的原则，可以直接测量 SB23 熔丝的输出是否正常。

1）踩住制动踏板，按住 E378，用万用表测量 SB23 的两端对地电压：正常为某个特定的低电压（该电压来自 J623 的 T91/67 输出，各车辆不完全相同）→ +B，实测为某个特定的低电压不变，异常，说明 J907 输出异常或者测量点到 J907 之间线路断路。

2）踩住制动踏板，按住 E378，用万用表测量 J907 的 87# 对地电压：正常为某个特定的低电压→ +B，实测为 0V 不变，异常，说明继电器工作异常。

3）踩住制动踏板，按住 E378，用万用表分别测量 J907 的 85#、86#、30# 对地电压，正常值分别为 +B → 0V、+B、0V → +B，实测值分别为 +B → 0V、+B、0V 不变，异常，说明 J907 触点供电异常。

4）踩住制动踏板，按住 E378，用万用表分别测量 J906 的 87# 对地电压，正常值为 0V → +B，实测值为 0V，异常，说明 J906 工作异常。

5）踩住制动踏板，按住 E378，用万用表分别测量 J906 的 85#、86#、30# 对地电压，正常值分别为 +B → 0V、+B、+B，实测值分别为 0V、+B、+B、0V，异常，说明 J906 线圈断路。

6）拔下 J906，用万用表测量线圈阻值，正常为 60 ~ 120Ω，实测为无穷大。

7）更换继电器，系统恢复正常。

> 【故障机理】

由于 J906 线圈断路，导致 J906 无法正常吸合，所以起动后，起动机不转。

故障点 2　起动继电器 J907 触点断路

诊断过程

> 注意：按照故障树理论，应该优先测量起动机的 A1 端子电压，但基于测量方便的原则，可以直接测量 SB23 熔丝的输出是否正常。

1）踩住制动踏板，按住 E378，用万用表测量 SB23 的两端对地电压：正常为某个特定的低电压（该电压来自 J623 的 T91/67 输出，各车辆不完全相同）→ +B，实测为某个特定的低电压不变，异常，说明 J907 输出异常或者测量点到 J907 之间线路断路。

2）踩住制动踏板，按住 E378，用万用表测量 J907 的 87# 对地电压：正常为某个特定的低电压→ +B，实测为 0V 不变，异常，说明继电器工作异常。

3）踩住制动踏板，按住 E378，用万用表分别测量 J907 的 85#、86#、30# 对地电压，正常值分别为 +B → 0V、+B、0V → +B，实测值分别为 +B → 0V、+B、0V → +B，正常，说明 J907 内部故障。

4）拔下 J907，用万用表测量线圈阻值，正常为 60 ~ 120Ω，实测正常；通过蓄电池给继电器线圈供电，然后用万用表测量继电器触点的阻值，正常为 0Ω，实测无穷大。

5）更换继电器，系统恢复正常。

> 【故障机理】

由于 J907 触点不能闭合，导致 J907 无法正常工作，所以起动后，起动机不转。

故障点 3　起动继电器 J907 控制线路断路

诊断过程

> 注意：按照故障树理论，应该优先测量起动机的 A1 端子电压，但基于测量方便的原则，可以直接测量 SB23 熔丝的输出是否正常。

1）踩住制动踏板，按住 E378，用万用表测量 SB23 的两端对地电压：正常为某个特定的低电压（该电压来自 J623 的 T91/67 输出，各车辆不完全相同）→ +B，实测为某个特定的低电压不变，异常，说明 J907 输出异常或者测量点到 J907 之间线路断路。

2）踩住制动踏板，按住 E378，用万用表测量 J907 的 87# 对地电压：正常为某个特定的低电压→+B，实测为 0V 不变，异常，说明继电器工作异常。

3）踩住制动踏板，按住 E378，用万用表分别测量 J907 的 85#、86#、30# 对地电压，正常值分别为 +B→0V、+B、0V→+B，实测值分别为 +B、+B、0V→+B，正常，说明 J907 线圈控制存在故障。

4）踩住制动踏板，按住 E378，用万用表分别测量 T91/88 对地电压，正常为 +B→0V，实测为 0V，T91/88 对应线路断路。

5）关闭 E378，拆掉蓄电池负极接线，拔掉 J907 继电器，断开 J623 插接器，用万用表测量 J907 到 T91/88 之间线路的阻值，正常为 0Ω，实测为无穷大。

6）排除 J907 控制线路断路故障，系统恢复正常。

故障机理

由于 J907 控制线路断路，导致 J907 无法正常吸合，所以起动后，起动机不转。

故障点 4　起动机控制线路 SB23 断路

诊断过程

注意：按照故障树理论，应该优先测量起动机的 A1 端子电压，但基于测量方便的原则，可以直接测量 SB23 熔丝的输出是否正常。

1）踩住制动踏板，按住 E378，用万用表测量 SB23 的两端对地电压：正常为某个特定的低电压（该电压来自 J623 的 T91/67 输出，各车辆不完全相同）→+B，实测为一端会出现 +B 电压，而另外一端始终为某个特定的低电压不变，异常，说明 SB23 熔丝断路。

2）拔下 SB23，目视或用万用表测量熔丝的电阻，正常为 0Ω，实测为无穷大。

3）更换 SB23，系统恢复正常。

故障机理

由于 SB23 断路，导致起动后，起动机没有收到起动控制信号，所以起动机不转。

｜案例 17｜　起动继电器反馈线路断路故障检修

故障现象

踩住制动踏板，按住 E378，起动机转动后瞬间停止，再次起动，起动机不转。

现象分析

如图 5-45 所示，起动机转动，说明起动条件已满足；转动后瞬间停止，说明 J623 检测到起动系统存在故障。可能的故障原因有：①起动继电器及其线路故障；②起动机及其线路故障；③J623 自身故障。

诊断过程

1）踩下制动踏板，按住 E378，用万用表测量 T91/67 对地电压，正常应为某个特定的低电压→+B，实测为某个特定的低电压不变，异常，说明测试点到 +B 之间线路异常。

2）踩下制动踏板，按住 E378，用万用表测量 SB22 两端对地电压，正常应为某个特定的低电压→+B，实测两端均正常，说明 SB22 至 T91/67 的起动反馈线路断路。

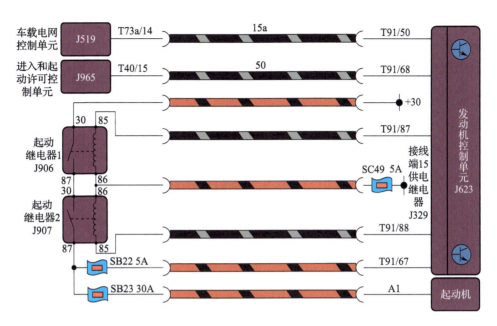

图 5-45　进入与起动信号控制电路

3）关闭 E378，拆掉蓄电池负极接线，拔掉 SB22，断开 J623 插接器，用万用表测量 SB22 至 J623 之间线路的阻值，正常为 0Ω，实测为无穷大。

4）排除故障，系统恢复正常。

故障机理

由于起动反馈线路断路，导致 J623 无法检测到起动控制信号是否正常，所以起动档时，起动机转动后瞬间停止。

案例 18 ｜ 起动机 30# 电源线路断路故障检修

故障现象

踩住制动踏板，按住 E378，起动机发出"咔"声后停止，但起动机不转；其他正常。

现象分析

起动机能正常发出"咔"声，说明起动控制信号正常；造成起动机无法运转的原因为：起动机及电源线路故障。

诊断过程

1）踩住制动踏板，按住 E378，用万用表分别测量起动机 30# 电源端子和搭铁线路对地电压，搭铁线路应小于 0.1V，实测为 0V，正常；30# 电源端子正常为 +B，实测为 0V，说明 30# 电源线路断路。

2）检查起动机 30# 电源线路，发现线路断路。

3）排除起动机 30# 电源线路断路故障，系统恢复正常。

故障机理

由于起动机 30# 电源线路断路，导致起动后，起动机缺少正极电源，所以起动机不转。

任务 6 发动机无法起动的故障检修

| 案例 1 | J271 主继电器故障检修

故障点 1：J271 主继电器内部触点断路

故障点 2：J271 主继电器线圈虚接 500Ω（附加电阻断路）

故障现象

1）踩住制动踏板，按住 E378，起动机运转，未感受到油泵运转。

2）发动机无任何着车征兆，无法起动（注意：本案例是在彻底排空高压燃油系统燃油的前提下进行的）。

现象分析

如图 6-1 所示，未感受到油泵运转，说明燃油供给系统存在故障。可能的故障原因为：①油泵电动机及线路故障；②J538 自身及线路故障；③J623 局部故障。

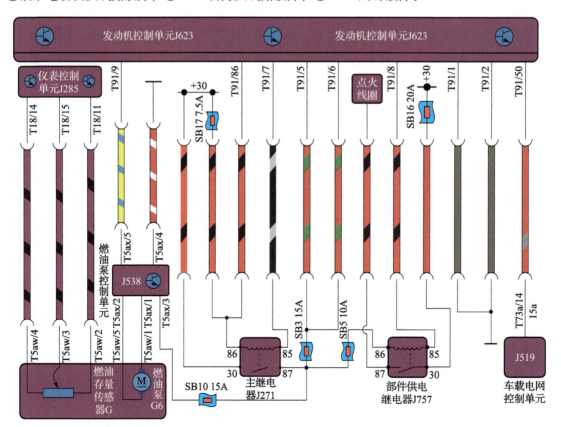

图 6-1 J271 主继电器电路

故障点 1　J271 主继电器内部触点断路

诊断过程

1）打开 E378 或踩住制动踏板、按住 E378，用示波器测量油泵电动机 G6 端的 T5aw/1 与 T5aw/5 的相对波形，正常为 +B → 0V 的方波，实测为 0V 的一条直线，异常，说明油泵电动机没有接收到驱动信号。

2）打开 E378 或踩住制动踏板、按住 E378，用示波器测量 J538 端的 T5ax/1 与 T5ax/2 的相对波形，正常为 +B → 0V 的方波，实测为 0V 的一条直线，异常，说明 J538 没有发出驱动信号。

3）打开 E378 或踩住制动踏板、按住 E378，用示波器测量 J538 端的 T5ax/5 的对地波形，正常为 +B → 0V 的方波，实测始终为 0V。说明 J538 损坏或信号线路对地短路。

4）打开 E378，用万用表分别测量 J538 的 T5ax/3、T5ax/4 对地电压，正常情况下分别为 +B、0V，实测均为 0V，说明故障为 J538 供电异常。

5）打开 E378，用万用表分别测量 SB10 两端对地电压，正常情况下分别为 +B、+B，实测均为 0V，说明 SB10 供电异常。

6）打开 E378，用万用表分别测量 J271 的 87# 对地电压，正常情况下分别为 +B，实测均为 0V，说明 J271 工作异常。

7）打开 E378，用万用表分别测量 J271 的 30#、85#、86# 对地电压，正常情况下分别为 +B、+B → 0V、+B，实测为 +B、+B → 0V、+B，正常，说明 J271 损坏。

8）拔下 J271，用万用表测量线圈端电阻，正常为 60～120Ω，实测为 60Ω，正常；然后用蓄电池给继电器线圈供电，用万用表测量触点两端的电阻，正常为 0Ω，实测为无穷大。

9）更换 J271，系统恢复正常。

故障机理

由于 J271 继电器触点断路，导致 J623、J538 及点火线圈等供电异常，所以在起动时，发动机无任何着车征兆。

故障点 2　J271 主继电器线圈虚接 500Ω（附加电阻断路）

诊断过程

1）打开 E378 或踩住制动踏板、按住 E378，用示波器测量油泵电动机 G6 端的 T5aw/1 与 T5aw/5 的相对波形，正常为 +B → 0V 的方波，实测为 0V 的一条直线，异常，说明油泵电动机没有接收到驱动信号。

2）打开 E378 或踩住制动踏板、按住 E378，用示波器测量 J538 端的 T5ax/1 与 T5ax/2 的相对波形，正常为 +B → 0V 的方波，实测为 0V 的一条直线，异常，说明 J538 没有发出驱动信号。

3）打开 E378 或踩住制动踏板、按住 E378，用示波器测量 J538 端的 T5ax/5 的对地波形，正常为 +B → 0V 的方波，实测始终为 0V。说明 J538 损坏或信号线路对地短路。

4）打开 E378，用万用表分别测量 J538 的 T5ax/3、T5ax/4 对地电压，正常情况下分别为 +B、0V，实测均为 0V，说明故障为 J538 供电异常。

5）打开 E378，用万用表分别测量 SB10 两端对地电压，正常情况下分别为 +B、+B，实测均为 0V，说明 SB10 供电异常。

6）打开 E378，用万用表分别测量 J271 的 87# 对地电压，正常情况下分别为 +B，实测均为 0V，说明 J271 工作异常。

7）打开 E378，用万用表分别测量 J271 的 30#、85#、86# 对地电压，正常情况下分别为 +B、+B → 0V、+B，实测为 +B、+B → 0V、+B，正常，说明 J271 损坏。

8）拔下 J271，用万用表测量线圈端电阻，正常为 60~120Ω，实测为 600Ω，异常。

9）更换 J271，系统恢复正常。

故障机理

由于 J271 继电器线圈虚接，导致 J271 继电器无法吸合，J623 及点火线圈等供电异常，所以在起动时，发动机无任何着车征兆。

| 案例 2 | J623 模块大功率供电线路故障检修

故障点 1：J623 模块大功率供电熔丝 SB3 断路
故障点 2：J623 模块大功率供电线路虚接 1000Ω 电阻

故障现象

1）踩住制动踏板，按住 E378，起动机运转，油泵运转。

2）发动机无任何着车征兆，无法起动。

现象分析

如图 6-2 所示，发动机无任何着车征兆，说明气缸内没有混合气在燃烧。可能的故障原因有：①燃油系统故障；②点火系统故障；③发动机机械故障。

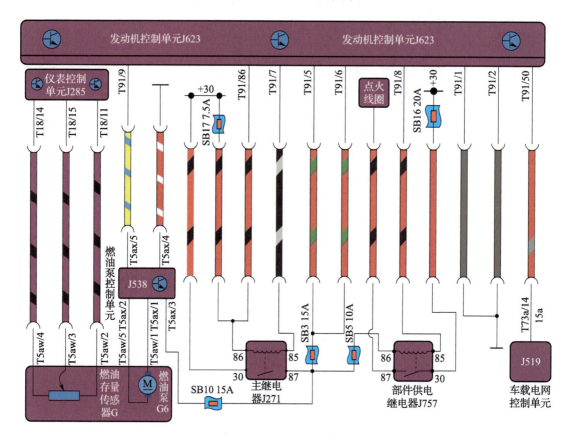

图 6-2　J271 主继电器电路

故障点 1　J623 模块大功率供电熔丝 SB3 断路

诊断过程

1）踩住制动踏板，按住 E378，用尾气分析仪测量排气管内的尾气，发现几乎检测不到太多的 CH，说明所有喷油器没有喷射出燃油，而所有喷油器均不工作，与 J623 自身、功率电源、转速信号输入有关。

2）打开 E378（或踩住制动踏板，按住 E378），用万用表（或示波器）测量 J623 的 T91/5 或 6 对地电压，正常均为 +B，实测约为 10V（可能有偏差）。

3）打开 E378（或踩住制动踏板，按住 E378），用万用表（或示波器）测量 SB3 两端对地电压，正常均为 +B，实测一端约为 10V（可能有偏差），一端为 +B，异常。

4）关闭 E378，拔掉 SB3 熔丝，目视或用万用表测量熔丝的电阻，实测无穷大。

5）拆卸蓄电池负极接线，用万用表测量 J623 的 T91/5 或 T91/6 对地电阻，应大于 +B/15A，实测正常。

6）更换 SB3 熔丝，系统恢复正常。

故障机理

由于 SB3 断路，导致 J623 大功率供电缺失，喷油器等大功率用电器无法正常工作，所以在起动时，发动机无任何着车征兆。

故障点 2　J623 模块大功率供电线路虚接 1000Ω 电阻

诊断过程

1）踩住制动踏板，按住 E378，用尾气分析仪测量排气管内的尾气，发现几乎检测不到太多的 CH，说明所有喷油器没有喷射出燃油，而所有喷油器均不工作，与 J623 自身、功率电源、转速信号输入有关。

2）打开 E378（或踩住制动踏板，按住 E378），用万用表（或示波器）测量 J623 的 T91/5 或 6 对地电压，正常均为 +B，实测约为 10V（可能有偏差，来自模块输出），异常。

3）打开 E378（或踩住制动踏板，按住 E378），用万用表（或示波器）分别测量 SB3 两端对地电压，正常为 +B，实测为 +B，正常。

4）关闭 E378，断开蓄电池负极接线，拔下 SB3 熔丝和 J623 插接器，测量 T91/5 或 6 与 SB3 之间线路的阻值，正常为 0Ω，实测为 1000Ω。

5）排除 J623 的 T91/5 或 6 与 SB3 之间线路虚接故障，系统恢复正常。

故障机理

由于 J623 的 T91/5 或 6 与 SB3 之间线路虚接，导致 J623 大功率供电缺失，喷油器等大功率用电器无法正常工作，所以在起动时，发动机无任何着车征兆。

| 案例 3 | 点火线圈供电线路故障检修

故障点 1：点火线圈供电线路对地短路

故障点 2：J757 继电器触点端供电熔丝 SB16 虚接 50Ω 电阻

故障点 3：J757 继电器线圈断路（电阻正常）

故障点 4：J757 继电器控制线路断路

故障点 5：J757 继电器控制线路虚接 1000Ω 电阻

故障现象

1）踩住制动踏板，按住 E378，起动机运转，油泵运转。

2）发动机无任何着车征兆，无法起动（注意：本案例是在未排空高压燃油系统燃油的前提下进行的）。

现象分析

如图 6-3 所示，发动机无任何着车征兆，说明气缸内没有混合气在燃烧。可能的故障原因有：①燃油系统故障；②点火系统故障；③发动机机械故障。

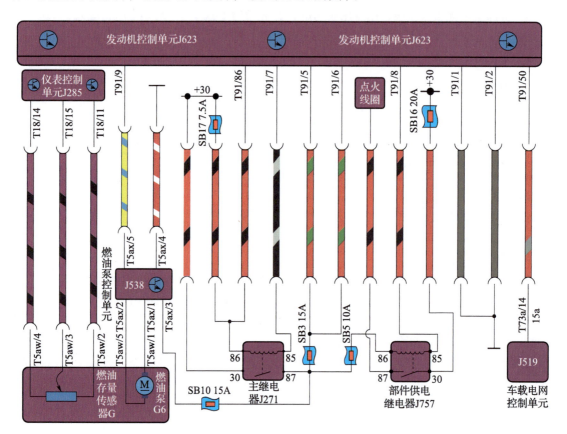

图 6-3　J757 继电器电路

故障点 1　点火线圈供电线路对地短路

诊断过程

1）踩住制动踏板，按住 E378，用尾气分析仪测量排气管内的尾气，发现可以检测到足够的 CH，说明喷油器可以喷射出燃油，但没有燃烧迹象，说明点火系统存在故障。

2）火花塞试火发现所有气缸火花塞不点火，故障可能在点火系统公共部分，即点火线圈正极电源。

3）踩住制动踏板，按住 E378，用示波器（或万用表）测量 J757 的 87#（或等电位端子）

对地电压，正常为 +B，实测为 0V，异常。

4）踩住制动踏板，按住 E378，用示波器（或万用表）测量 J757 的 30#、85#、86# 端子对地电压，正常分别为 +B、+B → 0、+B，实测分别为 0、+B → 0、+B，说明 J757 继电器触点供电异常。

5）踩住制动踏板，按住 E378，用示波器（或万用表）测量 SB16 两端对地电压，正常两端均为 +B，实测一端为 +B，一端为 0V，异常。

6）关闭 E378，拔下 SB16，目视或用万用表测量 SB16 电阻，正常为 0Ω，实测无穷大，SB16 断路。

7）测量 SB16 下游线路对地电阻，应大于 +B/20A，实测发现 J757 下游对地电阻近乎为零，说明线路对地短路。

8）排除 SB16 下游线路对地短路故障，系统恢复正常。

故障机理

由于 SB16 下游线路对地短路，导致点火线圈供电异常，所以在起动时，火花塞不点火，发动机无任何着车征兆。

故障点 2　J757 继电器触点端供电熔丝 SB16 虚接 50Ω 电阻

诊断过程

1）踩住制动踏板，按住 E378，用尾气分析仪测量排气管内的尾气，发现可以检测到足够的 CH，说明喷油器可以喷射出燃油，但没有燃烧迹象，说明点火系统存在故障。

2）火花塞试火发现所有气缸火花塞不点火，故障可能在点火系统公共部分，即点火线圈正极电源。

3）踩住制动踏板，按住 E378，用示波器（或万用表）测量 J757 的 87#（或等电位端子）对地电压，正常为 +B，实测为略小于 +B → 1V 的方波信号（幅值可能存在偏差），异常。

4）踩住制动踏板，按住 E378，用示波器（或万用表）测量 J757 的 30# 对地电压，正常为 +B，实测为略小于 +B → 1V 的方波信号，异常。

5）踩住制动踏板，按住 E378，用示波器（或万用表）测量 SB16 两端对地电压，正常均为 +B，实测一端为 +B，另外一端为略小于 +B → 1V 的方波信号，异常。

6）关闭 E378，拔下 SB16，目视或用万用表测量 SB16 电阻，正常为 0Ω，实测值 50Ω，SB16 电阻过大。

7）更换 SB16，系统恢复正常。

故障机理

由于 SB16 虚接，导致点火线圈供电异常，所以在起动时，火花塞不点火，发动机无任何着车征兆。

故障点 3　J757 继电器线圈断路（电阻正常）

诊断过程

1）踩住制动踏板，按住 E378，用尾气分析仪测量排气管内的尾气，发现可以检测到足够的 CH，说明喷油器可以喷射出燃油，但没有燃烧迹象，说明点火系统存在故障。

2）火花塞试火发现所有气缸火花塞不点火，故障可能在点火系统公共部分，即点火线圈正极电源。

3）踩住制动踏板，按住 E378，用示波器（或万用表）测量 J757 的 87#（或等电位端子）对地电压，正常为 +B，实测为 0V，异常。

4）踩住制动踏板，按住 E378，用示波器（或万用表）测量 J757 的其余端子电压，均正常。

5）关闭 E378，拔下 J757 继电器，用万用表测量继电器电磁线圈两端的电阻，正常为 60～120Ω，实测为 200Ω，说明继电器线圈断路。

6）更换继电器，系统恢复正常。

故障机理

由于 J757 继电器线圈损坏，导致 J757 不能正常吸合，点火线圈供电异常，所以在起动时，火花塞不点火，发动机无任何着车征兆。

故障点 4 J757 继电器控制线路断路

诊断过程

1）踩住制动踏板，按住 E378，用尾气分析仪测量排气管内的尾气，发现可以检测到足够的 CH，说明喷油器可以喷射出燃油，但没有燃烧迹象，说明点火系统存在故障。

2）火花塞试火发现所有气缸火花塞不点火，故障可能在点火系统公共部分，即点火线圈正极电源。

3）踩住制动踏板，按住 E378，用示波器（或万用表）测量 J757 的 87#（或等电位端子）对地电压，正常为 +B，实测为 0V，异常。

4）踩住制动踏板，按住 E378，用示波器（或万用表）测量 J757 的其余端子电压，85# 正常为 +B → 0V，实测为 +B 不变，其余均正常。

5）打开 E378，用万用表测量 J623 的 T91/8 端子对地电压，正常为 +B → 0V，实测为 0V 不变，结合上一步测试结果，说明 J757 控制线路断路。

6）关闭 E378，拆下蓄电池负极接线，拔下 J575、J623 的插接器，用万用表测量 J623 的 T91/8 至 J575 的 85# 端子之间的线束电阻，正常为 0Ω，实测为无穷大。

7）排除 J757 继电器控制线路断路故障，系统恢复正常。

故障机理

由于 J757 继电器控制线路断路，导致 J757 不能正常吸合，点火线圈供电异常，所以在起动时，火花塞不点火，发动机无任何着车征兆。

故障点 5 J757 继电器控制线路虚接 1000Ω 电阻

诊断过程

1）踩住制动踏板，按住 E378，用尾气分析仪测量排气管内的尾气，发现可以检测到足够的 CH，说明喷油器可以喷射出燃油，但没有燃烧迹象，说明点火系统存在故障。

2）火花塞试火发现所有气缸火花塞不点火，故障可能在点火系统公共部分，即点火线圈正极电源。

3）踩住制动踏板，按住 E378，用示波器（或万用表）测量 J757 的 87#（或等电位端子）对地电压，正常为 +B，实测为 0V，异常。

4）踩住制动踏板，按住 E378，用示波器（或万用表）测量 J757 的其余端子电压，85# 正

常为 +B → 0V，实测为 +B → 4V（可能会有偏差），异常，其余均正常。

5）打开 E378，用万用表测量 J623 的 T91/8 端子对地电压，正常为 +B → 0V，实测为 +B → 0V，正常，结合上一步测试结果，说明 J757 控制线路虚接。

6）关闭 E378，拆下蓄电池负极接线，拔下 J757、J623 的插接器，用万用表测量 J623 的 T91/8 至 J757 的 85# 端子之间的线束电阻，正常为 0Ω，实测为 1000Ω，异常。

7）排除 J757 继电器控制线路虚接故障，系统恢复正常。

故障机理

由于 J757 继电器控制线路虚接，导致 J757 不能正常吸合，点火线圈供电异常，所以在起动时，火花塞不点火，发动机无任何着车征兆。

| 案例 4 | 燃油泵控制模块 J538 及线路故障检修

故障点 1：燃油泵控制模块 J538 损坏
故障点 2：燃油泵电机控制线路断路
故障点 3：燃油泵控制模块 J538 促动信号线路断路
故障点 4：燃油泵控制模块 J538 促动信号线路虚接 1000Ω 电阻
故障点 5：燃油泵控制模块 J538 促动信号线路对地短路
故障点 6：燃油泵控制模块 J538 正极电源 SB10 断路
故障点 7：燃油泵控制模块 J538 正极电源 SB10 虚接 500Ω 电阻
故障点 8：燃油泵控制模块 J538 负极电源线路虚接 500Ω 电阻

故障现象

1）踩住制动踏板，按住 E378，起动机运转，未听到油泵有运转声。

2）发动机无任何着车征兆，无法起动（注意：本案例是在彻底排空高压燃油系统燃油的前提下进行的）。

现象分析

如图 6-4 所示，未听到燃油泵有运转声，说明燃油系统存在故障；可能的故障原因有：①J538 自身故障；②J538 线路故障；③油泵电机故障；④J623 局部故障。

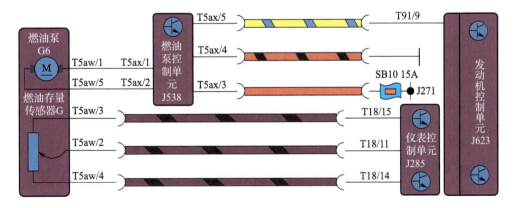

图 6-4　燃油泵控制模块电路

故障点 1 燃油泵控制模块 J538 损坏

诊断过程

1）打开 E378 或踩住制动踏板、按住 E378，用示波器测量油泵电动机 G6 端的 T5aw/1 与 T5aw/5 的相对波形，正常为 +B → 0V 的方波，实测为 0V 的一条直线，异常，说明油泵电动机没有接收到驱动信号。

2）打开 E378 或踩住制动踏板、按住 E378，用示波器测量 J538 端的 T5ax/1 与 T5ax/2 的相对波形，正常为 +B → 0V 的方波，实测为 0V 的一条直线，异常，说明 J538 没有发出驱动信号。

3）打开 E378 或踩住制动踏板，按住 E378，用万用表和示波器检查 J538 的电源和促动信号，均正常，说明 J538 损坏。

4）更换 J538，系统恢复正常。

故障机理

由于 J538 自身损坏，导致油泵不转，无法正常供油，所以起动后，发动机无法起动。

故障点 2 燃油泵电机控制线路断路

诊断过程

1）打开 E378 或踩住制动踏板、按住 E378，用示波器测量油泵电动机 G6 端的 T5aw/1 与 T5aw/5 的相对波形，正常为 +B → 0V 的方波，实测为 0V 的一条直线，异常，说明油泵电动机没有接收到驱动信号。

2）打开 E378 或踩住制动踏板、按住 E378，用示波器测量 J538 端的 T5ax/1 与 T5ax/2 的相对波形，正常为 +B → 0V 的方波，实测正常，说明 J538 与油泵之间线路断路。

3）关闭 E378，拆掉蓄电池负极接线，断开 J538、油泵插头，用万用表测量 J538 到油泵之间线束的阻值，正常为 0Ω，实测为无穷大。

4）排除燃油泵电动机控制线路断路，系统恢复正常。

故障机理

由于燃油泵电动机控制线路断路，导致油泵不转，无法正常供油，所以起动后，发动机无法起动。

故障点 3 燃油泵控制模块 J538 促动信号线路断路

诊断过程

1）打开 E378 或踩住制动踏板、按住 E378，用示波器测量油泵电动机 G6 端的 T5aw/1 与 T5aw/5 的相对波形，正常为 +B → 0V 的方波，实测为 0V 的一条直线，异常，说明油泵电动机没有接收到驱动信号。

2）打开 E378 或踩住制动踏板、按住 E378，用示波器测量 J538 端的 T5ax/1 与 T5ax/2 的相对波形，正常为 +B → 0V 的方波，实测为 0V 的一条直线，异常，说明 J538 没有发出驱动信号。

3）打开 E378 或踩住制动踏板，按住 E378，用示波器检查 J538 的促动信号，正常为 +B → 0V 的方波，实测发现促动信号为 12V 直线，异常，可能原因为 J538 未接受到来自 J623

的促动信号。

4）打开 E378 或踩住制动踏板，按住 E378，用示波器检查 J623 的 T91/9 对地波形，正常为 +B → 0V 的方波，实测为 0 → 3V（可能存在偏差）方波，结合上一步测试结果，说明促动信号断路。

5）关闭 E378，拆掉蓄电池负极接线，断开 J623、J538 插头，用万用表测量 J623、J538 之间线路的阻值，正常为 0Ω，实测为无穷大。

6）排除 J538 促动信号线路断路故障，系统恢复正常。

> **故障机理**

由于 J538 促动信号线路断路，导致油泵不转，无法正常供油，所以起动后，发动机无法起动。

故障点 4　燃油泵控制模块 J538 促动信号线路虚接 1000Ω 电阻

诊断过程

1）打开 E378 或踩住制动踏板、按住 E378，用示波器测量油泵电动机 G6 端的 T5aw/1 与 T5aw/5 的相对波形，正常为 +B → 0V 的方波，实测为 0V 的一条直线，异常，说明油泵电动机没有接收到驱动信号。

2）打开 E378 或踩住制动踏板、按住 E378，用示波器测量 J538 端的 T5ax/1 与 T5ax/2 的相对波形，正常为 +B → 0V 的方波，实测为 0V 的一条直线，异常，说明 J538 没有发出驱动信号。

3）打开 E378 或踩住制动踏板，按住 E378，用示波器检查 J538 的促动信号，正常为 +B → 0V 的方波，实测为 +B → 5V（可能存在偏差）的方波，可能原因为测试点到 J623 之间虚接或 J623 自身故障。

4）打开 E378 或踩住制动踏板，按住 E378，用示波器检查 J623 的 T91/9 对地波形，正常为 +B → 0V 的方波，实测正常，结合上一步测试结果，说明促动信号虚接。

5）关闭 E378，拆掉蓄电池负极接线，断开 J623、J538 插头，用万用表测量 J623、J538 之间线路的阻值，正常为 0Ω，实测为 1000Ω。

6）排除 J538 促动信号线路虚接故障，系统恢复正常。

> **故障机理**

由于 J538 促动信号线路虚接，导致油泵不转，无法正常供油，所以起动后，发动机无法起动。

故障点 5　燃油泵控制模块 J538 促动信号线路对地短路

诊断过程

1）打开 E378 或踩住制动踏板、按住 E378，用示波器测量油泵电动机 G6 端的 T5aw/1 与 T5aw/5 的相对波形，正常为 +B → 0V 的方波，实测为 0V 的一条直线，异常，说明油泵电动机没有接收到驱动信号。

2）打开 E378 或踩住制动踏板、按住 E378，用示波器测量 J538 端的 T5ax/1 与 T5ax/2 的相对波形，正常为 +B → 0V 的方波，实测为 0V 的一条直线，异常，说明 J538 没有发出驱动信号。

3）打开 E378 或踩住制动踏板，按住 E378，用示波器检查 J538 的 T5ax/5 对地波形，正常为 +B → 0V 的方波，实测为 0V 的一条直线，可能原因为测试点对地短路或者 J538 工作异常。

4）关闭 E378，拆掉蓄电池负极接线，用万用表测量 J538 的 T5ax/5 与搭铁之间线路的阻值，正常应存在较大电阻，实测为 0Ω。

5）排除 J538 促动信号线路对地短路故障，系统恢复正常。

故障机理

由于 J538 促动信号线路对地短路，导致油泵不转，无法正常供油，所以起动后，发动机无法起动。

故障点 6 燃油泵控制模块 J538 正极电源 SB10 断路

诊断过程

1）打开 E378 或踩住制动踏板、按住 E378，用示波器测量油泵电动机 G6 端的 T5aw/1 与 T5aw/5 的相对波形，正常为 +B → 0V 的方波，实测为 0V 的一条直线，异常，说明油泵电动机没有接收到驱动信号。

2）打开 E378 或踩住制动踏板、按住 E378，用示波器测量 J538 端的 T5ax/1 与 T5ax/2 的相对波形，正常为 +B → 0V 的方波，实测为 0V 的一条直线，异常，说明 J538 没有发出驱动信号。

3）打开 E378 或踩住制动踏板，按住 E378，用示波器检查 J538 的 T5ax/5 对地波形，正常为 +B → 0V 的方波，实测为 3 → 0V 的方波，可能原因为测试点对地虚接或者 J538 工作异常。

4）关闭 E378，拆掉蓄电池负极接线，用万用表测量 J538 的 T5ax/5 与搭铁之间线路的阻值，正常应存在较大电阻，实测未发现异常。

5）打开 E378，用万用表检查 SB10 两端对地电压，正常均为 +B，实测一端为 0V，一端为 +B，异常，说明 SB10 断路。

6）关闭 E378，拔下 SB10，目视或用万用表测量阻值，正常为 0Ω，实测为无穷大。

7）测量 SB10 下游对地电阻，正常应大于 +B/15A，实测正常。

8）更换 SB10，系统恢复正常。

故障机理

由于 J538 供电熔丝 SB10 断路，导致油泵不转，无法正常供油，所以起动后，发动机无法起动。

故障点 7 燃油泵控制模块 J538 正极电源 SB10 虚接 500Ω 电阻

诊断过程

1）打开 E378 或踩住制动踏板、按住 E378，用示波器测量油泵电动机 G6 端的 T5aw/1 与 T5aw/5 的相对波形，正常为 +B → 0V 的方波，实测为 0V 的一条直线，异常，说明油泵电动机没有接收到驱动信号。

2）打开 E378 或踩住制动踏板、按住 E378，用示波器测量 J538 端的 T5ax/1 与 T5ax/2 的相对波形，正常为 +B → 0V 的方波，实测为 0V 的一条直线，异常，说明 J538 没有发出驱动信号。

3）打开 E378 或踩住制动踏板，按住 E378，用示波器检查 J538 的 T5ax/5 对地波形，正常

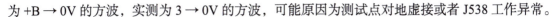

为 +B → 0V 的方波，实测为 3 → 0V 的方波，可能原因为测试点对地虚接或者 J538 工作异常。

4）关闭 E378，拆掉蓄电池负极接线，用万用表测量 J538 的 T5ax/5 与搭铁之间线路的阻值，正常应存在较大电阻，实测未发现异常。

5）打开 E378，用万用表检查 SB10 两端对地电压，正常均为 +B，实测一端为 4V（可能存在偏差），一端为 +B，异常，说明 SB10 断路。

6）关闭 E378，拔下 SB10，目视或用万用表测量阻值，正常为 0Ω，实测为 500Ω。

7）更换 SB10，系统恢复正常。

故障机理

由于 J538 供电熔丝 SB10 虚接，导致油泵不转，无法正常供油，所以起动后，发动机无法起动。

故障点 8 ▶ 燃油泵控制模块 J538 负极电源线路虚接 500Ω 电阻

诊断过程

1）打开 E378 或踩住制动踏板、按住 E378，用示波器测量油泵电机 G6 端的 T5aw/1 与 T5aw/5 的相对波形，正常为 +B → 0V 的方波，实测为 0V 的一条直线，异常，说明油泵电动机没有接收到驱动信号。

2）打开 E378 或踩住制动踏板、按住 E378，用示波器测量 J538 端的 T5ax/1 与 T5ax/2 的相对波形，正常为 +B → 0V 的方波，实测为 0V 的一条直线，异常，说明 J538 没有发出驱动信号。

3）打开 E378 或踩住制动踏板，按住 E378，用示波器检查 J538 的 T5ax/5 对地波形，正常为 +B → 0V 的方波，实测为 3 → 0V 的方波，可能原因为测试点对地虚接或者 J538 工作异常。

4）关闭 E378，拆掉蓄电池负极接线，用万用表测量 J538 的 T5ax/5 与搭铁之间线路的阻值，正常应存在较大电阻，实测未发现异常。

5）打开 E378，用万用表检查 SB10 两端对地电压，正常均为 +B，实测正常。

6）打开 E378，用万用表检查 J538 端的 T5ax/4 对地电压，正常应小于 0.1V，实测为 4V（可能存在偏差），说明测试点与搭铁之间虚接。

7）关闭 E378，拆下蓄电池负极，拔下 J538 插头，用万用表测量线束端的 T5ax/4 对地阻值，正常近乎为 0Ω，实测为 500Ω。

8）排除 J538 搭铁线路虚接故障，系统恢复正常。

故障机理

由于 J538 搭铁线路虚接，导致油泵不转，无法正常供油，所以起动后，发动机无法起动。

｜案例 5｜燃油泵电动机控制线路反接故障检修

故障现象

1）踩住制动踏板，按住 E378，起动机运转，油泵有运转声。

2）发动机无着车征兆，但无法起动（注意：本案例是在彻底排空高压燃油系统燃油的前提下进行的）。

现象分析

如图 6-5 所示，燃油泵有运转声，暂时不考虑燃油系统故障。发动机无着车征兆，说明气缸内没有混合气在燃烧。可能的故障原因为：①燃油系统故障；②点火系统故障；③发动机机械故障。

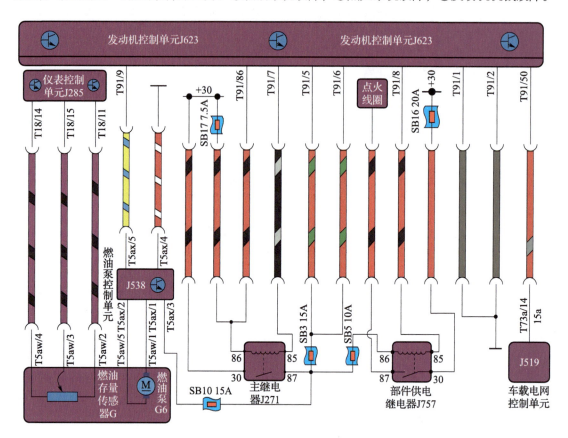

图 6-5　燃油泵控制电路

诊断过程

1）踩住制动踏板，按住 E378，用尾气分析仪测量排气管内的尾气，发现几乎检测不到 CH，说明喷油器没有喷射出燃油，基于故障概率，可能原因为 J623 自身故障、电源故障或者 J623 没有接收到发动机转速信号。

2）打开 E378，用万用表测量 J623 的 T91/5 或 T91/6 对地电压，正常为 +B，实测 12.5V（可能有偏差），正常，说明不喷油的原因为 J623 自身故障。

3）踩住制动踏板，按住 E378，用示波器测量 J623 端喷油器的驱动信号波形，实测正常，说明 J623 未见异常，根据喷油器工作，但排气管监测不到 CH，说明高压燃油系统没有燃油。

4）踩住制动踏板，按住 E378，用万用表或示波器测量燃油系统压力传感器（低压及高压）的信号电压，发现电压均过低，说明油泵没有燃油输出，但油泵在运转，可能原因为油泵自身损坏或驱动信号反接。

5）关闭 E378，拆下蓄电池负极接线，断开 J538、G6 的插接器，用万用表检查 J538、G6 之间线路的导通性，测试发现 G6 的 T5aw/1 至 J538 的 T5ax/1、G6 的 T5aw/5 至 J538 的 T5ax/2 之间线路错接。

6）排除油泵电机控制线路错接故障，系统恢复正常。

故障机理

由于油泵电动机控制线路错接，导致油泵无法正常供油，所以起动后，发动机无着车征兆，无法起动。

| 案例6 | CKP 与排气侧 CMP 信号线路短路故障检修

故障现象

踩住制动踏板，按住 E378，起动机运转，但无着车征兆，未听见油泵工作声，仪表显示发动机转速为零。

现象分析

如图 6-6 所示，由于油泵的运转与发动机转速有关系，未听见油泵工作声，且发动机转速为零，说明转速传感器存在故障；可能的故障原因：①与转速相关的传感器自身故障；②相关线路故障；③ J623 局部故障。

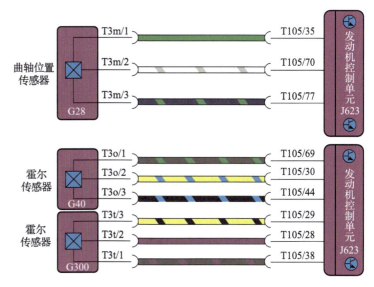

图 6-6　转速传感器电路

诊断过程

1）踩住制动踏板，按住 E378，用示波器测量 J623 端的 G300（部分车型该传感器编号可能不同）、G40、G28 信号，实测发现 G28 与 G300 波形一致但均异常（表 6-1），说明两者之间很可能短路。

表 6-1　G300、G40、G28 的波形检测（一）

传感器	G300	G40	G28
标准波形			
实测波形			

2）关闭 E378，拆下蓄电池负极接线，用万用表测量 J623 的 T105/70 与 T105/28 之间线路的阻值，正常为无穷大，实测为 0Ω，异常。

3）排除 G28 与 G300 信号线路短路故障，系统恢复正常。

故障机理

由于 G28 与 G300 之间信号线路短路，导致 J623 接收到错误的转速信号，所以起动时，起动机转，但无着车征兆。

| 案例 7 | CKP 及 CMP 信号线路故障检修

故障点 1：CKP 与排气侧 CMP 信号线路均断路
故障点 2：CKP 与排气侧 CMP 信号线路均对地短路
故障点 3：进气侧 CMP 与排气侧 CMP 信号线路短路

故障现象

踩住制动踏板，按住 E378，起动机转，但无着车征兆，未听见油泵工作声，仪表转速指针异常跳动。

现象分析

如图 6-7 所示，由于油泵的运转与发动机转速有关系，未听见油泵工作声，且发动机转速不稳定，说明转速传感器存在故障；可能的故障原因有：①转速传感器自身故障；②相关线路故障；③ J623 局部故障。

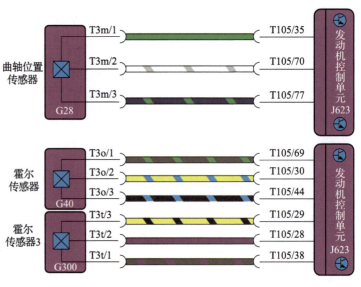

图 6-7　转速传感器电路

故障点 1　CKP 与排气侧 CMP 信号线路均断路

诊断过程

1）踩住制动踏板，按住 E378，用示波器测量 J623 端的 G300（部分车型该传感器编号可能不同）、G40、G28 信号，实测发现 G28 与 G300 波形为 5V 直线，异常，说明测试点与传感器之间线路断路故障、传感器自身或电源故障。

2）踩住制动踏板，按住 E378，用示波器测量 G300、G28 端的信号波形，实测发现 G28 与 G300 波形为 0V 直线，结合上一步测试结果，说明 G300、G28 信号线路断路。

3）关闭 E378，拆下蓄电池负极接线，断开 J623、G300、G28 插接器，用万用表测量 G300、G28 信号线路的阻值，正常为 0Ω，实测为无穷大。

4）排除 G28 与 G300 信号线路断路故障，系统恢复正常。

故障机理

由于 G28 与 G300 信号线路均断路，导致 J623 接收到异常的转速信号，所以起动时，起动机转，但无着车征兆。

故障点 2　CKP 与排气侧 CMP 信号线路均对地短路

诊断过程

1）踩住制动踏板，按住 E378，用示波器测量 J623 端的 G300、G40、G28 的信号波形，实测发现 G28 与 G300 波形始终为 0V 直线，说明测试点到 J623 之间线路断路、传感器电源故障或者测试点与搭铁之间短路。

2）踩住制动踏板，按住 E378，用示波器测量 G300、G28 端的信号波形，实测发现 G28 与 G300 波形均为 0V，异常，说明信号线路断路的概率较低。

3）打开 E378，用万用表测量 G28 与 G300 的电源线路对地电压，实测均正常，说明故障可能是 G28 与 G300 的信号线路对地短路。

4）关闭 E378，拆下蓄电池负极接线，断开 J623、G28、G300 插接器，用万用表测量 G300、G28 与 J623 之间信号线路的对地阻值，正常为无穷大，实测为 0Ω。

5）排除 G28 与 G300 信号线路对地短路故障，系统恢复正常。

故障机理

由于 G28 与 G300 信号线路对地短路，导致 J623 接收到异常的转速信号，所以起动时，起动机转，但无着车征兆。

故障点 3　进气侧 CMP 与排气侧 CMP 信号线路短路

诊断过程

1）踩住制动踏板，按住 E378，用示波器测量 J623 端的 G300、G40、G28 信号波形，实测 G40 与 G300 波形重叠，且均异常，见表 6-2，说明 G40 与 G300 信号之间线路短路。

表 6-2　G300、G40、G28 的波形检测（二）

传感器	G300	G40	G28
标准波形			
实测波形			

2）关闭 E378，拆下蓄电池负极接线，断开 J623、G300、G28 插接器，用万用表测量 G300、G28 到 J623 的信号线路之间的阻值，正常为无穷大，实测为 0Ω。

3）排除 G300、G28 到 J623 的信号线路相互短路故障，系统恢复正常。

故障机理

由于 G28 与 G300 信号线路短路，导致 J623 接收到异常的转速信号，所以起动时，起动机转，但无着车征兆。

| 案例 8 | 点火线圈公共搭铁线路断路故障检修

故障现象

踩住制动踏板，按住 E378，起动机转，但无着车征兆，可以听见油泵工作声。

现象分析

如图 6-8 所示，发动机无任何着车征兆，说明气缸内没有混合气在燃烧。可能的故障原因为：①燃油系统故障；②点火系统故障；③发动机机械故障。

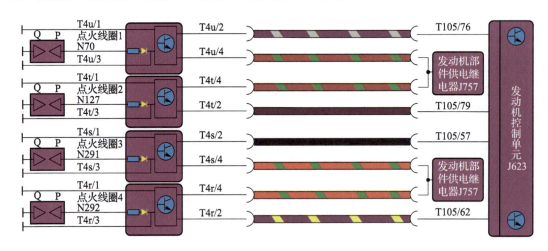

图 6-8　点火线圈控制电路

诊断过程

1）踩住制动踏板，按住 E378，用尾气分析仪测量排气管内的尾气，发现可以检测到足够的 CH，说明喷油器可以喷射出燃油，但没有燃烧迹象，说明点火系统存在故障。

2）火花塞试火发现所有气缸火花塞不点火，故障可能在点火系统公共部分，即点火线圈正极电源。

3）踩住制动踏板，按住 E378，用示波器（或万用表）分别检查点火线圈的正、负极对地电源，发现负极电源实测为 +B，正常应为 0V，说明负极线路断路。

4）关闭 E378，断开点火线圈的插接器，用万用表测量线束端搭铁线路的阻值，正常应为 0Ω，实测为无穷大。

5）排除故障，系统恢复正常。

故障机理

由于点火线圈公共负极线路断路，导致所有点火线圈不工作，所以起动后，发动机没有任何着车征兆。

任务 7 发动机运行不良的故障检修

| 案例 1 | 一缸喷油器正负极之间虚接 10Ω 电阻故障检修

故障现象

发动机起动正常，但怠速抖动，同时发动机故障指示灯点亮；故障码：P10B100 气缸一喷油器监控，识别到故障或者类似的信息。

现象分析

根据故障现象，无法确定故障具体部位。而根据故障码，可能的故障原因为：①喷油器自身故障；②喷油器线路故障；③ J623 局部故障。

诊断过程

喷油器控制电路如图 7-1 所示。

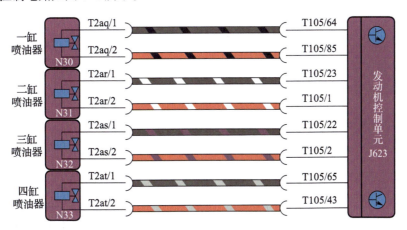

图 7-1 喷油器控制电路

1）起动发动机维持怠速运转，用示波器测量一缸喷油器两个端子之间的信号波形，实测发现测试点之间线路电阻变小，如图 7-2 所示。

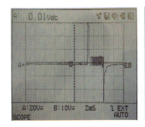

a）正常波形   b）实测波形

图 7-2 喷油器正常波形及实测波形

2）关闭 E378，拆下蓄电池负极接线，拔掉 J623 插接器，测量 J623 线束端一缸喷油器对应两个端子之间的电阻，发现明显减少。

3）拔掉喷油器插接器，测量喷油器电阻，发现正常。

4）测量喷油器线束间电阻，发现阻值为 20Ω。

5）排除一缸喷油器线束之间虚接故障，系统恢复正常。

故障机理

由于一缸喷油器线束之间虚接，导致喷油器无法正常打开，所以在起动后，一缸不能正常工作，发动机抖动。

| 案例 2 | 一缸喷油器线路故障检修

故障点 1：一缸喷油器正极线路虚接 5Ω 电阻
故障点 2：一缸喷油器正极线路断路
故障点 3：一缸喷油器负极线路断路
故障点 4：一缸喷油器负极线路虚接 5Ω 电阻

故障现象

发动机起动正常，但怠速抖动，同时发动机故障指示灯点亮；故障码：P02EE00 第一缸喷油器不可信信号。

现象分析

根据故障现象，无法确定故障具体部位。而根据故障码，可能的故障原因为：①喷油器自身故障；②喷油器线路故障；③ J623 局部故障。

故障点 1 一缸喷油器正极线路虚接 5Ω 电阻

诊断过程

喷油器控制电路如图 7-3 所示。

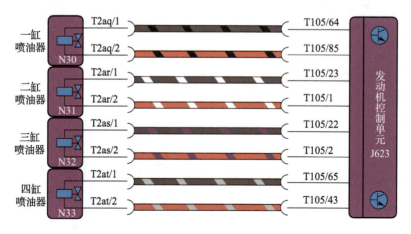

图 7-3 喷油器控制电路

1）起动发动机并怠速运转，用示波器测量一缸喷油器端两个端子之间的信号波形，实测波形异常，如图 7-4 所示，说明喷油器端的工作电压明显减小。

2）起动发动机并怠速运转，用示波器测量 J623 端一缸喷油器两个端子之间的信号波形，实测波形基本正常，结合上一步测试结果，说明一缸喷油器线路存在虚接。

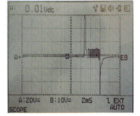 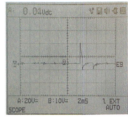

a）正常波形　　　　b）实测波形

图 7-4　喷油器正常波形及实测波形（一）

3）关闭 E378，拆下蓄电池负极接线，断开一缸喷油器、J623 的插接器，用万用表测量一缸喷油器到 J623 的线束阻值，正常均为 0Ω，实测发现正极线路电阻为 5Ω。

4）排除一缸喷油器正极供电线路虚接故障，系统恢复正常。

故障机理

由于一缸喷油器正极供电线路虚接，导致喷油器无法正常打开，所以在起动后，一缸不能正常工作，发动机抖动。

故障点 2　一缸喷油器正极线路断路

诊断过程

1）起动发动机并怠速运转，用示波器测量一缸喷油器端两个端子之间的信号波形，实测波形为一条 0V 直线，异常，如图 7-5 所示，说明测试点到 J623 之间线路存在断路或者 J623 自身故障。

2）起动发动机并怠速运转，用示波器测量 J623 端一缸喷油器两个端子之间的信号波形，实测波形基本正常，说明 J623 到一缸喷油器之间线路存在断路。

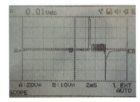 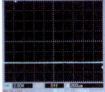

a）正常波形　　　　b）实测波形

图 7-5　喷油器正常波形及实测波形（二）

3）关闭 E378，拆下蓄电池负极接线，断开喷油器、J623 插接器，用万用表测量 J623 到一缸喷油器之间线路阻值，正常均为 0Ω，实测发现喷油器正极接线电阻为无穷大。

4）排除一缸喷油器正极线路断路故障，系统恢复正常。

故障机理

由于一缸喷油器正极线路断路，导致喷油器无法正常打开，所以在起动后，一缸不能正常工作，发动机抖动。

故障点 3　一缸喷油器负极线路断路

诊断过程

1）起动发动机并怠速运转，用示波器测量一缸喷油器端两个端子之间的信号波形，实测波形为一条 0V 直线，异常，如图 7-6 所示，说明测试点到 J623 之间线路存在断路或者 J623 自身故障。

2）起动发动机并怠速运转，用示波器测量 J623 端一缸喷油器两个端子之间的信号波形，实测波形基本正常，说明 J623 到一缸喷油器之间线路存在断路。

3）关闭 E378，拆下蓄电池负极接线，断开喷油器、J623 插接器，用万用表测量 J623 到一缸喷油器之间线路阻值，正常均为 0Ω，实测发现喷油器负极接线电阻为无穷大。

4）排除一缸喷油器负极线路断路故障，系统恢复正常。

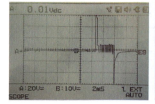 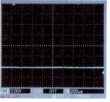

a）正常波形　　　　b）实测波形

图 7-6　喷油器正常波形及实测波形（三）

【故障机理】

由于一缸喷油器负极线路断路，导致喷油器无法正常打开，所以在起动后，一缸不能正常工作，发动机抖动。

故障点 4　一缸喷油器负极线路虚接 5Ω 电阻

诊断过程

1）起动发动机并怠速运转，用示波器测量一缸喷油器端两个端子之间的信号波形，实测波形异常，如图 7-7 所示，说明喷油器端的工作电压明显减小。

2）起动发动机并怠速运转，用示波器测量 J623 端一缸喷油器两个端子之间的信号波形，实测波形基本正常，结合上一步测试结果，说明一缸喷油器线路存在虚接。

3）关闭 E378，拆下蓄电池负极接线，断开一缸喷油器、J623 的插接器，用万用表测量一缸喷油器到 J623 的线束阻值，正常均为 0Ω，实测发现负极线路电阻为 5Ω。

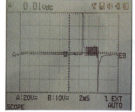 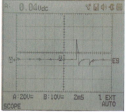

a）正常波形　　　　b）实测波形

图 7-7　喷油器正常波形及实测波形（四）

4）排除一缸喷油器负极供电线路虚接故障，系统恢复正常。

【故障机理】

由于一缸喷油器负极供电线路虚接，导致喷油器无法正常打开，所以在起动后，一缸不能正常工作，发动机抖动。

案例 3 ┃ 一缸失火故障检修

故障点 1：一缸点火线圈信号线路虚接 1000Ω 电阻

故障点 2：一缸点火线圈信号线路断路

故障点 3：一缸点火线圈信号线路对地短路

故障点 4：一缸点火线圈信号线路对地虚接 100Ω 电阻

故障点 5：一缸火花塞损坏

故障点 6：一缸点火线圈损坏

故障现象

发动机起动正常，但怠速抖动，同时发动机故障指示灯点亮；读取故障码：一缸失火。

现象分析

根据故障现象，无法确定故障具体部位。而根据故障码，可能的故障原因为：①一缸点火系统故障；②一缸喷油系统故障；③一缸机械故障。

故障点 1 一缸点火线圈信号线路虚接 1000 Ω 电阻

诊断过程

点火线圈控制电路如图 7-8 所示。

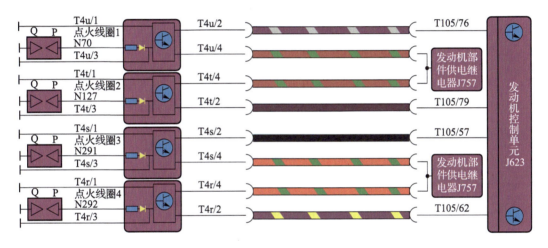

图 7-8　点火线圈控制电路

1）对一缸火花塞进行试火检查，发现不点火。

2）起动发动机，怠速运转，检查一缸点火线圈各个端子的电压信号，发现一缸点火线圈控制信号异常（高电平过低），如图 7-9 所示，说明 J623 可能存在故障或者信号线路虚接。

3）起动发动机，怠速运转，检查 J623 端一缸点火线圈控制信号，发现正常，说明信号线路存在虚接。

4）关闭 E378，断掉蓄电池负极接线，拔掉 J623、一缸点火线圈插接器，测量 J623、一缸点火线圈之间信号线电阻，正常近乎为零，实测为 1000 Ω。

5）排除一缸点火线圈信号线路虚接故障，系统恢复正常。

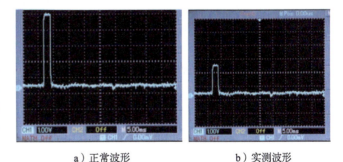

a）正常波形　　　　b）实测波形

图 7-9　点火线圈控制信号正常波形及实测波形（一）

故障机理

由于一缸点火线圈信号线路虚接，导致一缸点火线圈无法正常工作，所以起动后，一缸不能正常点火，发动机抖动。

故障点 2 一缸点火线圈信号线路断路

诊断过程

1）对一缸火花塞进行试火检查，发现不点火。

2）起动发动机，怠速运转，检查一缸点火线圈各个端子的电压信号，发现一缸点火线圈控制信号异常（0V），如图 7-10 所示，说明 J623 可能存在故障、信号线路存在断路或者对地短路。

3）起动发动机、怠速运转，检查 J623 端一缸点火线圈控制信号，发现正常，说明信号线路存在断路。

4）关闭 E378，断掉蓄电池负极接线，拔掉 J623、一缸点火线圈插接器，测量 J623、一缸点火线圈之间信号线电阻，正常近乎为零，实测为无穷大。

5）排除一缸点火线圈信号线路断路故障，系统恢复正常。

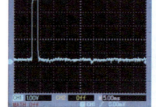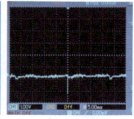

a）正常波形　　　b）实测波形

图 7-10　点火线圈控制信号正常波形及实测波形（二）

故障机理

由于一缸点火线圈信号线路断路，导致一缸点火线圈无法正常工作，所以起动后，一缸不能正常点火，发动机抖动。

故障点 3 一缸点火线圈信号线路对地短路

诊断过程

1）对一缸火花塞进行试火检查，发现不点火。

2）起动发动机，怠速运转，检查一缸点火线圈各个端子的电压信号，发现一缸点火线圈控制信号异常（0V），如图 7-11 所示，说明 J623 可能存在故障、信号线路存在断路或者对地短路。

3）起动发动机，怠速运转，检查 J623 端一缸点火线圈控制信号，实测波形为 0V，异常。

4）关闭 E378，断掉蓄电池负极接线，拔掉 J623、一缸点火线圈插接器，测量 J623、一缸点火线圈之间信号线对地电阻，正常为无穷大，实测为 0Ω，说明信号线路对地短路。

5）排除一缸点火线圈信号线路对地短路故障，系统恢复正常。

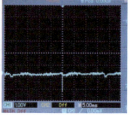

a）正常波形　　　b）实测波形

图 7-11　点火线圈控制信号正常波形及实测波形（三）

故障机理

由于一缸点火线圈信号线路对地短路，导致一缸点火线圈无法正常工作，所以起动后，一缸不能正常点火，发动机抖动。

故障点 4　一缸点火线圈信号线路对地虚接 100Ω 电阻

诊断过程

1）对一缸火花塞进行试火检查，发现不点火。

2）起动发动机，怠速运转，检查一缸点火线圈各个端子的电压信号，发现一缸点火线圈控制信号异常（信号电压明显偏低），如图 7-12 所示，说明 J623 可能存在故障、信号线路虚接或者对地虚接。

3）起动发动机、怠速运转，检查 J623 端一缸点火线圈控制信号，实测波形相同，异常。

4）关闭 E378，断掉蓄电池负极接线，拔掉 J623、一缸点火线圈插接器，测量 J623、一缸点火线圈之间信号线对地电阻，正常为无穷大，实测为 100Ω，说明信号线路对地虚接。

5）排除一缸点火线圈信号线路对地虚接故障，系统恢复正常。

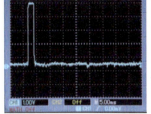 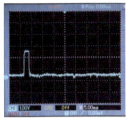

a）正常波形　　　　b）实测波形

图 7-12　点火线圈控制信号正常波形及实测波形（四）

故障机理

由于一缸点火线圈信号线路对地虚接，导致一缸点火线圈无法正常工作，所以起动后，一缸不能正常点火，发动机抖动。

故障点 5　一缸火花塞损坏

诊断过程

1）对一缸火花塞进行试火检查，发现不点火，同时发现一缸火花塞损坏。

2）更换火花塞，系统恢复正常。

故障机理

由于一缸火花塞损坏，导致一缸不能点火，所以在起动后，一缸不能正常工作，发动机抖动。

故障点 6　一缸点火线圈损坏

诊断过程

1）对一缸火花塞进行试火检查，发现不点火。

2）检查 J623 端一缸点火线圈各个端子的电压信号，发现均正常。

3）更换一缸点火线圈后，系统恢复正常。

故障机理

由于一缸点火线圈损坏，导致一缸不能点火，所以在起动后，一缸不能正常工作，发动机抖动。

| 案例 4 | 节气门位置传感器信号线路反接故障检修

故障现象

发动机起动正常，怠速运转平稳；但加速不良，最高转速 2000r/min 以内，发动机排放警告灯点亮。

读取故障码：P012200 节气门 / 踏板位置传感器 A 电路 – 低输入；P022200 节气门 / 踏板位置传感器 B 电路 – 低输入；P154500 节气门阀控制系统故障。

现象分析

发动机怠速基本正常，而在加速时转速不能超过 2000r/min，说明在加速过程中发动机功率不能及时上升，这与加速时缸内混合气的质或量以及燃烧效果不合要求有关，但根据故障现象无法确定故障原因，需要借助诊断仪进行辅助诊断，发现节气门位置传感器信号异常，节气门位置传感器电路如图 7-13 所示。

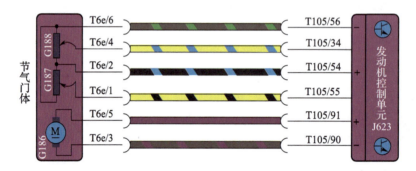

图 7-13　节气门位置传感器电路

诊断过程

1）打开 E378，慢慢踩下加速踏板，用诊断仪读取 GX3 数据流，发现节气门位置 1 绝对值为 83.1% 不变，说明位置 1 异常；节气门位置 2 保持 83.1% 不变，说明位置 2 异常。

2）打开 E378，慢慢踩下加速踏板到最大深度，用示波器分别测量 J623 的 T105/34、T105/55 对地电压信号，T105/55 正常为 4.2V，T105/34 正常为 0.9V，实测发现信号电压和标准数据正好相反，可能存在信号线路错接。

3）打开 E378，慢慢踩下加速踏板到最大深度，用示波器分别测量 G188 的 T6e/4、G187 的 T6e/1 对地波形，T6e/1 正常为 4.2V，T6e/4 正常为 0.9V，实测正常，说明确实存在错接。

4）关闭 E378，断掉蓄电池负极接线，断开两端插接器，测量线路的导通性，发现线束相互交叉（错接）。

5）排除节气门位置传感器信号线路反接故障，系统恢复正常。

故障机理

由于节气门位置传感器信号线路反接，导致 J623 没有收到正确的节气门位置信号，进而不能正确控制节气门电动机的工作，所以在加速时最高转速被限制在 2000r/min 以内。

| 案例 5 | 节气门位置传感器 5V 线路断路故障检修

故障现象

发动机起动正常，怠速运转平稳；但加速不良，最高转速 2000r/min 以内，发动机排放警告灯点亮。

读取故障码：P012200 节气门 / 踏板位置传感器 A 电路 – 低输入；P022200 节气门 / 踏板位置传感器 B 电路 – 低输入；P012100 节气门 / 踏板位置传感器 A 电路 – 范围 / 性能故障；P022100 节气门 / 踏板位置传感器 / 开关 B 电路范围 / 性能故障。

现象分析

发动机怠速基本正常，而在加速时转速不能超过 2000r/min，说明在加速过程中发动机功率不能及时上升，这与加速时缸内混合气的质或量以及燃烧效果不合要求有关，但根据故障现象无法确定故障原因，需要借助诊断仪进行辅助诊断，发现节气门位置传感器信号异常。

诊断过程

1）打开 E378，慢慢踩下加速踏板，用诊断仪读取并观察节气门控制单元 GX3 数据流，实测发现节气门位置 1 保持 0.0% 不变；节气门位置 2 保持 99.6% 不变，说明位置 1 和位置 2 均异常。

2）打开 E378，慢慢踩下加速踏板，用示波器测量 J623 的 T105/55、T105/34 的信号波形，发现均为 0.1V 直线，说明测试点到传感器的 +5V 电源之间线路断路或对地短路。

3）打开 E378，用万用表测量 GX3 的 T6e/2 对地电压，正常为 5V，实测为 0.1V，异常。

4）打开 E378，用万用表测量 J623 的 T105/54 对地电压，正常为 5V，实测正常，结合上一步测试结果，说明线路存在断路。

5）关闭 E378，断掉蓄电池负极接线，拔掉 J623、GX3 插接器，测量 GX3 的 T6e/2 到 J623 的 T105/54 之间线路的导通性，发现电阻为无穷大。

6）排除节气门位置传感器 +5V 线路断路故障，系统恢复正常。

故障机理

由于节气门位置传感器 +5V 线路断路，导致 J623 没有收到正确的节气门位置信号，进而不能正确控制节气门电动机的工作，所以在加速时最高转速被限制在 2000r/min 以内。

| 案例 6 | 节气门位置传感器信号线路故障检修

故障点 1：节气门位置传感器信号线路同时断路
故障点 2：节气门位置传感器信号线路同时对地短路

故障现象

发动机起动正常，怠速运转平稳；但加速不良，最高转速 2000r/min 以内，发动机排放警告灯点亮。

读取故障码：P022200 节气门 / 踏板位置传感器 B 电路 – 低输入；P063800 节气门执行器控制（缸组 1）范围 / 性能不良。

现象分析

发动机怠速基本正常，而在加速时转速不能超过 2000r/min，说明在加速过程中发动机功率不能及时上升，这与加速时缸内混合气的质或量以及燃烧效果不合要求有关，但根据故障现象无法确定故障原因，需要借助诊断仪进行辅助诊断，发现节气门位置传感器信号异常，节气门位置传感器电路如图 7-14 所示。

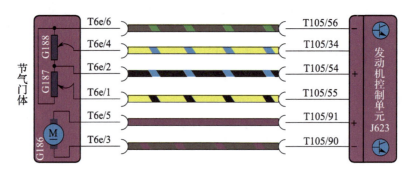

图 7-14　节气门位置传感器电路

故障点 1　节气门位置传感器信号线路同时断路

诊断过程

1）打开 E378，慢慢踩下加速踏板，用诊断仪读取并观察节气门控制单元 GX3 数据流，发现节气门位置 1 绝对值保持 0.0% 不变；节气门位置 2 保持 99.6% 不变。

2）打开 E378，慢慢踩下加速踏板，用示波器测量 J623 的 T105/54、T105/34 的信号波形，发现电压均为 0.1V。

3）打开 E378，慢慢踩下加速踏板，用示波器测量 GX3 的 T6e/1、T6e/4 的信号波形，发现 T6e/1 为 4.3V、T6e/4 为 0.9V，异常，结合上一步测试结果，说明两根信号线路均存在断路。

4）关闭 E378，断掉蓄电池负极接线，断开 J623、GX3 的插接器，测量 G187 的 T6e/1 到 J623 的 T105/55、G188 的 T6e/4 到 J623 的 T105/34 之间线路的导通性，发现电阻均为无穷大。

5）排除节气门位置传感器线路断路故障，系统恢复正常。

故障机理

由于节气门位置传感器信号线路同时断路，导致 J623 没有收到正确的节气门位置信号，进而不能正确控制节气门电动机的工作，所以在加速时最高转速被限制在 2000r/min 以内。

故障点 2　节气门位置传感器信号线路同时对地短路

诊断过程

1）打开 E378，慢慢踩下加速踏板，用诊断仪读取并观察节气门控制单元 GX3 数据流，发现节气门位置 1 绝对值保持 0.0% 不变；节气门位置 2 保持 99.6% 不变。

2）打开 E378，慢慢踩下加速踏板，用示波器分别测量 J623 的 T105/55、T105/34 信号波形，发现电压均为 0V，说明测试点到 +5V 电源之间线路断路或对地短路。

3）打开 E378，用万用表测量 GX3 T6e/2 对地电压，正常为 5V，实测正常，说明信号线路可能存在对地短路。

4）关闭 E378，断掉蓄电池负极接线，拔掉 J623、GX3 的插接器，用万用表测量 G187 的 T6e/1 到 J623 的 T105/55、G188 的 T6e/4 到 J623 的 T105/34 之间线路对地电阻，正常为无穷大，实测发现电阻均为 0Ω。

5）排除节气门位置传感器信号线路同时对地短路故障，系统恢复正常。

故障机理

由于节气门位置传感器信号线路同时对地短路，导致 J623 没有收到正确的节气门位置信号，进而不能正确控制节气门电动机的工作，所以在加速时最高转速被限制在 2000r/min 以内。

| 案例 7 | 节气门位置传感器供电线路故障检修

故障点 1：节气门位置传感器 +5V 线路虚接 500Ω 电阻
故障点 2：节气门位置传感器搭铁线路虚接 500Ω 电阻

故障现象

发动机起动正常，怠速运转平稳；但加速不良，最高转速 2000r/min 以内，发动机排放警告灯点亮。

读取故障码：012100 节气门 / 踏板位置传感器 A 电路 – 范围 / 性能 P022100 节气门 / 踏板位置传感器 / 开关 B 电路范围 / 性能故障。

现象分析

发动机怠速基本正常，而在加速时转速不能超过 2000r/min，说明在加速过程中发动机功率不能及时上升，这与加速时缸内混合气的质或量以及燃烧效果不合要求有关，但根据故障现象无法确定故障原因，需要借助诊断仪进行辅助诊断，发现节气门位置传感器信号异常，节气门位置传感器电路如图 7-15 所示。

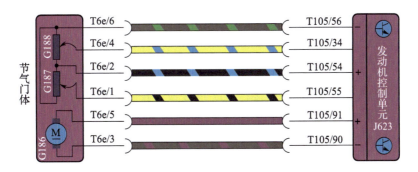

图 7-15 节气门位置传感器电路

故障点 1 节气门位置传感器 +5V 线路虚接 500Ω 电阻

诊断过程

1）打开 E378，慢慢踩下加速踏板，用诊断仪读取并观察节气门控制单元 GX3 数据流，发现节气门位置 1 绝对值保持 8.6% 不变；节气门位置 2 保持 91.0% 不变。

2）打开 E378，慢慢踩下加速踏板，用示波器分别测量 J623 的 T105/55、T105/34 信号波形，发现电压均保持 0.5V，异常。

3）打开 E378，用万用表分别测量 GX3 的 T6e/2、T6e/6 对地电压，发现电压为 3V、1.1V，说明传感器供电电压过低。

4）打开 E378，用万用表测量 J623 的 T105/54 对地电压，发现电压为 5V，正常，结合上一步测试结果，说明线路存在虚接。

5）关闭 E378，断掉蓄电池负极接线，拔掉 J623、GX3 的插接器，测量 J623 的 T105/54 到 GX3 的 T6e/2 之间线路的导通性，正常应近乎为零，实测发现电阻为 500Ω。

6）排除节气门位置传感器 +5V 线路虚接故障，系统恢复正常。

故障机理

由于节气门位置传感器 +5V 线路虚接，导致 J623 没有收到正确的节气门位置信号，进而不能正确控制节气门电动机的工作，所以在加速时最高转速被限制在 2000r/min 以内。

故障点 2　节气门位置传感器 0V 线路虚接 500Ω 电阻

诊断过程

1）打开 E378，慢慢踩下加速踏板，用诊断仪读取并观察节气门控制单元 GX3 数据流，发现节气门位置 1 绝对值保持 87.5% 不变；节气门位置 2 保持 11.6% 不变。

2）打开 E378，慢慢踩下加速踏板，用示波器分别测量 J623 的 T105/55、T105/34 信号波形，发现信号电压均为 4.5V，说明测试点到传感器搭铁之间电阻过大或者 J623 存在故障。

3）打开 E378，用万用表分别测量 GX3 的 T6e/2、T6e/6 对地电压，正常分别为 5V、0V，实测分别为 5V、4.1V，说明搭铁异常。

4）打开 E378，用万用表测量 J623 的 T105/56 对地电压，正常应小于 0.1V，实测发现正常，结合上一步测试结果，说明 J623 的 T105/56 到 GX3 的 T6e/6 之间线路存在虚接。

5）关闭 E378，断掉蓄电池负极接线，拔掉 J623、GX3 的插接器，测量 J623 的 T105/56 到 GX3 的 T6e/6 之间线路的导通性，发现电阻为 500Ω。

6）排除节气门位置传感器 0V 线路虚接故障，系统恢复正常。

故障机理

由于节气门位置传感器 0V 线路虚接，导致 J623 没有收到正确的节气门位置信号，进而不能正确控制节气门电动机的工作，所以在加速时最高转速被限制在 2000r/min 以内。

案例 8　节气门位置传感器 0V 线路断路故障检修

故障现象

发动机起动正常，怠速运转平稳；但加速不良，最高转速 2000r/min 以内，发动机排放警告灯点亮。

读取故障码：P012300 节气门/踏板位置传感器 A 电路 – 高输入；P022300 节气门/踏板位置传感器 B 电路 – 高输入。

现象分析

发动机怠速基本正常，而在加速时转速不能超过 2000r/min，说明在加速过程中发动机功率不能及时上升，这与加速时缸内混合气的质或量以及燃烧效果不合要求有关，但根据故障现象无法确定故障原因，需要借助诊断仪进行辅助诊断，发现节气门位置传感器信号异常。

诊断过程

1）打开 E378，慢慢踩下加速踏板，用诊断仪读取并观察节气门控制单元 GX3 数据流，发现节气门位置 1 绝对值保持 98.0% 不变；节气门位置 2 保持 1.6% 不变。

2）打开 E378，慢慢踩下加速踏板，用示波器分别测量 J623 的 T105/55、T105/34 信号波形，发现信号电压均保持 5V 直线，说明测试点到传感器搭铁之间线路断路。

3）打开 E378，用万用表测量 GX3 的 T6e/6 对地电压，正常应小于 0.1V，实测分别为 5V，说明搭铁异常。

4）打开 E378，用万用表测量 J623 的 T105/56 对地电压，正常应小于 0.1V，实测发现正常，结合上一步测试结果，说明 J623 的 T105/56 到 GX3 的 T6e/6 之间线路存在断路。

5）关闭 E378，断掉蓄电池负极接线，拔掉 J623、GX3 的插接器，测量 J623 的 T105/56 到 GX3 的 T6e/6 之间线路的导通性，发现电阻为无穷大。

6）排除节气门位置传感器 0V 线路断路故障，系统恢复正常。

故障机理

由于节气门位置传感器 0V 线路断路，导致 J623 没有收到正确的节气门位置信号，进而不能正确控制节气门电动机的工作，所以在加速时最高转速被限制在 2000r/min 以内。

| 案例 9 | 节气门电动机控制线路故障检修

> 故障点 1：节气门电动机控制 5# 端子线路断路
> 故障点 2：节气门电动机控制 5# 端子线路虚接 200Ω 电阻
> 故障点 3：节气门电动机控制 3# 端子线路断路
> 故障点 4：节气门电动机控制 3# 端子线路虚接 200Ω 电阻

故障现象

1）发动机起动正常，怠速运转平稳；但加速不良，最高转速 2000r/min 以内，同时发动机排放警告灯点亮。

2）读取故障码：

① 05445　节气门控制：功能失效。

② 05464　EPV 节气门驱动 –G186 线路电气故障。

③ 08454　节气门控制单 –J338：由于系统故障功率受限。

现象分析

发动机怠速基本正常，而在加速时转速不能超过 2000r/min，说明在加速过程中发动机功率不能及时上升，这与加速时缸内混合气的质或量以及燃烧效果不合要求有关，但根据故障现象无法确定故障原因，需要借助诊断仪进行辅助诊断，根据故障码的提示，说明 J623 无法控制节气门电动机的转运，节气门电动机控制电路如图 7–16 所示。

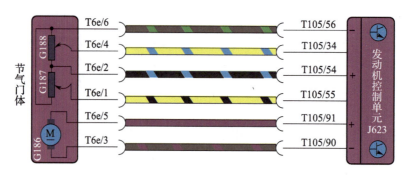

图 7-16　节气门电动机控制电路

故障点 1　节气门电动机控制 5# 端子线路断路

诊断过程

1）打开 E378，慢慢踩下加速踏板，用诊断仪读取并观察节气门控制单元 GX3 数据流，发现位置 1 和位置 2 均没有变化。

2）打开 E378 瞬间，用示波器测量 GX3 的 T6e/3、T6e/5 之间的相对信号波形，正常为 0→+B 的方波，实测为 0V 直线，异常（注意：如果节气门模块存在故障，打开 E378 后节气门会进入保护模式，J623 不再驱动节气门电动机工作，所以需在打开 E378 后的 3s 内捕捉节气门电动机的自检波形），如图 7-17 所示。

3）打开 E378 瞬间，用万用表测量 J623 的 T105/90、T105/91 相对波形，正常，说明 J623 与 GX3 之间线路存在断路。

4）打开 E378 瞬间，用示波器分别测量 GX3 的 T6e/3、T6e/5 对地波形，发现 T6e/5 对应线路断路。

5）关闭 E378，断掉蓄电池负极接线，拔掉 J623、GX3 的插接器，测量 J623 的 T105/91 到 GX3 的 T6e/5 之间线路的导通性，正常应近乎为零，实测发现电阻为无穷大。

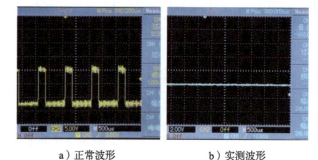

a）正常波形　　　　b）实测波形

图 7-17　节气门电动机电压信号正常波形与实测波形（一）

6）排除节气门电动机控制线路断路故障，系统恢复正常。

故障机理

由于节气门电动机控制线路断路，导致 J623 不能控制节气门工作，所以在加速时最高转速被限制在 2000r/min 以内。

故障点 2　节气门电动机控制 5# 端子线路虚接 200Ω 电阻

诊断过程

1）打开 E378，慢慢踩下加速踏板，用诊断仪读取并观察节气门控制单元 GX3 数据流，发现位置 1 和位置 2 均没有变化。

2）打开 E378 瞬间，用示波器测量 GX3 的 T6e/3、T6e/5 之间的相对信号波形，正常为 0→+B 的方波，实测为图 7-18b 所示，异常，说明线路可能存在虚接（注意：如果节气门模块存

在故障，打开 E378 后节气门会进入
保护模式，J623 不再驱动节气门电动
机工作，所以需在打开 E378 后的 3s
内捕捉节气门电动机的自检波形）。

3）打开 E378 瞬间，用万用表
测量 J623 的 T105/90、T105/91 相对
波形，正常，说明 J623 与 GX3 之
间线路存在虚接。

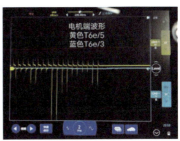

a）正常波形　　　　b）实测波形

图 7-18　节气门电动机电压信号正常波形与实测波形（二）

4）打开 E378 瞬间，用示波器
分别测量 GX3 的 T6e/3、T6e/5 对地波形，发现 T6e/5 对应线路虚接。

5）关闭 E378，断掉蓄电池负极接线，拔掉 J623、GX3 的插接器，测量 J623 的 T105/91 到
GX3 的 T6e/5 之间线路的导通性，正常应近乎为零，实测发现电阻为 200Ω。

6）排除节气门电动机控制线路虚接故障，系统恢复正常。

故障机理

由于节气门电动机控制线路虚接，导致 J623 不能控制节气门工作，所以在加速时最高转速
被限制在 2000r/min 以内。

故障点 3　节气门电动机控制 3# 端子线路断路

诊断过程

1）打开 E378，慢慢踩下加速踏板，
用诊断仪读取并观察节气门控制单元
GX3 数据流，发现位置 1 和位置 2 均没
有变化。

2）打开 E378 瞬间，用示波器测量
GX3 的 T6e/3、T6e/5 之间的相对信号波
形，正常为 0 → +B 的方波，实测为 0V
直线，如图 7-19 所示，异常（注意：如
果节气门模块存在故障，打开 E378 后节
气门会进入保护模式，J623 不再驱动节

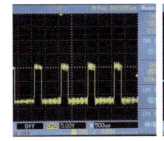

a）正常波形　　　　b）实测波形

图 7-19　节气门电动机电压信号正常波形与实测波形（三）

气门电动机工作，所以需在打开 E378 后的 3s 内捕捉节气门电动机的自检波形）。

3）打开 E378 瞬间，用万用表测量 J623 的 T105/90、T105/91 相对波形，正常，说明 J623
与 GX3 之间线路存在断路。

4）打开 E378 瞬间，用示波器分别测量 GX3 的 T6e/3、T6e/5 对地波形，发现 T6e/3 对应线
路断路。

5）关闭 E378，断掉蓄电池负极接线，拔掉 J623、GX3 的插接器，测量 J623 的 T105/90 到
GX3 的 T6e/3 之间线路的导通性，正常应近乎为零，实测发现电阻为无穷大。

6）排除节气门电动机控制线路断路故障，系统恢复正常。

故障机理

由于节气门电动机控制线路断路，导致 J623 不能控制节气门工作，所以在加速时最高转速
被限制在 2000r/min 以内。

故障点 4 节气门电动机控制 3# 端子线路虚接 200Ω 电阻

诊断过程

1）打开 E378，慢慢踩下加速踏板，用诊断仪读取并观察节气门控制单元 GX3 数据流，发现位置 1 和位置 2 均没有变化。

2）打开 E378 瞬间，用示波器测量 GX3 的 T6e/3、T6e/5 之间的相对信号波形，正常为 $0 \rightarrow +B$ 的方波，实测为图 7-20b 所示，异常，说明线路可能存在虚接（注意：如果节气门模块存在故障，打开 E378 后节气门会进入保护模式，J623 不再驱动节气门电动机工作，所以需在打开 E378 后的 3s 内捕捉节气门电动机的自检波形）。

3）打开 E378 瞬间，用万用表测量 J623 的 T105/90、T105/91 相对波形，正常，说明 J623 与 GX3 之间线路存在虚接。

4）打开 E378 瞬间，用示波器分别测量 GX3 的 T6e/3、T6e/5 对地波形，发现 T6e/3 对应线路虚接。

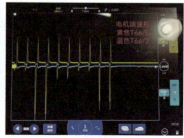

a）正常波形　　　　b）实测波形

图 7-20　节气门电动机电压信号正常波形与实测波形（四）

5）关闭 E378，断掉蓄电池负极接线，拔掉 J623、GX3 的插接器，测量 J623 的 T105/90 到 GX3 的 T6e/3 之间线路的导通性，正常应近乎为零，实测发现电阻为 200Ω。

6）排除节气门电动机控制线路虚接故障，系统恢复正常。

故障机理

由于节气门电动机控制线路虚接，导致 J623 不能控制节气门工作，所以在加速时最高转速被限制在 2000r/min 以内。

| 案例 10 | 燃油压力传感器线路故障检修

故障点 1：燃油压力传感器 0V 线路断路
故障点 2：燃油压力传感器 5V 线路断路
故障点 3：燃油压力传感器信号线路断路
故障点 4：燃油压力传感器信号线路对地短路

故障现象

起动发动机并怠速运转，EPC 和发动机排放故障指示灯点亮（需多次试验）；读取故障码 P019000 油轨压力传感器 A 电路——主动 / 静态。

现象分析

根据故障现象无法确定故障部位，只能借助诊断仪进行辅助诊断，根据故障码提示，可能的故障原因为：燃油压力传感器 G247 自身及其相关线路故障，燃油压力传感器 G247 电路如图 7-21 所示。

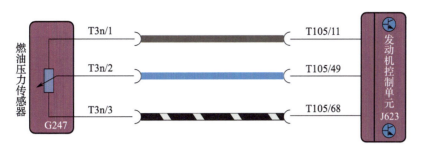

图 7-21 燃油压力传感器电路

故障点 1 燃油压力传感器 0V 线路断路

诊断过程

1）起动发动机，用诊断仪读取 G247 数据流，显示 3147kPa 不变，异常。

2）关闭后再打开 E378，用万用表测量 J623 的 T105/49 对地电压，正常为 0.5 ~ 1.5V，实测为 5.1V，说明测试点到传感器之间线路断路、传感器或其电源线路存在故障。

3）打开 E378，用万用表测量 G247 的 T3n/2 对地电压，正常为 0.5 ~ 1.5V，实测为 5.1V，异常。

4）打开 E378，用万用表测量 G247 的 T3n/3 相对于 T3n/1 的电压，正常为 5V，实测为 0V，异常。

5）打开 E378，用万用表测量 G247 的 T3n/3 对地电压，正常为 5V，实测为 5V，说明 T3n/1 电压异常。

6）打开 E378，用万用表测量 J623 的 T105/11 对地电压，正常应小于 0.1V，实测为 0V，正常，结合上一步测试结果，说明 G247 的 T3n/1 到 J623 的 T105/11 之间线路断路。

7）关闭 E378，拆下蓄电池负极接线，断开 J623、G247 的插接器，用万用表测量 J623 的 T105/11 到 G247 的 T3n/1 之间线束的阻值，正常为近乎为零，实测为无穷大。

8）排除燃油压力传感器 0V 线路断路故障，系统恢复正常。

故障机理

由于燃油压力传感器 0V 线路断路，导致 J623 没有接收到正确的燃油压力信号，所以起动后，EPC 和发动机排放故障指示灯。

故障点 2 燃油压力传感器 5V 线路断路

诊断过程

1）起动发动机，用诊断仪读取 G247 数据流，显示 31470kPa 不变，异常。

2）关闭后再打开 E378，用万用表测量 J623 的 T105/49 对地电压，正常为 0.5 ~ 1.5V，实测为 5.4V，说明测试点到传感器之间线路断路、传感器或其电源线路存在故障。

3）打开 E378，用万用表测量 G247 的 T3n/2 对地电压，正常为 0.5 ~ 1.5V，实测为 5.4V，异常。

4）打开 E378，用万用表测量 G247 的 T3n/3 相对于 T3n/1 的电压，正常为 5V，实测为 0V，异常。

5）打开 E378，用万用表测量 G247 的 T3n/3 对地电压，正常为 5V，实测为 0.4V，说明 T3n/3 电压异常。

6）打开 E378，用万用表测量 J623 的 T105/68 对地电压，正常为 5V，实测为 5V，正常，结合上一步测试结果，说明 G247 的 T3n/3 到 J623 的 T105/68 之间线路断路。

7）关闭 E378，拆下蓄电池负极接线，断开 J623、G247 的插接器，用万用表测量 J623 的 T105/68 到 G247 的 T3n/3 之间线束的阻值，正常为近乎为零，实测为无穷大。

8）排除燃油压力传感器 +5V 线路断路故障，系统恢复正常。

故障机理

由于燃油压力传感器 +5V 线路断路，导致 J623 没有接收到正确的燃油压力信号，所以起动后，EPC 和发动机排放故障指示灯亮。

故障点 3 燃油压力传感器信号线路断路

诊断过程

1）起动发动机，用诊断仪读取 G247 数据流，显示 31470kPa 不变，异常。

2）关闭后再打开 E378，用万用表测量 J623 的 T105/49 对地电压，正常为 0.5~1.5V，实测为 5.4V，说明测试点到传感器之间线路断路、传感器或其电源线路存在故障。

3）打开 E378，用万用表测量 G247 的 T3n/2 对地电压，正常为 0.5~1.5V，实测为 2.4V，异常，结合上一步测试结果，说明 G247 的 T3n/2 到 J623 的 T105/49 之间线路断路。

4）关闭 E378，拆下蓄电池负极接线，断开 J623、G247 的插接器，用万用表测量 J623 的 T105/49 到 G247 的 T3n/2 之间线束的阻值，正常为近乎为零，实测为无穷大。

5）排除燃油压力传感器信号线路断路故障，系统恢复正常。

故障机理

由于燃油压力传感器信号线路断路，导致 J623 没有接收到正确的燃油压力信号，所以起动后，EPC 和发动机排放故障指示灯亮。

故障点 4 燃油压力传感器信号线路对地短路

诊断过程

1）起动发动机，用诊断仪读取 G247 数据流，显示为 0，异常。

2）关闭后再打开 E378，用万用表测量 J623 的 T105/49 对地电压，正常为 0.5~1.5V，实测为 0V，说明测试点到 J623 之间线路存在故障或对地短路。

3）关闭 E378，拆下蓄电池负极接线，用万用表测量 J623 的 T105/49 与搭铁之间的阻值，正常为无穷大，实测为 0V，说明信号线路与地之间短路。

4）排除燃油压力传感器信号线路与地短路故障，系统恢复正常。

故障机理

由于燃油压力传感器信号线路与地短路故障，导致 J623 没有接收到正确的燃油压力信号，所以起动后，EPC 和发动机排放故障指示灯亮。

| 案例 11 | 燃油压力调节阀线路故障检修

故障点 1：燃油压力调节阀 1# 线路断路
故障点 2：燃油压力调节阀 2# 线路断路

故障点 3：燃油压力调节阀 2# 线路虚接 3Ω 电阻

故障点 4：燃油压力调节阀 1# 线路虚接 3Ω 电阻

故障现象

起动发动机，发现起动时间过长，怠速时发动机偶尔抖动，加速时转速不能超过 3000r/min；读取故障码：08852，燃油压力调节阀断路。

现象分析

燃油压力调节阀电路如图 7-22 所示。发动机怠速时偶尔抖动，加速不良，说明发动机驱动不足，与混合气的状态有关系，但无法确定故障所在。根据故障码的提示，说明燃油压力调节阀存在故障，而燃油压力不正常会影响到混合气的浓度。所以可能的故障原因为：①燃油压力调节阀 N276 自身故障；② N276 线路故障；③ J623 局部故障。

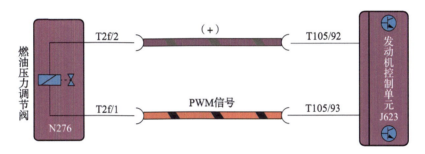

图 7-22　燃油压力调节阀电路

故障点 1　燃油压力调节阀 1# 线路断路

诊断过程

1）起动发动机并怠速运转，用示波器测量 N276 两端的工作波形，如图 7-23 所示，异常。

2）起动发动机并怠速运转，用示波器测量 N276 两端分别对地波形，见表 7-1，说明 N276 没有搭铁信号。

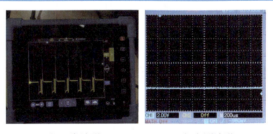

a）正常波形　　　　b）实测波形

图 7-23　N276 两端正常波形与实测波形（一）

表 7-1　N276 端子对地正常波形与实测波形（一）

端子	T2f/1	T2f/2
正常波形		

（续）

端子	T2f/1	T2f/2
实测波形	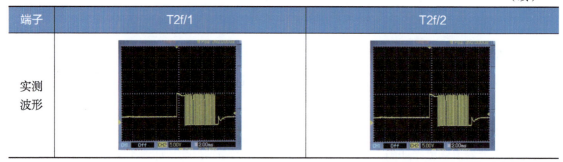	

3）起动发动机并怠速运转，用示波器测量 J623 的 T105/93 对地波形，如图 7-24 所示，异常，结合上一步测试结果，说明 N276 的 T2f/1 到 J623 的 T105/93 之间线路断路。

4）关闭 E378，拆下蓄电池负极接线，断开 J623、N276 插头，用万用表测量 N276 的 T2f/1 到 J623 的 T105/93 之间线路阻值，正常为 0Ω，实测为无穷大。

5）排除 N276 的 T2f/1 到 J623 的 T105/93 之间线路断路故障，系统恢复正常。

（故障机理）

由于 N276 的 T2f/1 到 J623 的 T105/93 之间线路断路，导致 N274 无法正常工作，燃油系统没有建立正常的油压，所以起动后加速不良。

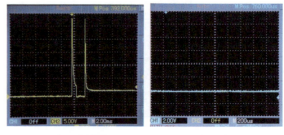

a）正常波形　　　　b）实测波形

图 7-24　J623 的 T105/93 对地正常波形与实测波形（一）

故障点 2　燃油压力调节阀 2# 线路断路

诊断过程

1）起动发动机并怠速运转，用示波器测量 N276 两端的波形，如图 7-25 所示，异常。

2）起动发动机并怠速运转，分别用示波器测量 N276 两端的对地波形，见表 7-2，说明 N276 没有正极信号。

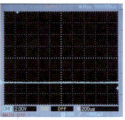

a）正常波形　　　　b）实测波形

图 7-25　N276 两端正常波形与实测波形（二）

表 7-2　N276 端子对地正常波形与实测波形（二）

端子	T2f/1	T2f/2
正常波形		

（续）

端子	T2f/1	T2f/2
实测波形	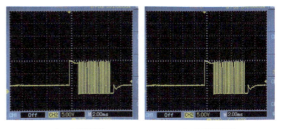	

3）起动发动机并怠速运转，用示波器测量 J623 的 T105/92 对地波形，如图 7-26 所示，结合上一步测试结果，说明 N276 的 T2f/2 到 J623 的 T105/92 之间线路断路。

4）关闭 E378，拆下蓄电池负极接线，断开 J623、N276 插头，用万用表测量 N276 的 T2f/2 到 J623 的 T105/92 之间线路阻值，正常为 0Ω，实测为无穷大。

a）正常波形　　　　b）实测波形

图 7-26　J623 的 T105/92 对地正常波形与实测波形（二）

5）排除 N276 的 T2f/2 到 J623 的 T105/92 之间线路断路故障，系统恢复正常。

故障机理

由于 N276 的 T2f/2 到 J623 的 T105/92 之间线路断路故障，导致 N276 无法正常工作，燃油系统没有建立正常的油压，所以起动后加速不良。

故障点 3　燃油压力调节阀 2# 线路虚接 3Ω 电阻

诊断过程

1）起动发动机并怠速运转，用示波器测量 N276 两端的工作波形，如图 7-27 所示，异常，说明电磁阀两端电压减小。

2）起动发动机并怠速运转，分别用示波器测量 N276 两端的对地波形，发现 N276 正极信号电压降低。

a）正常波形　　　　b）实测波形

图 7-27　N276 两端正常波形与实测波形（三）

3）踩住制动踏板，按住 E378，用示波器测量 J623 的 T105/92 对地波形，如图 7-28 所示，结合上一步测试结果，说明 N276 的 T2f/2 到 J623 的 T105/92 之间线路虚接。

4）关闭 E378，拆下蓄电池负极接线，断开 J623、N276 插接器，用万用表测量 N276 的 T2f/2 到 J623 的 T105/92 之间线路阻值，正常为 0Ω，实

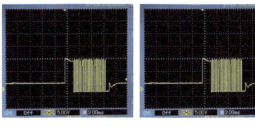

a）正常波形　　　　b）实测波形

图 7-28　J623 的 T105/92 对地正常波形与实测波形（三）

测为 3Ω。

5）排除 N276 的 T2f/2 到 J623 的 T105/92 之间线路虚接故障，系统恢复正常。

故障机理

由于 N276 的 T2f/2 到 J623 的 T105/92 之间线路虚接，导致 N276 无法正常工作，燃油系统没有建立正常的油压，所以起动后加速不良。

故障点 4 燃油压力调节阀 1# 线路虚接 3Ω 电阻

诊断过程

1）起动发动机并怠速运转，用示波器测量 N276 两端的工作波形，如图 7-29 所示，异常，说明电磁阀两端电压减小。

2）起动发动机并怠速运转，分别用示波器测量 N276 两端的对地波形，见表 7-3，说明 N276 搭铁信号电压变小。

a）正常波形   b）实测波形

图 7-29   N276 两端正常波形与实测波形（四）

表 7-3   N276 端子对地正常波形与实测波形（三）

端子	T2f/1	T2f/2
正常波形		
实测波形		

3）起动发动机并怠速运转，用示波器测量 J623 的 T105/93 对地波形，如图 7-30 所示，结合上一步测试结果，说明 N276 的 T2f/1 到 J623 的 T105/93 之间线路虚接。

4）关闭 E378，拆下蓄电池负极接线，断开 J623、N276 插接器，用万用表测量 N276 的 T2f/1 到 J623 的 T105/93 之间线路阻值，正常为 0Ω，实测为 3Ω。

5）排除 N276 的 T2f/1 到 J623 的 T105/93

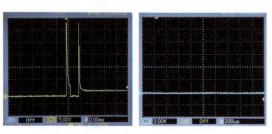

a）正常波形   b）实测波形

图 7-30   J623 的 T105/93 对地正常波形与实测波形（四）

之间线路虚接故障，系统恢复正常。

故障机理

由于 N276 的 T2f/1 到 J623 的 T105/93 之间线路虚接，导致 N276 无法正常工作，燃油系统没有建立正常的油压，所以起动后加速不良。

| 案例 12 | 加速踏板位置传感器信号线路短路故障检修

故障现象

1）起动发动机，怠速运转正常；仪表上的 EPC 灯点亮；踩加速踏板，发动机转速未见异常。

2）读取故障码：15224 节气门 / 踏板位置传感器 1/2 G79+G185，不可信信号，主动 / 静态；15220 节气门 / 踏板位置传感器 2，过大信号，主动 / 静态。

现象分析

结合故障现象和故障码，说明加速踏板位置传感器信号可能异常，加速踏板位置传感器电路如图 7-31 所示。可能的故障原因为：①加速踏板自身及相关线路故障；②J623 自身故障。

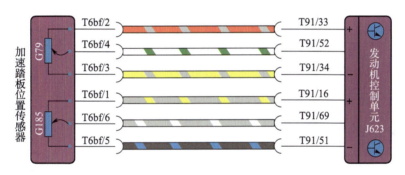

图 7-31　加速踏板位置传感器电路

诊断过程

1）打开 E378，反复踩下及松开加速踏板，读取诊断数据流，加速踏板位置：14%→79%；加速踏板位置传感器电压 1：0.718V→3.945V；加速踏板位置传感器电压 2：0.718V→3.945V，显示两个传感器的信号完全相同，属于异常。

2）打开 E378，反复踩下及松开加速踏板，用示波器测量 J623 的 T91/69 与 T91/52 对地信号波形，如图 7-32 所示，显示两个传感器的信号完全相同，属于异常。

3）关闭 E378，拆下蓄电池负极接线，断开 J623、加速踏板模块 GX2 插头，用万用表测量 J623 的 T91/69 与 T91/52 线路之间的阻值，正常为无穷大，实测为 0Ω，说明信号线路短路。

4）排除故障，系统恢复正常。

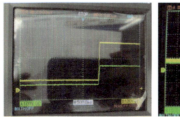
a）正常波形

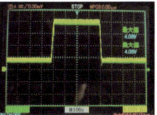
b）实测波形

图 7-32　加速踏板位置传感器信号正常波形与实测波形

故障机理

由于加速踏板位置传感器信号线路间短路，导致 J623 接收到错误的踏板信号，所以在起动后，踩踏加速踏板，发动机无法正常加速。

| 案例 13 | 加速踏板位置传感器信号线路反接故障检修

故障现象

1）起动发动机，急速运转正常；第一次踩加速踏板，发动机转速偶尔达到 2000r/min，第二次踩踏时发动机转速没有变化，但仪表上的 EPC 灯点亮。

2）读取故障码：P212800 节气门 / 踏板位置传感器 / 开关 E 电路 – 高输入；P212200 节气门 / 踏板位置传感器 / 开关 D 电路 – 低输入；P213800 节气门 / 踏板位置传感器 / 开关 D/E 电压关系。

现象分析

结合故障现象和故障码，说明加速踏板位置传感器信号可能异常，加速踏板位置传感器电路如图 7-33 所示。可能的故障原因为：①加速踏板位置传感器自身故障；②加速踏板位置传感器线路故障；③ J623 局部故障。

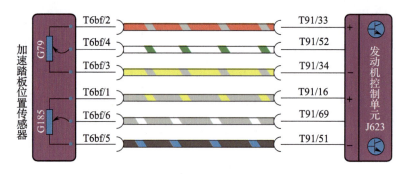

图 7-33　加速踏板位置传感器电路

诊断过程

1）打开 E378，反复踩下及松开加速踏板，读取诊断数据流，发现加速踏板的位置是 7.1% → 39.6%，异常。

2）打开 E378，反复踩下及松开加速踏板，用示波器测量 J623 端的 T91/69 与 T91/52 分别对地波形，实测发现两个传感器的信号对调，如图 7-34 所示。

3）打开 E378，反复踩下及松开加速踏板，用示波器测量加速踏板模块 GX2 端 T6bf/6 和 T6bf/4 分别对地波形，实测波形正常，结合上一步测试结果，确认信号线路对调。

4）关闭点火开关，拆下蓄电池负极接线，断开 J623、GX2 插接器，用万用表测量 J623 端的 T91/69 与 GX2

a）正常波形

b）实测波形

图 7-34　加速踏板位置传感器信号正常波形与实测波形

端 T6bf/6、J623 端的 T91/52 与 GX2 端 T6bf/4 之间线路的导通性,说明 J623 的 T91/69 到 GX2 的 T6bf/6、J623 的 T91/52 到 GX2 的 T6bf/4 之间线路交叉(错接)。

5)排除加速踏板位置传感器信号线路错接故障,系统恢复正常。

故障机理

由于加速踏板位置传感器信号线路错接,导致 J623 接收到无法识别的踏板信号,所以在起动后,踩踏加速踏板,发动机无法加速。

| 案例 14 | 加速踏板位置传感器信号线路故障检修

故障点 1:加速踏板位置传感器信号线路同时对地短路
故障点 2:加速踏板位置传感器信号线路同时断路

故障现象

1)起动发动机,怠速运转正常;仪表上的 EPC 灯点亮;踩踏加速踏板,发动机转速没有变化。

2)读取故障码:15224 节气门 / 踏板位置传感器 1/2 G79+G185,不可信信号,主动 / 静态;15220 节气门 / 踏板位置传感器 2,过小信号,主动 / 静态。

现象分析

结合故障现象和故障码,说明加速踏板位置传感器信号可能异常,加速踏板位置传感器电路如图 7-35 所示。可能的故障原因为:①加速踏板位置传感器自身故障;②加速踏板位置传感器线路故障;③ J623 局部故障。

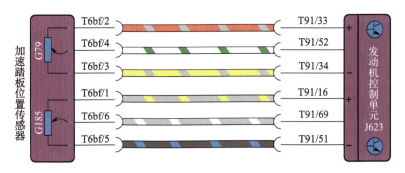

图 7-35 加速踏板位置传感器电路

故障点 1 加速踏板位置传感器信号线路同时对地短路

诊断过程

1)打开 E378,反复踩下及松开加速踏板,读取诊断数据流,正常情况下显示:14%→79%;实测为 0%,异常。

2)打开 E378,反复踩下及松开加速踏板,用示波器测量 J623 的 T91/69 与 T91/52 信号波形,均为 0V 直线,如图 7-36 所示,说明测试点与地短路、两传感器或其电源线路存在故障。

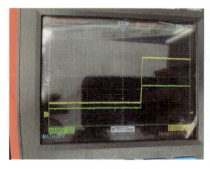 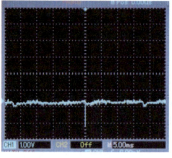

a）正常波形　　　　　　　　　　　　b）实测波形

图 7-36　加速踏板位置传感器信号正常波形与实测波形（一）

3）打开 E378，反复踩下及松开加速踏板，用示波器测量 GX2 的 T6bf/4、T6bf/6 信号波形，均为 0V 直线。

4）打开 E378，用万用表检查加速踏板位置传感器其他线路电压，均正常，说明信号线路存在对地短路。

5）关闭 E378，拆下蓄电池负极接线，断开 J623、GX2 插接器，用万用表测量 J623 线束端的 T91/69 与 T91/52 对地阻值，正常为无穷大，实测为 0Ω，说明信号线路对地短路。

6）排除加速踏板位置传感器信号线路对地短路故障，系统恢复正常。

故障机理

由于加速踏板位置传感器信号线路对地短路，导致 J623 接收到错误的踏板信号，所以在起动后，踩踏加速踏板，发动机无法正常加速。

故障点 2　加速踏板位置传感器信号线路同时断路

诊断过程

1）打开 E378，反复踩下及松开加速踏板，读取诊断数据流，正常情况下显示：14%→79%；加速踏板位置传感器电压 1：0.718V→3.945V；加速踏板位置传感器电压 2：0.718V→3.945V，实测加速踏板位置始终为 0.0%；两个传感器的信号电压均为 0V 不变。

2）打开 E378，反复踩下及松开加速踏板，用示波器测量 J623 端的 T91/69 与 T91/52 分别对地波形，均为 0.1V，如图 7-37 所示。

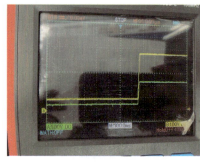 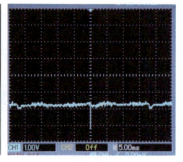

a）正常波形　　　　　　　　　　　　b）实测波形

图 7-37　加速踏板位置传感器信号正常波形与实测波形（二）

3）打开 E378，反复踩下及松开加速踏板，用示波器测量 GX2 的 T6bf/4、T6bf/6 对地信号波形，均正常，结合上一步测试结果，说明信号线路断路。

4）关闭点火开关，拆下蓄电池负极接线，断开 J623、GX2 插接器，用万用表测量 J623 端的 T91/69 与 GX2 端 T6bf/6、J623 端的 T91/52 与 GX2 端 T6bf/4 之间线路的导通性，说明 J623 的 T91/69 到 GX2 的 T6bf/6、J623 的 T91/52 到 GX2 的 T6bf/4 之间线路断路。

5）排除加速踏板位置传感器信号线路断路故障，系统恢复正常。

故障机理

由于加速踏板位置传感器信号线路断路，导致 J623 接收到错误的踏板信号，所以在起动后，踩踏加速踏板，发动机无法正常加速。

│案例 15│ 进气歧管风门电磁阀 N180 控制线路故障检修

故障点 1：进气歧管风门电磁阀 N180 控制线路断路
故障点 2：进气歧管风门电磁阀 N180 控制线路虚接 100Ω 电阻

故障现象

1）发动机起动正常，但仪表上的发动机故障指示灯点亮。
2）读取故障码：P200800 进气管流道控制（IMRC），电气故障。

现象分析

进气歧管风门电磁阀 N180 控制电路如图 7-38 所示，结合故障现象，无法确定故障所在。只能借助诊断仪进行辅助诊断，结合故障码，可能的故障原因为：① N180 线路故障；② N180 故障；③ J623 局部故障。

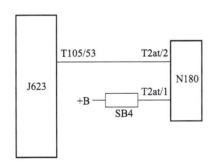

图 7-38　进气歧管风门电磁阀 N180 控制电路

故障点 1　进气歧管风门电磁阀 N180 控制线路断路

诊断过程

1）起动发动机并怠速运转，然后急加速，用示波器测量 N180 的 T2at/2 对地波形，实测为 +B 直线，说明 J623 存在故障或者信号线路对 +B 短路。

2）起动发动机并怠速运转，然后急加速，用示波器测量 J623 的 T105/53 端子对地波形，实测为 0V 直线，说明信号线路断路。

3）关闭 E378，拆下蓄电池负极接线，断开 J623、N180 插接器，用万用表测量 J623 的

T105/53 到 N180 的 T2at/2 之间线路的阻值，正常应为 0Ω，实测为无穷大。

4）排除 N180 的控制线路断路故障，系统恢复正常。

(故障机理)

由于 N180 的控制线路断路，导致 J623 不能正常控制 N180 工作，所以起动后发动机故障指示灯点亮。

故障点2 进气歧管风门电磁阀 N180 控制线路虚接 100Ω 电阻

诊断过程

1）起动发动机并怠速运转，然后急加速，用示波器测量 N180 的 T2at/2 对地波形，实测为低电平被抬高，说明测试点到 J623 之间线路虚接。

2）起动发动机并怠速运转，然后急加速，用示波器测量 J623 的 T105/53 端子对地波形，实测正常，结合上一步测试结果，说明信号线路虚接。

3）关闭 E378，拆下蓄电池负极接线，断开 J623、N180 插接器，用万用表测量 J623 的 T105/53 到 N180 的 T2at/2 之间线路的阻值，正常应为 0Ω，实测为 100Ω。

4）排除 N180 的控制线路虚接故障，系统恢复正常。

(故障机理)

由于 N180 的控制线路虚接，导致 J623 不能正常控制 N180 工作，所以起动后发动机故障指示灯点亮。

案例 16 进气歧管风门电磁阀真空管路反接故障检修

故障现象

1）起动发动机并怠速运转，发动机偶发性抖动。

2）读取故障码：P208213 进气管风门位置不可信信号。

现象分析

结合故障现象，无法确定故障所在。只能借助诊断仪进行辅助诊断，根据故障码分析，J623 可能收到不符合逻辑的位置信号；可能的故障原因为：①N180 及真空管路故障；②G336 位置传感器故障；③J623 局部故障。

诊断过程

1）起动发动机并怠速运转，然后持续加速，读取相关数据流，发现进气歧管切换翻板打开后不能回到初始位置。

2）检查翻版的驱动装置，发现真空管路接反。

(故障机理)

由于 N180 的真空管路接反，导致翻板打开后不能回到初始位置，所以起动后发动机偶发性抖动。

任务 8 无钥匙进入系统故障检修

| 案例 1 | J965 的唤醒信号线路故障检修

故障点 1：J965 的唤醒信号线路断路
故障点 2：J965 的唤醒信号线路虚接 1000Ω 电阻

故障现象

1）无钥匙进入功能失效，但触摸车门把手时，钥匙指示灯闪烁。

2）遥控钥匙可以正常使车门解锁。

3）打开车门进入车内，钥匙指示灯闪烁，仪表可正常显示车门开启状态，E378 背景灯点亮；按下 E378，钥匙指示灯闪烁，仪表提示未找到钥匙，点火开关无法打开。

4）应急模式打开 E378 正常。

现象分析

无钥匙进入流程如图 8-1 所示，所有车门无钥匙进入解锁功能异常，说明"门把手触摸传感器→J956→所有车门天线→钥匙→J519、J965（通过 CAN 及唤醒信号）→J519（通过 CAN）→J386/J387"工作异常；但无钥匙进入时钥匙指示灯闪烁，说明"触摸传感器→J965→车外天线→钥匙"正常；同时遥控钥匙可正常解锁，说明"钥匙→J519（通过 CAN）→J386/J387"工作正常；拉开车门进入车内，E378 背景灯正常点亮，说明"车门微动开关→J386（通过 CAN）→J965→E378"工作正常。综合分析，故障可能在于 J965 与 J519 之间的唤醒信号。

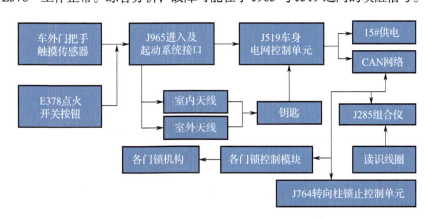

图 8-1 迈腾汽车无钥匙进入及起动流程图

或者：按下 E378，仪表提示未找到钥匙，说明"E378→J965（通过 CAN）⟷J285、J965（通过唤醒信号）→J519、J965→室内天线→钥匙→J519（通过 CAN）→J285"工作异常；但按下 E378 时，钥匙指示灯闪烁，说明"E378→J965（通过 CAN）⟷J285、J965→

室内天线→钥匙"工作正常；仪表可正常显示车门开启状态，说明"车门微动开关→J386（通过 CAN）→J285"工作正常；遥控钥匙可正常解锁，说明"钥匙→J519（通过 CAN）→J386/J387"工作正常。综合分析，故障可能在于 J965 与 J519 之间的唤醒信号。

可能的故障原因为：① J965 的唤醒线路故障；② J965 局部故障；③ J519 故障。

故障点 1   J965 的唤醒信号线路断路

诊断过程

无钥匙进入与起动系统电路如图 8-2 所示。

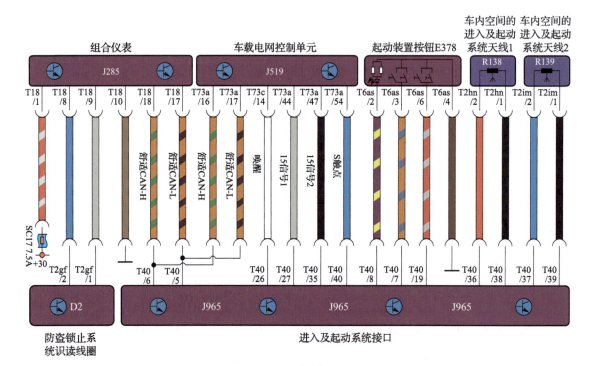

图 8-2   无钥匙进入与起动系统电路

1）按下 E378，用示波器测量 J519 端的 T73c/14 对地波形，正常情况下会出现一个 +B → 0V 的一个方波，实测为 +B 直线，如图 8-3 所示，异常，基于唤醒信号工作原理，说明测试点到 J956 之间线路断路或者与 +B 短路。

2）按下 E378，用示波器测量 J965 端的 T40/25 对地波形，正常情况下会出现一个 +B → 0V 的方波，实测为 0V，结合上一步测试结果，说明 J519 的 T73c/14 至 J965 的 T40/26 之间的线路断路。

3）关闭 E378，拆下蓄电池负极接线，断开 J519、J965 的插接器，用万用表测量 J519 的 T73c/14 至 J965 的 T40/26 之间的线路阻值，正常为 0Ω，实测无穷大。

4）排除 J965 的唤醒信号线路断路故障，系统恢复正常。

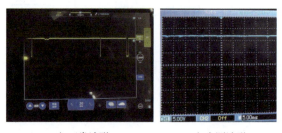

a）正常波形   b）实测波形

图 8-3   J519 端的 T73c/14 对地正常波形与实测波形（一）

故障机理

由于 J965 的唤醒信号线路断路，导致 J965 无法告知 J519 接收钥匙信息，所以钥匙认证失败，造成无钥匙进入功能失效。按下 E378 后，仪表提示未找到遥控钥匙，点火开关无法打开。

故障点 2　J965 的唤醒信号线路虚接 1000Ω 电阻

诊断过程

1）按下 E378，用示波器测量 J519 端的 T73c/14 对地波形，正常情况下会出现一个 +B → 0V 的方波，实测为 +B → 5V 的一个方波，如图 8-4 所示，异常，基于唤醒信号工作原理，说明测试点到 J956 之间线路虚接或者 J965 自身故障。

2）按下 E378，用示波器测量 J965 端的 T40/25 对地波形，正常情况下会出现一个 +B → 0V 的方波，实测为一个 +B → 0V 的方波，结合上一步测试结果，说明 J519 的 T73c/14 至 J965 的 T40/26 之间的线路虚接。

 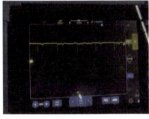

a）正常波形　　　　　b）实测波形

图 8-4　J519 端的 T73c/14 对地正常波形与实测波形（二）

3）关闭 E378，拆下蓄电池负极接线，断开 J519、J965 的插接器，用万用表测量 J519 的 T73c/14 至 J965 的 T40/26 之间的线路阻值，正常为 0Ω，实测 1000Ω。

4）排除 J965 的唤醒信号线路虚接故障，系统恢复正常。

故障机理

由于 J965 的唤醒信号线路虚接，导致 J965 无法告知 J519 去接收钥匙信息，所以钥匙认证失败，造成无钥匙进入功能失效。按下 E378 后，仪表提示未找到遥控钥匙，点火开关无法打开。

｜案例 2｜舒适 CAN 总线故障检修

故障点 1：舒适 CAN-H 线路对地短路
故障点 2：舒适 CAN-L 线路对正极短路
故障点 3：舒适 CAN-L 线路对正极虚接 20Ω 电阻
故障点 4：舒适 CAN-H 线路对搭铁虚接 20Ω 电阻
故障点 5：舒适 CAN-H 与 CAN-L 线路之间虚接 20Ω 电阻
故障点 6：舒适 CAN-H 与 CAN-L 线路之间短路

故障现象

1）无钥匙进入功能失效，但触摸车门把手传感器时，钥匙指示灯正常闪烁。

2）按下遥控钥匙，四个车门没有动作，但油箱盖可以解锁，前后转向灯正常闪烁，但后视镜上的转向灯不闪烁，仪表上的转向指示灯不闪烁。

3）用机械钥匙打开车门，进入车内，仪表不显示车门信息，E378 背景灯不亮。

4）按下 E378，钥匙指示灯不闪烁，仪表不亮，转向盘不能解锁。

5）应急模式打开 E378 失效。

现象分析

无钥匙进入流程如图 8-5 所示，按下遥控钥匙，车门不解锁，后视镜上的转向灯不闪烁，仪表的转向指示灯不闪烁，说明"遥控钥匙→J519（通过舒适 CAN）→J285、J386、J387"工作异常；但按下遥控钥匙，油箱盖可以解锁，前后转向灯正常闪烁，说明"遥控钥匙→J519→前后转向灯、油箱盖电机"工作正常。两个比对，说明 J519 与 J285、J386、J387 通信异常。

仪表不能显示车门开启状态，说明"车门微动开关→J386 或 J387→J285"工作异常，由于车门微动开关、J386、J387 同时损坏的概率不高，所以较大可能是 J285 或总线存在故障。

综合以上分析，说明可能故障原因是：舒适 CAN 总线故障。

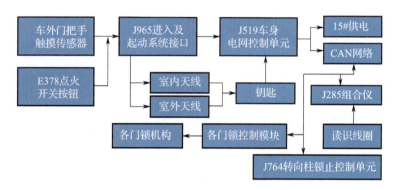

图 8-5 迈腾汽车无钥匙进入及起动流程图

故障点1 舒适 CAN-H 线路对地短路

诊断过程

无钥匙进入与起动系统电路如图 8-6 所示。

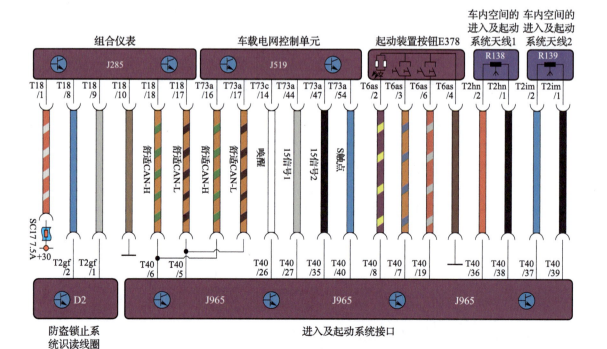

图 8-6 无钥匙进入与起动系统电路

1）打开双闪开关，同时操作钥匙开、闭锁，用示波器测量 J519 端（或其他模块）的舒适 CAN 总线波形，实测发现 CAN-H 隐性电压为 0V 直线，如图 8-7 所示，CAN-L 隐性电压比 CAN-H 略高，可能原因为 CAN-H 对搭铁短路。

2）关闭 E378，拆下蓄电池负极接线，用万用表测量 J519 端（或其他模块）的舒适 CAN-H 线路对地电阻，正常为存在较大电阻，实测为 0Ω。

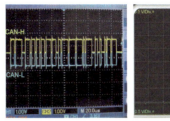 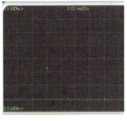

a）正常波形　　　　b）实测波形

图 8-7　J519 端舒适 CAN 总线正常波形
与实测波形（一）

3）排除舒适 CAN-H 线路对地短路故障，系统恢复正常。

[故障机理]

由于舒适 CAN-H 线路对地短路，导致舒适系统各模块之间无法通信，所以无钥匙进入功能失效，遥控钥匙无法解锁，点火开关无法打开。

故障点 2　舒适 CAN-L 线路对正极短路

诊断过程

1）打开双闪开关，同时操作钥匙开、闭锁，用示波器测量 J519 端（或其他模块）的舒适 CAN 总线波形，实测发现 CAN-L 隐性电压为 +B 直线，CAN-H 隐性电压比 CAN-L 略低，如图 8-8 所示，可能原由于 CAN-L 对正极短路。

2）关闭 E378，拆下蓄电池负极接线，用万用表测量 J519 端（或其他模块）的舒适 CAN-L 线路对正极线路之间的阻值，正常应无穷大，实测为 0Ω。

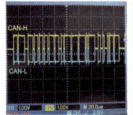 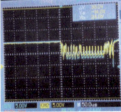

a）正常波形　　　　b）实测波形

图 8-8　J519 端舒适 CAN 总线正常波形
与实测波形（二）

3）排除舒适 CAN-H 线路对正极短路故障，系统恢复正常。

[故障机理]

由于舒适 CAN-H 线路对正极短路，导致舒适系统各模块之间无法通信，所以无钥匙进入功能失效，遥控钥匙无法解锁，点火开关无法打开。

故障点 3　舒适 CAN-L 线路对正极虚接 20Ω 电阻

诊断过程

1）打开双闪开关，同时操作钥匙开、闭锁，用示波器测量 J519 端（或其他模块）的舒适 CAN 总线波形，实测发现 CAN-H、CAN-L 隐性电压明显大于 2.5V，且 CAN-L 隐性电压比 CAN-H 略高，如图 8-9 所示，可能原因为 CAN-L 对正极虚接。

2）关闭 E378，拆下蓄电池负极接线，用万

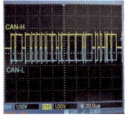 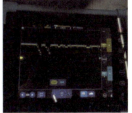

a）正常波形　　　　b）实测波形

图 8-9　J519 端舒适 CAN 总线正常波形
与实测波形（三）

用表测量 J519 端（或其他模块）的舒适 CAN-L 线路对正极线路之间的阻值，正常情况下应存在较大电阻，实测为 20Ω。

3）排除舒适 CAN-H 线路对正极虚接故障，系统恢复正常。

故障机理

由于舒适 CAN-H 线路对正极虚接，导致舒适系统各模块之间无法通信，所以无钥匙进入功能失效，遥控钥匙无法解锁，点火开关无法打开。

故障点 4 舒适 CAN-H 线路对搭铁虚接 20Ω 电阻

诊断过程

1）打开双闪开关，同时操作钥匙开、闭锁，用示波器测量 J519 端（或其他模块）的舒适 CAN 总线波形，实测发现 CAN-H、CAN-L 隐性电压明显小于 2.5V，且 CAN-L 隐性电压比 CAN-H 略高，如图 8-10 所示，可能原因为 CAN-H 对搭铁可能虚接。

2）关闭 E378，拆下蓄电池负极接线，用万用表测量 J519 端（或其他模块）的舒适 CAN-H 线路对搭铁之间的阻值，正常应存在较大电阻，实测为 20Ω。

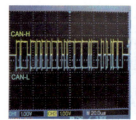 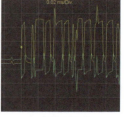

a）正常波形　　　　b）实测波形

图 8-10　J519 端舒适 CAN 总线正常波形与实测波形（四）

3）排除舒适 CAN-H 线路对地虚接故障，系统恢复正常。

故障机理

由于舒适 CAN-H 线路对地虚接，导致舒适系统各模块之间无法通信，所以无钥匙进入功能失效，遥控钥匙无法解锁，点火开关无法打开。

故障点 5 舒适 CAN-H 与 CAN-L 线路之间虚接 20Ω 电阻

诊断过程

1）打开双闪开关，同时操作钥匙开、闭锁，用示波器测量 J519 端（或其他模块）的舒适 CAN 总线波形，实测发现舒适 CAN-H 与 CAN-L 的显性电压差小于 2V，如图 8-11 所示，说明 CAN-H 与 CAN-L 之间存在虚接。

2）关闭 E378，拆下蓄电池负极接线，用万用表测量舒适 CAN-H 与 CAN-L 线路之间的阻值，正常为 60Ω，实测约为 15Ω。

3）两种方法：一种是断掉所有的模块插接器，检查虚接电阻所在；另一种是计算出虚接电阻。虚接电阻约 20Ω。

4）排除舒适 CAN-H 与 CAN-L 线路之间虚接故障，系统恢复正常。

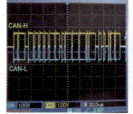 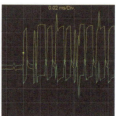

a）正常波形　　　　b）实测波形

图 8-11　J519 端舒适 CAN 总线正常波形与实测波形（五）

故障机理

由于舒适 CAN-H 与 CAN-L 线路之间虚接，导致舒适系统各模块之间无法通信，所以无钥匙进入功能失效，遥控钥匙无法解锁，点火开关无法打开。

故障点 6　舒适 CAN-H 与 CAN-L 线路之间短路

诊断过程

1）打开双闪开关，同时操作钥匙开、闭锁，用示波器测量 J519 端（或其他模块）的舒适 CAN 总线波形，实测发现舒适 CAN-H 与 CAN-L 的显性电压差为 0，如图 8-12 所示，说明 CAN-H 与 CAN-L 之间存在短路。

a）正常波形　　　　b）实测波形

图 8-12　J519 端舒适 CAN 总线正常波形与实测波形（六）

2）关闭 E378，拆下蓄电池负极接线，用万用表测量舒适 CAN-H 与 CAN-L 线路之间的阻值，正常为 60Ω，实测约为 0Ω。

3）排除舒适 CAN-H 与 CAN-L 线路之间短路故障，系统恢复正常。

故障机理

由于舒适 CAN-H 与 CAN-L 线路之间短路，导致舒适系统各模块之间无法通信，所以无钥匙进入功能失效，遥控钥匙无法解锁，点火开关无法打开。

｜案例 3｜ J519 端舒适 CAN 总线故障检修

> 故障点 1：J519 端舒适 CAN-L 线路断路
> 故障点 2：J519 端舒适 CAN-H 线路断路
> 故障点 3：J519 端舒适 CAN-H 与 CAN-L 线路反接

故障现象

1）无钥匙进入异常，但钥匙指示灯闪烁正常。

2）遥控解锁失败，但前后转向灯闪烁，油箱盖有动作声，遥控可开启行李舱。

3）机械钥匙解锁正常，仪表（偶尔）显示车门开启状态。

4）打开 E378，钥匙指示灯闪烁正常，仪表提示"未识别到遥控钥匙"，转向盘不解锁，仪表不点亮。

5）应急 ON 失效，但转向盘可以解锁，前照灯点亮。

现象分析

无钥匙进入流程如图 8-13 所示，按下遥控钥匙，车门不解锁，后视镜上的转向灯不闪烁，仪表的转向指示灯不闪烁，说明"遥控钥匙→J519（通过舒适 CAN）→J285、J386、J387"工作异常；但按下遥控钥匙，油箱盖可以解锁，前后转向灯正常闪烁，说明"遥控钥匙→J519→前后转向灯、油箱盖电机"工作正常。两个比对，说明 J519 与 J285、J386、J387 通信异常。

按下 E378，钥匙指示灯正常闪烁，说明"E378→J965（通过 CAN）←→ J285、J965→室内天线→钥匙"工作正常，J285 通信正常。

综合以上两种分析，可能的故障原因是：① J519 通信线路故障；② J519 本身故障。

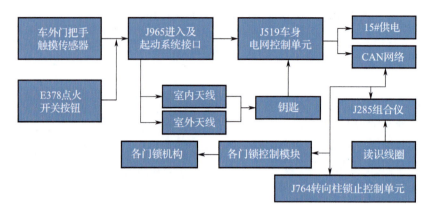

图 8-13 迈腾汽车无钥匙进入及起动流程图

故障点 1 J519 端舒适 CAN-L 线路断路

诊断过程

无钥匙进入与起动系统电路如图 8-14 所示。

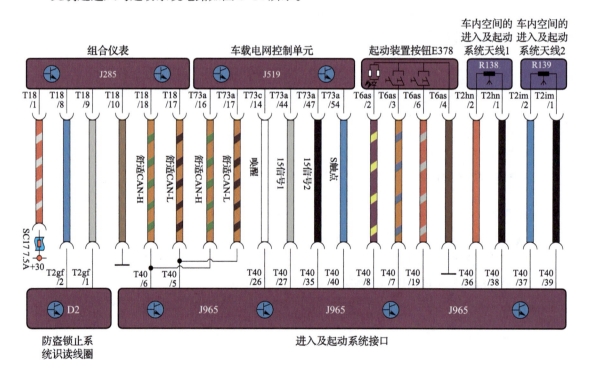

图 8-14 无钥匙进入与起动系统电路

1）打开双闪开关，操作钥匙开、闭锁，用示波器测量 J519 的 T73a/16、T73a/17 对地波形，实测发现部分 CAN-L 波形有了 CAN-H 的特性，如图 8-15 所示，说明 CAN-L 存在断路或虚接。

2）关闭 E378，拆下蓄电池负极接线，断开 J519、J533 的插接器，用万用表测量 J519 的 T73a/17 到 J533 的 T20e/5 之间线路的电阻，应近乎为零，实测为无穷大。

3）排除 J519 端的 CAN-L 断路故障，系统恢复正常。

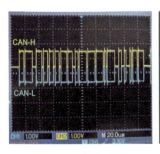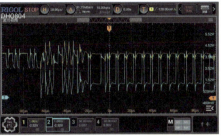

a）正常波形　　　　　　　　　　　b）实测波形

图 8-15　J519 舒适 CAN 正常波形与实测波形（一）

故障机理

由于 J519 端的 CAN-L 断路，导致 J519 与其他模块之间通信异常，所以无钥匙进入功能和遥控钥匙均不能解锁车门，点火开关无法打开。

故障点 2　J519 端舒适 CAN-H 线路断路

诊断过程

1）打开双闪开关，操作钥匙开、闭锁，用示波器同时测量 J519 的 T73a/16、T73a/17 对地波形，发现部分 CAN-H 波形有了 CAN-L 的属性，如图 8-16 所示，说明 CAN-H 断路。

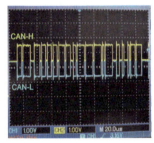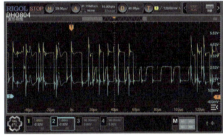

a）正常波形　　　　　　　　　　　b）实测波形

图 8-16　J519 舒适 CAN 正常波形与实测波形（二）

2）关闭 E378，拆下蓄电池负极接线，断开 J519、J965 的插接器，用万用表测量 J519 的 T73a/16 到 J965 的 T40/6 之间线路的电阻，正常应近乎为零，实测无穷大。

3）排除 J519 端 CAN-H 断路故障，系统恢复正常。

故障机理

由于 J519 端 CAN-H 断路，导致 J519 与其他模块之间通信异常，所以无钥匙进入功能和遥控钥匙均不能解锁车门，点火开关无法打开。

故障点 3　J519 端舒适 CAN-H 与 CAN-L 线路反接

诊断过程

1）打开双闪开关，操作钥匙开、闭锁，用示波器同时测量 J519 的 T73a/16、T73a/17 对地波形，发现 CAN-H 与 CAN-L 线路反接，如图 8-17 所示。

2）关闭 E378，拆下蓄电池负极接线，断开 J519、J965 的插接器，用万用表测量 J519 与

J965 之间的 CAN 线路电阻，发现 J519 端 CAN-H 与 CAN-L 线路反接。

3）排除 J519 端 CAN-H 与 CAN-L 线路反接故障，系统恢复正常。

故障机理

由于 J519 端 CAN-H 与 CAN-L 线路反接，导致 J519 与其他模块之间通信异常，所以无钥匙进入功能和遥控钥匙均不能解锁车门，点火开关无法打开。

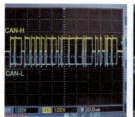 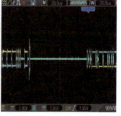

a）正常波形　　b）实测波形

图 8-17　J519 舒适 CAN 正常波形与实测波形（三）

| 案例 4 | J519 搭铁线路断路故障检修

故障现象

1）无钥匙进入功能失效，但触摸门把手时，钥匙指示灯闪烁正常。

2）操作遥控钥匙，车门及油箱盖不解锁，转向灯不闪烁。

3）用机械钥匙解锁，拉开车门，进入车内，钥匙指示灯不闪烁，仪表不显示车门开启状态，E378 背景灯不亮。

4）按下 E378，钥匙指示灯正常闪烁，但转向盘不解锁，仪表不亮，仪表提示"未找到钥匙"。

5）应急启动失效。

现象分析

操作钥匙，油箱盖不解锁，转向灯不亮，说明"钥匙→J519→油箱盖电机、前后转向灯"工作异常；根据故障概率，油箱盖电机、前后转向灯同时损坏的概率不高，说明故障在于钥匙或 J519；但按下 E378 时，钥匙指示灯正常闪烁，说明钥匙是本车钥匙。

综合以上分析，可能的故障原因有：① J519 电源线路故障；② J519 自身故障；③钥匙自身故障。

诊断过程

J519 电源线路如图 8-18 所示。

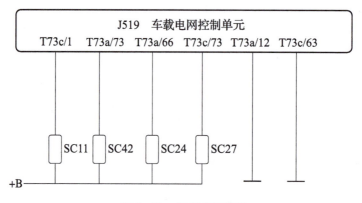

图 8-18　J519 电源线路

1）用万用表测量 J519 的供电端子 T73c/1、T73a/73、T73c/73、T73a/66、T73a/12、T73c/63 对地电压，正常值分别为 +B、+B、+B、+B、0V、0V，实测值分别为 +B、+B、+B、+B、+B、+B，说明 J519 的搭铁线路断路。

2）关闭 E378，拆下蓄电池负极接线，断开 J519 的插接器，用万用表测量 J519 线束端的 T73a/12、T73c/63 对地阻值，正常为应近乎为 0Ω，实测均为无穷大。

3）排除 J519 搭铁线路断路故障，系统恢复正常。

故障机理

由于 J519 搭铁线路断路，导致 J519 供电异常，所以遥控钥匙无法解锁车门，点火无法打开。

案例 5　J285 端舒适 CAN 总线或供电线路故障检修

故障点 1：J285 端舒适 CAN-H 虚接 50Ω 电阻
故障点 2：J285 端舒适 CAN-L 虚接 300Ω 电阻
故障点 3：J285 供电熔丝 SC17 断路
故障点 4：J285 供电熔丝 SC17 虚接 1000Ω 电阻
故障点 5：J285 正极供电线路虚接 1000Ω 电阻
故障点 6：J285 正极供电线路断路
故障点 7：J285 负极供电线路断路
故障点 8：J285 负极供电线路虚接 1000Ω 电阻

注意： 虚接 50Ω 现象不稳定，部分车型会出现仪表持续闪烁或没有现象。

故障现象

1）无钥匙进入功能正常，解锁车门时，转向灯正常闪烁，但仪表上的转向灯指示灯不亮。
2）打开车门，仪表没有显示车门开启状态。
3）操作 E378，钥匙指示灯不闪烁，转向盘不解锁，仪表未点亮。
4）应急起动方式也无法打开 E378。

现象分析

无钥匙进入流程如图 8-19 所示，无钥匙进入时，仪表上的转向指示灯不亮，说明"车门把手触摸传感器→J965（通过唤醒信号）→J519，J965→天线→钥匙→J519（通过舒适 CAN）→J285"工作异常；而解锁正常，说明"车门把手触摸传感器→J965（通过唤醒信号）→J519，J965→天线→钥匙→J519（通过舒适 CAN）→J386、J387"工作正常；两者比较，说明 J285 与其他模块通信异常。可能故障原因有：① J285 自身故障；② J285 电源线路故障；③ J285 通信线路故障。

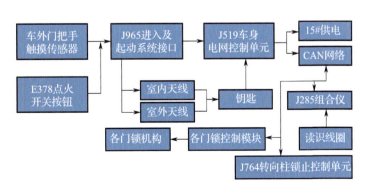

图 8-19　迈腾汽车无钥匙进入及起动流程图

故障点 1　**J285 端舒适 CAN-H 虚接 50Ω 电阻**

诊断过程

无钥匙进入与起动系统电路如图 8-20 所示。

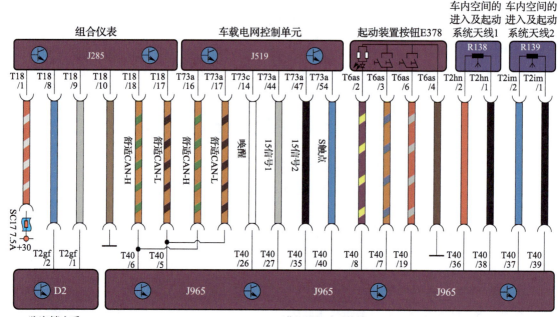

图 8-20　无钥匙进入与起动系统电路

1）打开双闪开关，用示波器测量 J285 端的舒适 CAN 波形（T18/17、T18/18 分别对地），发现 CAN-H 信号的振幅时高时低，如图 8-21 所示，说明 CAN-H 线路存在虚接故障。

2）关闭 E378，拆下蓄电池负极接线，断开 J519、J965 的插接器，用万用表测量 J285 端的 CAN-H 端子与 J519 端的 CAN-H 端子之间的阻值，正常为 0Ω，实测值为 50Ω。

3）排除 J285 端的舒适 CAN-H 线路虚接故障，系统恢复正常。

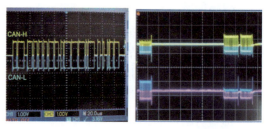

a）正常波形　　　　b）实测波形

图 8-21　J285 端舒适 CAN 正常波形
与实测波形（一）

故障机理

由于 J285 端的舒适 CAN-H 线路虚接，导致 J285 与其他模块之间通信异常，所以按下 E378 后，无法完成车内钥匙认证，导致点火开关打开失败。

故障点 2　**J285 端舒适 CAN-L 虚接 300Ω 电阻**

诊断过程

1）打开双闪开关，用示波器测量 J285 端舒适 CAN 波形（T18/17、T18/18 分别对地），发现 CAN-L 信号的振幅时高时低，如图 8-22 所示，发现 CAN-L 存在虚接故障。

2）关闭 E378，拆下蓄电池负极接线，断开 J519、J965 的插接器，用万用表测量 J285 端的 CAN-L 端子与 J519 端的 CAN-L 端子之间的阻值，正常为 0Ω，实测值为 300Ω。

3）排除 J285 端的舒适 CAN-L 线路虚接故障，系统恢复正常。

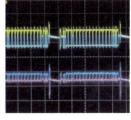

a）正常波形　　　　b）实测波形

图 8-22　J285 端舒适 CAN 正常波形与实测波形（二）

故障机理

由于 J285 的舒适 CAN-L 线路虚接，导致 J285 与其他模块之间通信异常，所以按下 E378 后，无法完成车内钥匙认证，导致点火开关打开失败。

故障点 3　J285 供电熔丝 SC17 断路

诊断过程

1）打开双闪开关，用示波器测量 J285 端舒适 CAN 波形（T18/17、T18/18 分别对地），未发现异常。

2）用万用表分别测量 J285 的供电端子 T18/1 和 T18/10 对地电压，正常值分别为 +B、0V，实测均为 0V，说明 J285 供电异常。

3）用万用表测量 SC17 两端对地电压，正常均为 +B，实测一端为 +B，另一端为 0V，说明 SC17 断路。

4）关闭 E378，拔下 SC17，目视或用万用表测量 SC17 的阻值，实测无穷大。

5）测量 SC17 下游电路对地阻值，正常应大于 +B/7.5A，实测正常。

6）更换熔丝，系统恢复正常。

故障机理

由于 J285 的供电熔丝 SC17 断路，导致 J285 供电异常，与其他模块无法正常通信，所以仪表不显示车门及警报信息，点火开关无法打开。

故障点 4　J285 供电熔丝 SC17 虚接 1000Ω 电阻

诊断过程

1）打开双闪开关，用示波器测量 J285 端舒适 CAN 波形（T18/17、T18/18 分别对地），未发现异常。

2）用万用表分别测量 J285 的供电端子 T18/1 和 T18/10 对地电压，正常值分别为 +B、0V，实测为 3.5V、0V，说明供电异常。

3）用万用表测量 SC17 两端对地电压，正常为 +B，实测一端为 +B，另一端为 3.5V，说明 SC17 内阻过大。

4）关闭 E378，拔下 SC17，用万用表测量其阻值，正常应近乎为零，实测 1000Ω。

5）更换 SC17 熔丝，系统恢复正常。

故障机理

由于 J285 的供电熔丝 SC17 虚接，导致 J285 供电异常，与其他模块无法正常通信，所以仪表不显示车门及警报信息，点火开关无法打开。

汽车故障检修技能竞赛案例教程

故障点 5　J285 正极供电线路虚接 1000Ω 电阻

诊断过程

1）打开双闪开关，用示波器测量 J285 端舒适 CAN 波形（T18/17、T18/18 分别对地），未发现异常。

2）用万用表分别测量 J285 的供电端子 T18/1 和 T18/10 对地电压，正常值分别为 +B、0V，实测分别为 3.5V、0V。

3）用万用表测量 SC17 对地电压，正常为 +B，实测正常，说明 SC17 至 T18/1 线路虚接。

4）关闭 E378，拆下蓄电池负极，拔下 SC17 熔丝，断开 J285 插接器，用万用表测量阻值，实测为 1000Ω。

5）排除 J285 的正极供电线路虚接故障，系统恢复正常。

故障机理

由于 J285 的正极供电线路虚接，导致 J285 供电异常，与其他模块无法正常通信，所以仪表不显示车门信息，点火开关无法打开。

故障点 6　J285 正极供电线路断路

诊断过程

1）打开双闪开关，用示波器测量 J285 端舒适 CAN 波形（T18/17、T18/18 分别对地），未发现异常。

2）用万用表分别测量 J285 的供电端子 T18/1 和 T18/10 对地电压，正常值分别为 +B、0V，实测均为 0V，说明 J285 供电异常。

3）用万用表测量 SC17 两端对地电压，正常均为 +B，实测正常，说明 SC17 至 T18/1 线路断路。

4）关闭 E378，拆卸蓄电池负极接线，拔下 SC11 熔丝，断开 J285 插接器，用万用表测量 SC17 与 J285 之间线路阻值，实测为无穷大。

5）排除 J285 的正极供电线路断路故障，系统恢复正常。

故障机理

由于 J285 的正极供电线路断路，导致 J285 供电异常，与其他模块无法正常通信，所以仪表不显示车门信息，点火开关无法打开。

故障点 7　J285 负极供电线路断路

诊断过程

1）打开双闪开关，用示波器测量 J285 端舒适 CAN 波形（T18/17、T18/18 分别对地），未发现异常。

2）用万用表分别测量 J285 的供电端子 T18/1 和 T18/10 对地电压，正常值分别为 +B、0V，实测均为 +B，说明搭铁线路存在断路。

3）关闭 E378，拆下蓄电池负极接线，断开 J285 插接器，用万用表测量 J285 搭铁线路阻值，正常应近乎为零，实测为无穷大。

4）排除 J285 的负极供电线路断路故障，系统恢复正常。

故障机理

由于 J285 的负极供电线路断路，导致 J285 供电异常，与其他模块无法正常通信，所以仪表不显示车门信息及报警信息，点火开关无法打开。

故障点 8 J285 负极供电线路虚接 1000Ω 电阻

诊断过程

1）打开双闪开关，用示波器测量 J285 端舒适 CAN 波形（T18/17、T18/18 分别对地），未发现异常。

2）用万用表分别测量 J285 的供电端子 T18/1 和 T18/10 对地电压，正常值分别为 +B、0V，实测分别为 +B、8V，说明搭铁线路存在虚接。

3）关闭 E378，拆下蓄电池负极接线，断开 J285 插接器，用万用表测量搭铁线路阻值，正常应近乎为零，实测为 1000Ω。

4）排除 J285 的负极供电线路虚接故障，系统恢复正常。

故障机理

由于 J285 的负极供电线路虚接，导致 J285 供电异常，与其他模块无法正常通信，所以仪表不显示车门及警告信息，点火开关无法打开。

案例 6 J965 端 CAN 总线故障检修

故障点 1：J965 端 CAN-H 线路断路
故障点 2：J965 端 CAN-L 线路断路
故障点 3：J965 端 CAN-H 线路虚接 300Ω 电阻
故障点 4：J965 端 CAN-L 线路虚接 100Ω 电阻

故障现象

1）所有车门无钥匙进入功能失效，但操作时钥匙指示灯闪烁，使用遥控器可以解锁车门。

2）打开车门，仪表显示车门开启状态正常，但钥匙指示灯不亮，E378 背景灯不亮。

3）操作 E378，钥匙指示灯不闪烁，仪表未点亮，应急起动无法打开 E378。

现象分析

无钥匙进入流程如图 8-23 所示，打开车门，钥匙指示灯不闪烁，说明"F2 → J386（通过舒适 CAN）→ J965 →室内天线→钥匙"工作异常；但仪表显示车门开启状态正常，说明"F2 → J386（通过舒适 CAN）→ J285"工作正常；无钥匙进入时钥匙闪烁正常，说

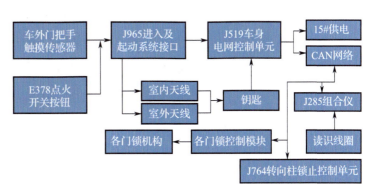

图 8-23　迈腾汽车无钥匙进入及起动流程图

明"车外门把手触摸传感器→J965→室内（外）天线→钥匙正常（注意室内天线有问题时，室外天线也不会发射信号）。

综合以上考虑，可能的故障原因为：① J965 自身故障；② J965 通信线路故障。

故障点 1 J965 端 CAN-H 线路断路

诊断过程

无钥匙进入与起动系统电路如图 8-24 所示。

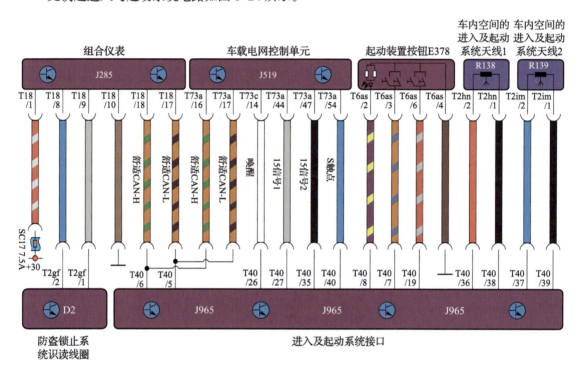

图 8-24 无钥匙进入与起动系统电路

1）打开双闪开关，反复操作 E378，用示波器测量 J965 端的 CAN 波形（T40/5、T40/6 分别对地），发现 J965 端的部分 CAN-H 波形有了 CAN-L 的属性，如图 8-25 所示，说明 CAN-H 存在断路或虚接故障。

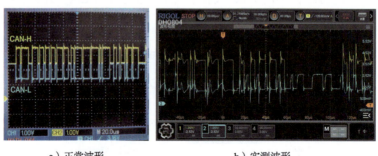

a）正常波形　　　　　b）实测波形

图 8-25 J965 端舒适 CAN 正常波形与实测波形（一）

2）关闭 E378，拆下蓄电池负极接线，断开 J965、J519 的插接器，用万用表测量 J965 至 J519 端的 CAN-H 线路阻值，正常应近乎为零，实测为无穷大。

3）排除 J965 端的 CAN-H 线路断路故障，系统恢复正常。

（故障机理）

由于 J965 端的 CAN-H 线路断路，导致 J965 无法与其他模块通信，所以无钥匙进入功能失效，点火开关无法打开。

故障点 2　J965 端 CAN-L 线路断路

诊断过程

1）打开双闪开关，反复操作 E378，用示波器测量 J965 端的 CAN 波形（T40/5、T40/6 分别对地），发现 J965 端的部分 CAN-L 波形有了 CAN-H 的属性，如图 8-26 所示，说明 CAN-L 线路存在断路故障。

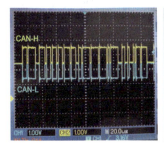

a）正常波形　　　　　　　　　b）实测波形

图 8-26　J965 端舒适 CAN 正常波形与实测波形（二）

2）关闭 E378，拆下蓄电池负极接线，断开 J965、J519 的插接器，用万用表测量 J965 至 J519 端的 CAN-L 线路阻值，正常应近乎为零，实测为无穷大。

3）排除 J965 端的 CAN-L 线路断路故障，系统恢复正常。

（故障机理）

由于 J965 端的 CAN-L 线路断路，导致 J965 无法与其他模块通信，所以无钥匙进入功能失效，点火开关无法打开。

故障点 3　J965 端 CAN-H 线路虚接 300Ω

诊断过程

1）打开双闪开关，反复操作 E378，用示波器测量 J965 端的 CAN 波形（T40/5、T40/6分别对地），发现 J965 端 CAN-H 存在虚接故障，如图 8-27 所示。

2）关闭 E378，拆下蓄电池负极接线，断开 J965、J519 的插接器，用万用表测量 J965 至 J519 端的 CAN-H 线路阻值，正常应近乎为零，实测为 300Ω。

3）排除 J965 端的 CAN-H 线路虚接故障，系统恢复正常。

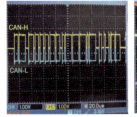
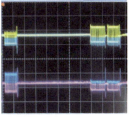

a）正常波形　　　　b）实测波形

图 8-27　J965 端舒适 CAN 正常波形与实测波形（三）

故障机理

由于 J965 端的 CAN-H 线路虚接，导致 J965 无法与其他模块通信，所以无钥匙进入功能失效，点火开关无法打开。

故障点 4 J965 端 CAN-L 线路虚接 100Ω

诊断过程

1）打开双闪开关，反复操作 E378，用示波器测量 J965 端的 CAN 波形（T40/5、T40/6 分别对地），如图 8-28 所示，发现 J965 端 CAN-L 存在虚接故障。

2）关闭 E378，拆下蓄电池负极接线，断开 J965、J519 的插接器，用万用表测量 J965 至 J519 端的 CAN-L 线路阻值，正常近乎为零，实测为 100Ω。

3）排除 J965 端的 CAN-L 线路虚接故障，系统恢复正常。

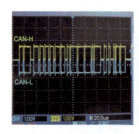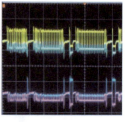

a）正常波形　　　　　b）实测波形

图 8-28　J965 端舒适 CAN 正常波形与实测波形（四）

故障机理

由于 J965 端的 CAN-L 线路虚接，导致 J965 无法与其他模块通信，所以无钥匙进入功能失效，点火开关无法打开。

| 案例 7 | J965 供电线路故障检修

故障点 1：J965 的正极供电线路虚接 1000Ω
故障点 2：J965 的正极供电线路断路
故障点 3：J965 的供电熔丝 SC19 断路
故障点 4：J965 的供电熔丝 SC19 虚接 1000Ω
故障点 5：J965 的负极供电线路虚接 1000Ω
故障点 6：J965 的负极供电线路断路

故障现象

1）无钥匙进入功能失效，钥匙指示灯不闪烁，但遥控钥匙解锁正常。

2）打开车门，仪表显示车门开启状态正常，但钥匙指示灯不闪烁，E378 背景灯不能点亮。

3）操作 E378，钥匙指示灯不闪烁，转向盘不能正常解锁，仪表未点亮。

4）应急起动失效。

现象分析

1）无钥匙进入时钥匙指示灯不能闪烁，说明"各车门触摸传感器→ J965 →室外天线→钥匙"工作异常。

2）拉开车门时钥匙指示灯不能闪烁，说明"F2 → J386（通过 CAN）→ J965 →室内天线

→钥匙"工作异常；但仪表显示车门开启状态正常，说明"F2 → J386（通过 CAN）→ J285"工作正常。

3）打开 E378 时钥匙指示灯不能闪烁，说明"E378 → J965 →室内天线→钥匙、J965（通过 CAN）→ J285"工作异常。

根据各种故障发生的概率，各车门触摸传感器、F2、E378、各天线同时损坏的概率几乎为零，因此造成以上三种故障的原因应该为其共有部分，即 J965 工作异常。可能的故障原因有：① J965 自身故障；② J965 电源故障。

J965 电源电路如图 8-29 所示。

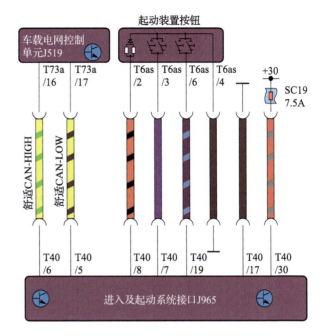

图 8-29　J965 电源电路

故障点 1　J965 的正极供电线路虚接 1000Ω

诊断过程

1）用万用表测量 J965 的 T40/30、T40/17 对地电压：正常分别为 +B、0V，实测 T40/30 为 5V，异常。

2）用万用表测量 SC19 输入、输出：正常均为 +B，实测 +B，正常，说明 T40/30 至 SC19 之间线路虚接。

3）关闭 E378，拆下蓄电池负极接线，拔下 SC19，断开 J965 的插接器，测量 J965 的 T40/30 与 SC19 之间的电阻，正常近乎为零，实测为 1000Ω，异常。

4）排除 J965 供电线路虚接故障，系统恢复正常。

故障机理

由于 J965 供电线路虚接，导致 J965 供电不足，无法与其他模块通信，所以无钥匙功能失效，点火开关无法打开。

故障点 2　J965 的正极供电线路断路

诊断过程

1）用万用表测量 J965 T40/30、T40/17 对地电压：正常分别为 +B、0V，实测 T40/30 为 0V，异常。

2）用万用表测量 SC19 的输入、输出电压：正常应均为 +B，实测均为 +B，正常，说明 T40/30 至 SC19 之间线路断路。

3）关闭 E378，拆下蓄电池负极接线，拔下 SC19，断开 J965 的插接器，测量 J965 的 T40/30 与 SC19 之间的电阻，正常近乎为零，实测为无穷大，异常。

4）排除 J965 供电线路断路故障，系统恢复正常。

由于 J965 供电线路断路，导致 J965 工作异常，无法与其他模块通信，所以无钥匙功能失效，点火开关无法打开。

故障点 3 J965 的供电熔丝 SC19 断路

诊断过程

1）用万用表测量 J965 的 T40/30、T40/17 对地电压：正常分别为 +B、0V，实测 T40/30 为 0V，异常。

2）用万用表测量 SC19 的输入、输出对地电压，正常应均为 +B，实测一端为 +B，另一端为 0V，异常，说明 SC19 断路。

3）关闭 E378，拔下 SC19，测量 SC19 的电阻为无穷大，异常。

4）拆下蓄电池负极接线，测量 SC19 下游电路对地阻值，应大于 +B/7.5A，实测正常。

5）更换 SC19，系统恢复正常。

故障机理

由于 J965 供电熔丝 SC19 断路，导致 J965 工作异常，无法与其他模块通信，所以无钥匙功能失效，点火开关无法打开。

故障点 4 J965 的供电熔丝 SC19 虚接 1000Ω

诊断过程

1）用万用表测量 J965 的 T40/30、T40/17 对地电压，正常分别为 +B、0V，实测 T40/30 为 3.5V，异常。

2）用万用表测量 SC19 的输入、输出对地电压，正常均应为 +B，实测一端为 +B，另一端为 3.5V，异常，说明 SC19 内阻过大。

3）关闭 E378，拔下 SC19，测量 SC19 的电阻为 1000Ω，异常。

4）更换 SC19，系统恢复正常。

故障机理

由于 J965 供电熔丝 SC19 内阻过大，导致 J965 供电不足，无法与其他模块通信，所以无钥匙功能失效，点火开关无法打开。

故障点 5 J965 的负极供电线路虚接 1000Ω

诊断过程

1）用万用表测量 J965 T40/30、T40/17 对地电压，正常分别为 +B、0V，实测 T40/17 为 5V，说明搭铁线路存在虚接。

2）关闭 E378，拆下蓄电池负极接线，断开 J965 的插接器，测量 J965 T40/17 搭铁线路的阻值，应近乎为零，实测为 1000Ω，异常。

3）排除 J965 搭铁线路虚接故障，系统恢复正常。

故障机理

由于 J965 搭铁线路虚接，导致 J965 供电不足，无法与其他模块通信，所以无钥匙功能失效，点火开关无法打开。

故障点 6 J965 的负极供电线路断路

诊断过程

1）用万用表测量 J965 的 T40/30、T40/17 对地电压：正常分别为 +B、0V，实测 T40/17 为 +B，说明搭铁线路存在断路。

2）关闭 E378，拆下蓄电池负极接线，断开 J965 的插接器，测量 J965 T40/17 搭铁线路的阻值，正常近乎为零，实测为无穷大，异常。

3）排除 J965 搭铁线路断路故障，系统恢复正常。

故障机理

由于 J965 搭铁线路断路，导致 J965 工作异常，无法与其他模块通信，所以无钥匙功能失效，点火开关无法打开。

| 案例 8 | 遥控钥匙未匹配故障检修

故障现象

1）无钥匙进入功能失效，钥匙指示灯不闪烁。

2）遥控钥匙解锁车门失效，整车无反应，但钥匙指示灯闪烁。

3）使用机械钥匙可以打开车门，同时转向灯闪烁。

现象分析

无钥匙进入流程如图 8-30 所示。

1）所有车门无钥匙进入时，钥匙指示灯均不闪烁，说明"触摸传感器→J965 →天线→钥匙"工作异常，基于故障概率，所有车门触摸传感器、天线及其信号线路异常的概率不高，故障可能在于钥匙和 J965。

2）遥控钥匙解锁车门失效，整车无反应，说明"钥匙→J519 →转向灯、J519 → J386 等→门锁电动机"工作异常；而机械解锁正常，同时转向灯闪烁，说明"车门微动开关→J386 →门锁电动机、J386（通过 CAN）→ J519 →转向灯"工作正常。以上比对说明"钥匙→J519"之间存在故障。

综合以上两种分析的共同部分，可能的故障原因有：①遥控钥匙损坏（写钥匙亏电判错）；②遥控钥匙未匹配。

诊断过程

更换钥匙后恢复正常，说明钥匙损坏。

故障机理

由于遥控钥匙损坏，导致 J519 无法识别钥匙发出的信号，所以遥控钥匙和无钥匙进入功能均失效。

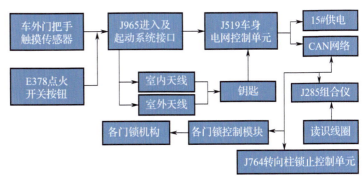

图 8-30 迈腾汽车无钥匙进入及起动流程图

| 案例 9 | 左前车门触摸传感器线路故障检修

故障点 1：左前车门触摸传感器信号线路断路

故障点 2：左前车门触摸传感器信号线路虚接 1000Ω

故障点 3：左前车门触摸传感器搭铁线路虚接 1000Ω

故障点 4：左前车门触摸传感器搭铁线路断路

故障点 5：左前车门触摸传感器信号线路对地短路

故障点 6：左前车门触摸传感器信号线路对地虚接 200Ω

故障现象

左前车门无钥匙进入失效，触摸车外门把手开关时钥匙指示灯不闪烁，其他车门正常。

现象分析

触摸左前车外门把手开关时钥匙指示灯不闪烁，说明"左前车外门把手开关→J965→左前车门外部天线→钥匙"工作异常；而其他车门无钥匙进入正常，说明 J965、J519、左前车门外部天线（为主天线，如果其有故障，别的车门无钥匙进入也会异常）等均工作正常。所以可能的故障原因为：①左前车门触摸传感器 G415 故障；②左前车门触摸传感器线路故障；③ J965 局部故障。

左前车门触摸传感器电路如图 8-31 所示。

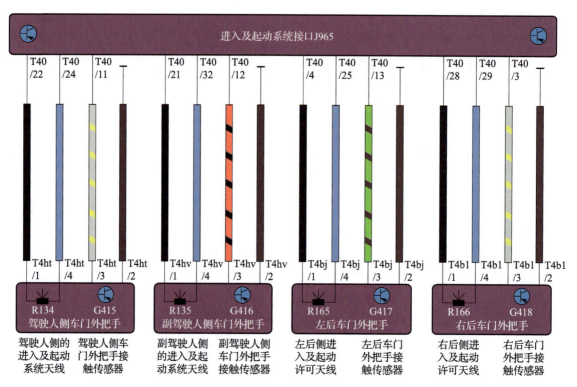

图 8-31 左前车门触摸传感器电路

故障点 1　左前车门触摸传感器信号线路断路

诊断过程

1）操作左前车门把手，用示波器测量 J965 的 T40/11 对地波形，实测波形频率无变化，如图 8-32 所示，说明测试点没有接收到传感器的信号。

2）操作左前车门把手，用示波器测量 G415 的 T4ht/3 对地波形，实测为 0V 直线，说明测试点到 J965 之间信号线路断路。

3）关闭 E378，拆下蓄电池负极接线，断开 G415、J965 的插接器，用万用表测量 G415、J965 之间线路的阻值，正常近乎为零，实测为无穷大。

4）排除左前车门触摸传感器信号线路断路故障，系统恢复正常。

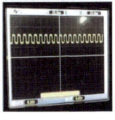

a）正常波形　　　　b）实测波形

图 8-32　J965 的 T40/11 对地正常波形
与实测波形（一）

故障机理

由于左前车门触摸传感器信号线路断路，导致 J965 无法收到传感器的信号，所以触摸左前门把手时，车门无法解锁。

故障点 2　左前车门触摸传感器信号线路虚接 1000Ω

诊断过程

1）操作左前车门把手，用示波器测量 J965 的 T40/11 对地波形，实测发现波形的低电平明显抬高，如图 8-33 所示，异常。

2）操作左前车门把手，用示波器测量 G415 的 T4ht/3 对地波形，实测发现波形的高电平降低，异常，说明触摸传感器信号线路虚接。

a）正常波形　　　　b）实测波形

图 8-33　J965 的 T40/11 对地正常波形
与实测波形（二）

3）关闭 E378，拆下蓄电池负极接线，断开 G415、J965 的插接器，用万用表测量 G415、J965 之间线路的阻值，正常近乎为零，实测为 1000Ω。

4）排除左前车门触摸传感器信号线路虚接故障，系统恢复正常。

故障机理

由于左前车门触摸传感器信号线路虚接，导致 J386 无法收到传感器的信号，所以触摸左前门把手时，车门无法解锁。

故障点 3　左前车门触摸传感器搭铁线路虚接 1000Ω

诊断过程

1）操作左前车门把手，用示波器测量 J965 的 T40/11 对地波形，实测发现波形的低电平明显抬高，如图 8-34 所示，异常。

2）操作左前车门把手，用示波器测量 G415 的 T4ht/3 对地波形，实测发现波形的低电平明显抬高，异常，说明测试点到开关搭铁之间电阻过大。

3）操作左前车门把手，用示波器测量 G415 的 T4ht/2 对地电压，正常应小于 0.1V，实测为：不工作时为 0.3V，工作时为 6.5V，异常，说明测试点到开关搭铁之间电阻过大。

4）关闭 E378，拆下蓄电池负极接线，断开 G415 的插头，用万用表测量 G415 的线束端 T4ht/2 与搭铁之间线路的阻值，正常应近乎为零，实测为 1000Ω。

a）正常波形　　　　b）实测波形

图 8-34　J965 的 T40/11 对地正常波形
与实测波形（三）

5）排除左前车门触摸传感器搭铁线路虚接故障，系统恢复正常。

故障机理

由于左前车门触摸传感器搭铁线路虚接，导致 J965 无法收到传感器的信号，所以触摸左前门把手时，车门无法解锁。

故障点 4　左前车门触摸传感器搭铁线路断路

诊断过程

1）操作左前车门把手，用示波器测量 J965 的 T40/11 对地波形，实测发现波形振幅未发生任何变化，如图 8-35 所示，异常，说明测试点与搭铁之间线路断路。

2）操作左前车门把手，用示波器测量 G415 的 T4ht/3 对地波形，实测发现波形振幅未发生任何变化，异常，说明测试点与搭铁之间线路断路。

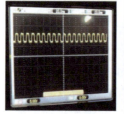

a）正常波形　　　　b）实测波形

图 8-35　J965 的 T40/11 对地正常波形
与实测波形（四）

3）操作左前车门把手，用示波器测量 G415 的 T4ht/2 对地电压，正常应小于 0.1V，实测始终为 10.57V，异常，说明测试点到开关搭铁之间断路。

4）关闭 E378，拆下蓄电池负极接线，断开 G415 的插头，用万用表测量 G415 的搭铁线路的阻值，正常应近乎为零，实测为无穷大。

5）排除左前车门触摸传感器搭铁线路断路故障，系统恢复正常。

故障机理

由于左前车门触摸传感器搭铁线路断路，导致 J965 无法收到传感器的信号，所以触摸左前门把手时，车门无法解锁。

故障点 5　左前车门触摸传感器信号线路对地短路

诊断过程

1）操作左前车门把手，用示波器测量 J965 的 T40/11 对地波形，实测波形为 0V，如图 8-36 所示，说明信号线路可能存在对地短路或 J965 局部故障。

2）关闭 E378，拆下蓄电池负极接线，用万用表测量 G415、J965 之间线路的对地阻值，正常应为无穷大，实测为 0Ω。

3）断开 G415、J965 的插接器，用万用表测量 G415、J965 之间线路的对地阻值，正常应为无穷大，实测为 0Ω。

4）排除左前车门触摸传感器信号线路对地短路故障，系统恢复正常。

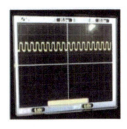 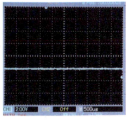

a）正常波形　　　　　b）实测波形

图 8-36　J965 的 T40/11 对地正常波形与实测波形（五）

故障机理

由于左前车门触摸传感器信号线路对地短路，导致 J965 无法收到传感器的信号，所以触摸左前门把手时，车门无法解锁。

故障点 6 左前车门触摸传感器信号线路对地虚接 200Ω

诊断过程

1）操作左前车门把手，用示波器测量 J965 的 T40/11 对地波形，实测发现波形被整体拉低到零，如图 8-37 所示，说明触摸传感器信号线路可能存在对地虚接。

2）关闭 E378，拆下蓄电池负极接线，用万用表测量 G415、J965 之间线路的对地阻值，正常应为无穷大，实测为 200Ω。

3）断开 G415、J965 的插接器，用万用表测量 G415、J965 之间线路的对地阻值，正常应为无穷大，实测为 200Ω。

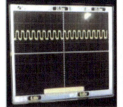

a）正常波形　　　　　b）实测波形

图 8-37　J965 的 T40/11 对地正常波形与实测波形（六）

4）排除左前车门触摸传感器信号线路对地虚接故障，系统恢复正常。

故障机理

由于左前车门触摸传感器信号线路对地虚接，导致 J965 无法收到传感器的信号，所以触摸左前门把手时，车门无法解锁。

| 案例 10 | 左前车门外部天线线路断路故障检修

故障现象

无钥匙进入功能均失效；触摸左侧门把手时，钥匙指示灯不闪烁；触摸右侧门把手时，钥匙指示灯正常闪烁；遥控钥匙解锁正常。

现象分析

触摸左侧车门把手时，钥匙指示灯不亮，说明"左侧车门触摸传感器→J965→左前门外部天线→钥匙"工作异常；而触摸右侧门把手时，钥匙指示灯正常闪烁，说明"右侧车门触摸传感器→J965→右前门外部天线→钥匙"工作正常；两者比对，说明 J965、钥匙正常，故障可能在于左侧车门触摸传感器、左前门外部天线，但左侧车门触摸传感器故障不会造成右前门无钥匙进入功能异常，所以故障可能在于左前门车外天线。具体表现在：①左前门室外天线自身故障；②左前门室外天线线路故障；③J965局部故障。

左前车门天线电路如图8-38所示。

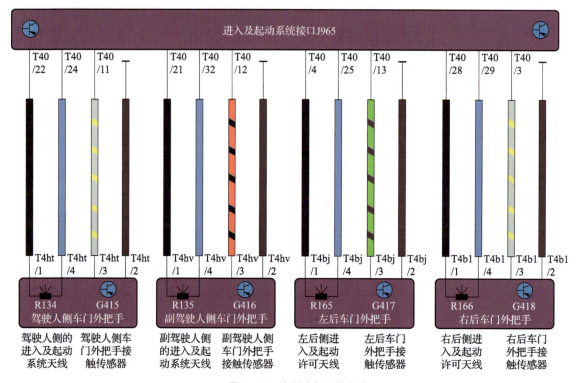

图8-38　左前车门天线电路

诊断过程

1）触摸左前门传感器，用示波器测量左前门室外天线 T4ht/1 与 T4ht/4 之间的工作波形，实测波形异常，如图8-39所示。

2）触摸左前门传感器，用示波器测量J965端输出波形，实测波形正常，说明信号线路断路。

3）关闭 E378，拆下蓄电池负极接线，断开 R134、J965 的插接器，用万用表测量 R134、J965 之间的线路阻值，正常为 0Ω，实测无穷大，说明室外天线线路断路。

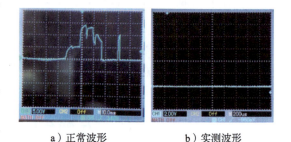

a）正常波形　　　b）实测波形

图8-39　左前门室外天线正常波形与实测波形

4）排除左前门室外天线线路断路故障，系统恢复正常。

故障机理

由于左前门室外天线线路断路，导致无法向遥控钥匙发送查询码，所以触摸左侧车门触摸传感器时无钥匙功能失效。

案例 11 │ 驾驶人侧车门门锁电动机线路故障检修

故障点 1：驾驶人侧车门门锁电动机线路虚接 100Ω
故障点 2：驾驶人侧车门门锁电动机线路断路

故障现象

无钥匙进入、操作遥控钥匙或 E308 时，左前车门不能解锁和闭锁，但其他车门可以正常解锁和闭锁，用机械钥匙可以解锁或闭锁左前车门。

现象分析

用机械钥匙可以解锁或闭锁左前车门，说明左前车门机械锁机构正常，无钥匙进入、操作遥控钥匙或 E308 时左前车门不能解锁和闭锁，但其他车门可以正常解锁和闭锁，说明 J386 信号输入正常，而左前门不能解锁及闭锁的故障原因为左前门门锁电动机工作异常，可能的故障原因为：① J386 至 V56 相关线路；② V56 自身故障；③ J386 局部故障，如图 8-40 所示。

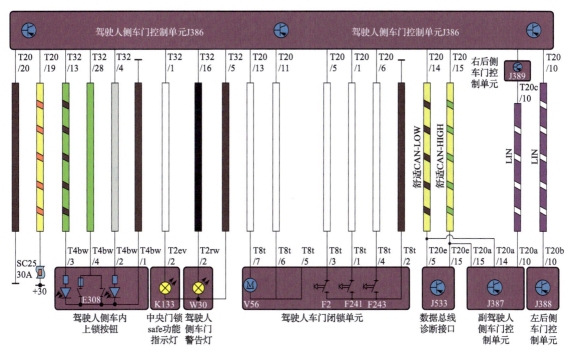

图 8-40　驾驶人侧车门门锁控制电路

故障点 1　驾驶人侧车门门锁电动机线路虚接 100Ω

诊断过程

1）操作 E308，用示波器测量 V56 的 T8t/6 和 T8t/7 之间的信号波形，应为 12V 的正反向方波，实测为振幅约 1.8V 的方波，异常，说明作用在电动机两端的电压过低。

2）操作 E308，用示波器测量 J386 端的 T20/11 与 T20/13 之间的信号波形，发现为 12V 的正反向方波，正常，结合上一步测试结果，说明电动机驱动线路存在虚接。

3）关闭 E378，拆下蓄电池负极接线，断开 V56、J386 的插接器，用万用表测量 V56、J386 之间线路的阻值，发现 J386 的 T20/13 到 V56 的 T8t/7 之间线路电阻为 100Ω。

4）排除 V56 线路虚接故障，系统恢复正常。

故障机理

由于 V56 线路虚接，导致门锁电动机工作电压不足，所以 J386 无法控制门锁电动机正常工作。

故障点 2 驾驶人侧车门门锁电动机线路断路

诊断过程

1）操作 E308，用示波器测量 V56 的 T8t/6 和 T8t/7 之间的信号波形，应为 12V 的正反向方波，实测振幅为 0V，异常，说明门锁电动机没有接收到驱动信号。

2）操作 E308，用示波器测量 J386 端的 T20/11 与 T20/13 之间的信号波形，发现为 12V 的正反向方波，正常，结合上一步测试结果，说明 J386 与 V56 之间线路存在断路。

3）关闭 E378，拆下蓄电池负极接线，断开 V56、J386 的插接器，用万用表测量 V56、J386 之间线路的阻值，发现 J386 的 T20/13 到 V56 的 T8t/7 之间线路电阻为无穷大。

4）排除 V56 线路断路故障，系统恢复正常。

故障机理

由于 V56 线路断路，导致门锁电动机工作电压不足，所以 J386 无法控制门锁电动机正常工作。

| 案例 12 | 左后车门门锁电动机线路断路故障检修

故障现象

无钥匙进入、操作遥控钥匙或 E308 时，左后车门不能解锁和闭锁，但其他车门可以正常解锁和闭锁；左后门玻璃升降器工作正常。

现象分析

无钥匙进入、操作遥控钥匙或 E308 时左后车门不能解锁和闭锁，说明"E308→J386（通过 LIN）→J388→左后门门锁电动机"工作异常；但其他车门可以正常解锁和闭锁，说明"E308→J386"工作正常；左后门玻璃升降器工作正常，说明"J386（通过 LIN）→J388"工作正常；所以左后门不能解锁及闭锁的故障原因为：左后门门锁电动机工作异常，可能的故障原因为：①左后门锁电动机自身故障；②左后门锁电动机线路故障；③J388 局部故障，如图 8-41 所示。

诊断过程

1）操作 E308，用示波器测量 V23 的 T8w/5 和 T8w/6 之间的信号波形，应为 12V 的正反向方波，实测振幅为 0V，异常，说明门锁电动机没有接收到驱动信号。

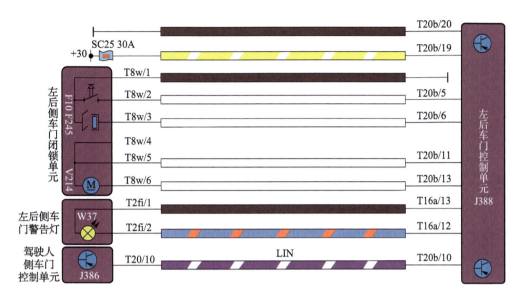

图 8-41 左后车门门锁控制电路

2）操作 E308，用示波器测量 J388 端的 T20b/11 与 T20b/13 之间的信号波形，发现为 12V 的正反向方波，正常，结合上一步测试结果，说明 J388 与 V214 之间线路存在断路。

3）关闭 E378，拆下蓄电池负极接线，断开 V214、J388 的插接器，用万用表测量 V214、J388 之间线路的阻值，用万用表测量线路阻值，发现 J388 的 T20b/13 到 V214 的 T8t/6 之间线路电阻无穷大。

4）排除 V214 线路断路故障，系统恢复正常。

故障机理

由于 V214 线路断路，导致门锁电动机工作电压不足，所以 J388 无法控制门锁电动机正常工作。

| 案例 13 | E308 开关信号线路及触点故障检修

故障点 1：E308 开关信号线路断路
故障点 2：E308 开关信号线路虚接 1000Ω
故障点 3：E308 开关信号线路对地短路
故障点 4：E308 开关信号线路对地虚接 150Ω
故障点 5：E308 开关内部触点均断路

故障现象

无钥匙进入功能正常；但操作 E308 时，所有车门门锁均不动作。

现象分析

无钥匙进入功能正常，说明各车门门锁机构工作正常；那操作 E308 时，所有车门门锁均不动作的可能原因为：① E308 自身故障；② E308 相关线路故障；③ J386 局部故障。E308 开关电路如图 8-42 所示。

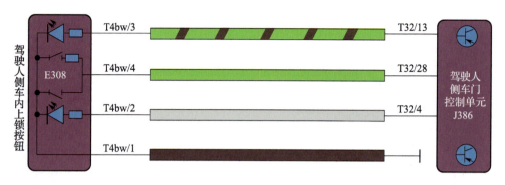

图 8-42 E308 开关电路

故障点 1 ► E308 开关信号线路断路

诊断过程

1）反复操作 E308，用示波器测量 J386 端开关信号（T32/28 对地波形），正常为振幅在 0 → +B 之间变化的方波，实测振幅始终保持为 +B 不变，异常，说明测试点到开关搭铁点之间线路断路。

2）反复操作 E308，用示波器测量 E308 端开关信号（T4bw/4 对地波形），正常为振幅在 0 → +B 之间变化的方波，实测为 0V 不变，结合上一步测试结果，说明 E308 开关信号线路断路。

3）关闭 E378，拆下蓄电池负极接线，断开 E308、J386 的插接器，用万用表测量 E308 端的 T4bw/4、J386 的 T32/28 之间线路的阻值，正常应近乎为零，实测为无穷大。

4）排除 E308 开关信号线路断路故障，系统恢复正常。

故障机理

由于 E308 开关信号线路断路，导致 J386 无法接收到车内上锁信号，所以按下 E308 后，所有车门门锁均不工作。

故障点 2 ► E308 开关信号线路虚接 1000Ω

诊断过程

1）操作 E308，用示波器测量 J386 端的开关信号（T32/28 对地波形），正常为振幅在 0 → +B 之间变化的方波，实测发现解锁、闭锁时信号高电平有了明显的提高，异常，说明测试点与搭铁之间存在虚接可能。

2）操作 E308，用示波器测量 E308 端开关信号（T4bw/4 对地波形），正常为振幅在 0 → +B 之间变化的方波，实测发现闭锁时信号高电平有了明显的降低，结合上一步测试结果，说明 E308 开关信号线路存在虚接。

3）关闭 E378，拆下蓄电池负极接线，断开 E308、J386 的插头，用万用表测量 E308 端的 T4bw/4、J386 的 T32/28 之间线路的阻值，正常应近乎为零，实测为 1000Ω。

4）排除 E308 开关信号线路虚接故障，系统恢复正常。

故障机理

由于 E308 开关信号线路虚接，导致 J386 无法接收到车内上锁信号，所以按下 E308 后，所有车门门锁均不工作。

故障点 3 ▶ E308 开关信号线路对地短路

诊断过程

1）操作 E308，用示波器测量 J386 端开关信号（T32/28 对地波形），正常为振幅在 0 → +B 之间变化的方波，实测为 0V 不变，说明信号线路可能存在对地短路或者 J386 自身故障。

2）关闭 E378，拆下蓄电池负极接线，用万用表测量 E308 端的 T4bw/4、J386 的 T32/28 之间线路对地阻值，正常应存在明显阻值，实测为 0Ω。

3）断开 E308、J386 的插接器，用万用表测量 E308 端的 T4bw/4、J386 的 T32/28 之间线路对地阻值，正常应存在明显阻值，实测为 0Ω。

4）排除 E308 开关信号线路对地短路故障，系统恢复正常。

故障机理

由于 E308 开关信号线路对地短路，导致 J386 无法接收到车内上锁信号，所以按下 E308 后，所有车门门锁均不工作。

故障点 4 ▶ E308 开关信号线路对地虚接 150Ω

诊断过程

1）操作 E308，用示波器测量 J386 端开关信号（T32/28 对地波形），正常为振幅在 0 → +B 之间变化的方波，实测发现未操作 E308 时，波形的高电平被明显拉低，说明信号线路可能存在对地虚接或者 J386 自身故障。

2）关闭 E378，拆下蓄电池负极接线，用万用表测量 E308 端的 T4bw/4、J386 的 T32/28 之间线路对地阻值，正常应存在很大阻值的，实测为 150Ω。

3）断开 E308、J386 的插接器，用万用表测量 E308 端的 T4bw/4、J386 的 T32/28 之间线路对地阻值，正常应无穷大，实测为 150Ω。

4）排除 E308 开关信号线路对地虚接故障，系统恢复正常。

故障机理

由于 E308 开关信号线路对地虚接，导致 J386 无法接收到车内上锁信号，所以按下 E308 后，所有车门门锁均不工作。

故障点 5 ▶ E308 开关内部触点均断路

诊断过程

1）操作 E308，用示波器测量 J386 端开关信号（T32/28 对地波形），正常为振幅在 0 → +B 之间变化的方波，实测为 0 → +B 不变，异常，说明测试点与搭铁之间线路断路。

2）操作 E308，用示波器测量 E308 端开关信号（T4bw/4 对地波形），正常为振幅在 0 → +B 之间变化的方波，实测为 0 → +B 不变，异常，说明测试点与搭铁之间线路断路。

3）操作 E308，用万用表测量 E308 端搭铁线路（T4bw/1 对地电压），正常为振幅 0V，实测为 0V，正常，说明 E308 内部触点损坏。

4）关闭 E378，拆下蓄电池负极接线，断开 E308 的插头，用万用表测量 E308 端的 T4bw/4、T4bw/1 之间线路的阻值，正常应在无穷大、某个特定电阻、零之间切换，实测为始终无穷大，说明开关损坏。

5）更换 E308，系统恢复正常。

故障机理

由于 E308 开关内部损坏，导致 J386 无法接收到车内上锁信号，所以按下 E308 后，所有车门门锁均不工作。

| 案例 14 | E308 开关搭铁线路虚接 1000Ω 电阻故障检修

故障现象

无钥匙进入功能正常；但操作 E308 时，所有车门门锁均不动作；同时 E308 背景灯明显变暗。

现象分析

无钥匙进入功能正常，说明各车门门锁机构工作正常；那操作 E308 时，所有车门门锁均不动作的可能原因为：① E308 自身故障；② E308 相关线路故障；③ J386 局部故障。

同时 E308 背景灯变暗，说明其工作电源存在故障，两者综合考虑，故障的原因可能为：① E308 自身故障；② E308 搭铁线路故障，如图 8-43 所示。

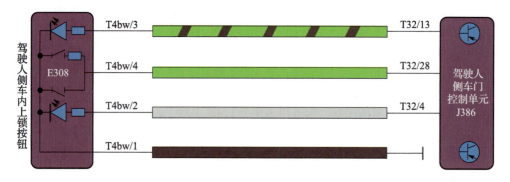

图 8-43 E308 开关电路

诊断过程

1）操作 E308，用万用表测量 E308 端搭铁线路（T4bw/1 对地电压），正常应小于 0.1V，实测为 3V，异常。

2）关闭 E378，拆下蓄电池负极接线，断开 E308 的插接器，用万用表测量其搭铁线路阻值，正常应近乎为零，实测为 1000Ω，说明搭铁线路虚接。

3）排除 E308 开关搭铁线路虚接故障，系统恢复正常。

故障机理

由于 E308 开关搭铁线路虚接，导致 J386 无法接收到车内上锁信号，所以按下 E308 后，所有车门门锁均不工作。

| 案例 15 | E308 开关搭铁线路断路故障检修

故障现象

无钥匙进入功能正常；但操作 E308 时，所有车门门锁均不动作；同时 E308 背景灯不能正常亮。

现象分析

无钥匙进入功能正常，说明各车门门锁机构工作正常；那操作 E308 时，所有车门门锁均不动作的可能原因为：① E308 自身故障；② E308 相关线路故障；③ J386 局部故障。同时 E308 背景灯不亮，说明其工作电源存在故障，两者综合考虑，故障原因可能为：① E308 自身故障；② E308 搭铁线路故障，如图 8-44 所示。

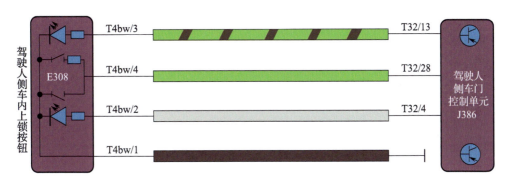

图 8-44　E308 开关电路

诊断过程

1）操作 E308，用万用表测量 E308 端搭铁线路（T4bw/1 对地电压），正常应小于 0.1V，实测为 5V，异常，说明测试点到开关搭铁之间线路断路。

2）关闭 E378，拆下蓄电池负极接线，断开 E308 插接器，用万用表测量其搭铁线路阻值，正常应近乎为零，实测为无穷大，说明搭铁线路断路。

3）排除 E308 开关搭铁线路断路故障，系统恢复正常。

故障机理

由于 E308 开关搭铁线路断路，导致 J386 无法接收到车内上锁信号，所以按下 E308 后，所有车门门锁均不工作。

任务 9　汽车灯光控制系统故障检修

| 案例 1 | 灯光开关 LIN 线故障检修

故障点 1：灯光开关 LIN 线断路
故障点 2：灯光开关 LIN 线虚接 1000Ω 电阻
故障点 3：灯光开关 LIN 线对地短路
故障点 4：灯光开关 LIN 线对地虚接 500Ω 电阻

故障现象

打开车门，进入车内，灯光开关 EX1 背景灯不亮；打开 E378，小灯和近光灯全部点亮；小灯档时，小灯正常，前后雾灯均不亮；近光灯档时，近光灯正常，前后雾灯均不亮；其余正常。

现象分析

灯光开关电路如图 9-1 所示，打开 E378，小灯和近光灯全部点亮，说明灯光系统进入应急模式；小灯档时，小灯正常，前后雾灯均不亮，说明冗余信号正常。可能的故障原因为：①灯光开关自身故障；②灯光开关正极电源或 LIN 线路故障；③ J519 局部故障。

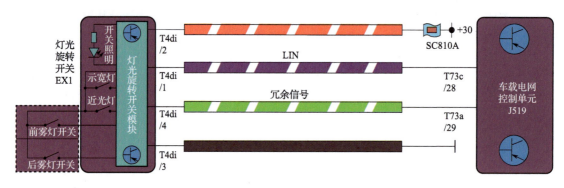

图 9-1　灯光开关电路

故障点 1　灯光开关 LIN 线断路

诊断过程

1）打开 E378，用示波器测量 EX1 的 T4di/1 对地波形，正常为 0 → 12V 的方波，实测基本为 +B 直线，说明测试点到 J519 之间线路断路。

2）打开 E378，用示波器测量 J519 的 T73c/28 对地波形为，正常为 0 → 12V 的方波，实测未见异常。

3）关闭 E378，拆下蓄电池负极接线，断开 J519、EX1 插接器，用万用表测量 J519、EX1 之间 LIN 线的阻值，正常应近乎为零，实测为无穷大。

4）排除灯光开关 LIN 线断路故障，系统恢复正常。

故障机理

由于灯光开关 LIN 线断路，导致 J519 无法收到完整的开关信号，所以打开 E378 时灯光系统进入应急模式，小灯和近光灯全部点亮，前后雾灯均不亮。

故障点 2　灯光开关 LIN 线虚接 1000Ω 电阻

诊断过程

1）打开 E378，用示波器测量 EX1 的 T4di/1 对地波形，正常为 $0 \to 12V$ 的方波，实测发现波形的低电平一会儿为 0V，一会儿为 3V（可能存在偏差），异常，说明测试点到 J519 之间线路虚接。

2）打开 E378，用示波器测量 J519 的 T73c/28 对地波形，正常为 $0 \to 12V$ 的方波，实测发现高电平一会儿为 12V，一会儿为 4V，结合上一步测试结果，说明 LIN 线虚接。

3）关闭 E378，拆下蓄电池负极接线，断开 J519、EX1 插接器，用万用表测量 J519、EX1 之间 LIN 线的阻值，正常应近乎为零，实测为 1000Ω。

4）排除灯光开关 LIN 线虚接故障，系统恢复正常。

故障机理

由于灯光开关 LIN 线虚接，导致 J519 无法收到完整的开关信号，所以打开 E378 时灯光系统进入应急模式，小灯和近光灯全部点亮，前后雾灯均不亮。

故障点 3　灯光开关 LIN 线对地短路

诊断过程

1）打开 E378，用示波器测量 EX1 的 T4di/1 对地波形，正常为 $0 \to 12V$ 的方波，实测为 0V 直线，如图 9-2 所示，说明 LIN 线存在对地短路或者测试点与两端模块均断路。

2）关闭 E378，拆下蓄电池负极接线，用万用表测量 J519、EX1 之间信号线路对地电阻，正常应存在很大电阻，实测为 0Ω。

3）断开 J519、EX1 插接器，用万用表测量 J519、EX1 之间信号线路对地电阻，正常为无穷大，实测为 0Ω。

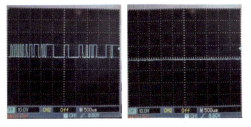

a）正常波形　　　　b）实测波形

图 9-2　EX1 的 T4di/1 对地正常波形与实测波形

4）排除灯光开关 LIN 线对地短路故障，系统恢复正常。

故障机理

由于灯光开关 LIN 线对地短路，导致 J519 无法收到完整的开关信号，所以打开 E378 时灯光系统进入应急模式，小灯和近光灯全部点亮，前后雾灯均不亮。

故障点 4 灯光开关 LIN 线对地虚接 500Ω 电阻

诊断过程

1）打开 E378，用示波器测量 EX1 的 T4di/1 对地波形，正常为 $0 \rightarrow 12V$ 的方波，实测为 $0 \rightarrow 5V$ 的方波，说明 LIN 线可能存在对地虚接或者 EX1 自身故障。

2）关闭 E378，拆下蓄电池负极接线，用万用表测量 J519、EX1 之间信号线路对地电阻，正常应存在很大电阻，实测为 500Ω。

3）断开 J519、EX1 插接器，用万用表测量 J519、EX1 之间信号线路对地电阻，正常为无穷大，实测为 500Ω。

4）排除灯光开关 LIN 线对地虚接故障，系统恢复正常。

故障机理

由于灯光开关 LIN 线对地虚接，导致 J519 无法收到完整的开关信号，所以打开 E378 时灯光系统进入应急模式，小灯和近光灯全部点亮，前后雾灯均不亮。

| 案例 2 | 灯光开关 LIN 线对冗余线路短路故障检修

故障现象

打开车门，进入车内，EX1 背景灯点亮；打开 E378，小灯和近光灯全部点亮；小灯档时，小灯正常，近光灯异常闪烁，前后雾灯均不亮；近光灯档时，近光灯点亮，前后雾灯不亮；其余正常。

现象分析

灯光开关电路如图 9-3 所示，打开 E378，小灯和近光灯全部点亮，说明灯光系统进入应急模式；小灯档时，小灯正常，近光灯异常闪烁，说明灯光开关信号在正常和异常之间变化。可能的故障原因为：①灯光开关自身故障；②灯光开关相关线路故障；③ J519 局部故障。

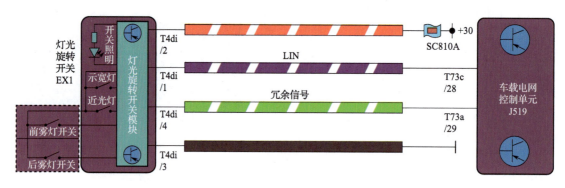

图 9-3 灯光开关电路

诊断过程

1）打开 E378，操作 EX1，用示波器测量 J519 的 T73c/28 对地波形，正常为 $0 \rightarrow 12V$ 的方波，实测为 $0 \rightarrow +B$ 的杂波，如图 9-4 所示，且在不同档位，波形振幅与冗余信号振幅一致，说明 LIN 线可能对冗余线路短路。

2）关闭 E378，拆下蓄电池负极接线，用万用表测量 J519 的 T73a/29、T73c/28 之间的电阻，应存在很大的阻值，实测为 0Ω。

3）断开 J519、EX1 插接器，用万用表测量 J519 的 T73a/29、T73c/28 之间的电阻，应无穷大，实测为 0Ω。

4）排除灯光开关 LIN 线与冗余线路短路故障，系统恢复正常。

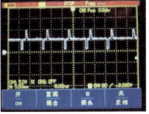

a）正常波形　　　b）实测波形

图 9-4　J519 的 T73c/28 对地正常波形与实测波形

故障机理

由于灯光开关 LIN 线与冗余线路短路，导致 J519 无法收到完整的开关信号，所以打开 E378 时灯光系统进入应急模式，小灯和近光灯全部点亮，前后雾灯均不亮。

案例 3　灯光开关 LIN 线对冗余线路虚接 200Ω 电阻故障检修

故障现象

打开车门，进入车内，EX1 背景灯点亮；打开 E378，小灯和近光灯全部点亮；小灯档时，小灯正常，前后雾灯均不亮；近光灯档时，近光灯点亮，前后雾灯不亮；其余正常。

现象分析

灯光开关电路如图 9-5 所示，打开 E378，小灯和近光灯全部点亮，说明灯光系统进入应急模式；小灯档时，小灯正常，前后雾灯均不亮，说明冗余信号正常。可能的故障原因为：①灯光开关自身故障；②灯光开关相关线路故障；③ J519 局部故障。

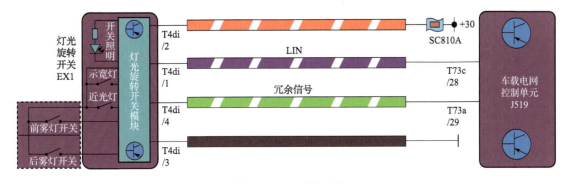

图 9-5　灯光开关电路

诊断过程

1）打开 E378，操作 EX1，用示波器测量 J519 的 T73c/28 对地波形，正常为 0 → 12V 的方波，实测为 0 → +B 的杂波，如图 9-6 所示，且在不同档位，波形振幅与冗余信号振幅一致，说明 LIN 线可能对冗余线路短路。

2）关闭 E378，拆下蓄电池负极接线，用示波器测量 J519 的 T73a/29、T73c/28 之间的电阻，应存在很大的阻值，实测为 200Ω。

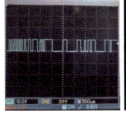 

a）正常波形　　　b）实测波形

图 9-6　J519 的 T73c/28 对地正常波形与实测波形

3）断开 J519、EX1 插接器，用万用表测量 J519 的 T73a/29、T73c/28 之间的电阻，应无穷大，实测为 200Ω。

4）排除灯光开关 LIN 线与冗余线路虚接故障，系统恢复正常。

故障机理

由于灯光开关 LIN 线与冗余线路虚接，导致 J519 无法收到完整的开关信号，所以打开 E378 时灯光系统进入应急模式，小灯和近光灯全部点亮，前后雾灯均不亮。

| 案例4 | 灯光开关冗余信号线路对地短路故障检修

故障现象

打开 E378，未操作 EX1，近光灯自动开启；操作 EX1，只能在近光灯档位开启前后雾灯；其余正常。

现象分析

灯光开关电路如图 9-7 所示，打开 E378，操作 EX1 到近光灯档位，可正常开启前后雾灯，说明在该档位时，EX1 电源、Lin、冗余信号均无异常；而未操作 EX1，近光灯自动开启，说明系统进入应急模式，说明冗余信号与 LIN 总线信号之间存在矛盾。可能的故障原因为：①冗余信号线路；②EX1 局部；③J519 局部。

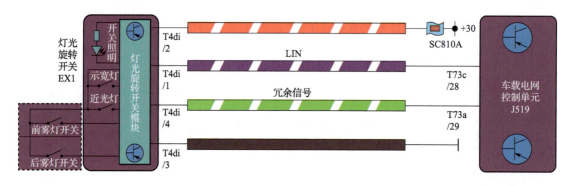

图 9-7　灯光开关电路

诊断过程

1）打开 E378，操作 EX1，用示波器测量 J519 端冗余信号波形（T73a/29），发现冗余信号始终为 0V 直线，如图 9-8 所示，说明存在对地短路或者 J519 存在故障。

2）关闭 E378，拆下蓄电池负极接线，用万用表测量 J519 的 T73a/29 到 EX1 的 T4di/4 之间线路的对地电阻，应存在很大阻值，实测近乎为零。

3）断开 J519、EX1 插接器，用万用表测量 J519 的 T73a/29 到 EX1 的 T4di/4 之间线路的对地电阻，应无穷大，实测近乎为零。

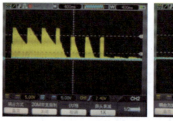

a）正常波形

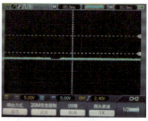

b）实测波形

图 9-8　J519 端冗余信号正常波形与实测波形

4）排除冗余信号线路对地短路故障，系统恢复正常。

故障机理

由于冗余信号线路对地短路，导致 J519 收到与 LIN 线不一致的开关信号，所以打开 E378，灯光系统进入应急模式。

案例 5　灯光开关冗余信号线路对地虚接 500Ω 电阻故障检修

故障现象

打开 E378，未操作 EX1，近光灯自动开启；小灯档时，小灯和近光同时点亮，前后雾灯不亮；近光灯档时，近光灯点亮，前后雾灯正常；其余正常。

现象分析

灯光开关电路如图 9-9 所示，打开 E378，操作 EX1 到近光灯档位，可正常开启前后雾灯，说明在该档位时，EX1 电源、Lin、冗余信号均无异常；而未操作 EX1，近光灯自动开启，说明系统进入应急模式，说明冗余信号与 LIN 总线信号之间存在矛盾。可能的故障原因为：①冗余信号线路；②EX1 局部；③J519 局部。

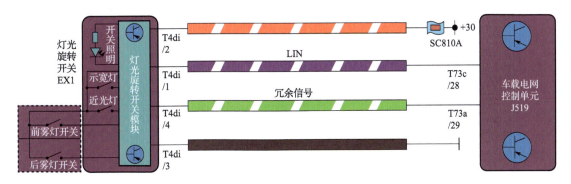

图 9-9　灯光开关电路

诊断过程

1）打开 E378，操作 EX1，用示波器测量 J519 端冗余信号波形（T73a/29），发现冗余信号振幅始终较低，说明冗余存在对地虚接故障。

2）关闭 E378，拆下蓄电池负极接线，用万用表测量 J519 的 T73a/29 到 EX1 的 T4di/4 之间线路的对地电阻，应存在很大阻值，实测为 500Ω。

3）断开 J519、EX1 插接器，用万用表测量 J519 的 T73a/29 到 EX1 的 T4di/4 之间线路的对地电阻，应无穷大，实测为 500Ω。

4）排除冗余信号线路对地虚接故障，系统恢复正常。

故障机理

由于冗余信号线路对地虚接，导致 J519 收到与 LIN 线不一致的开关信号，所以打开 E378，灯光系统进入应急模式。

| 案例 6 | 灯光开关冗余信号线路虚接 500Ω 电阻故障检修

故障现象

打开 E378，正常；小灯档时，小灯点亮，前后雾灯正常；近光灯档时，近光灯点亮，前后雾灯不亮。

现象分析

灯光开关电路如图 9-10 所示，小灯档时，小灯及近光灯工作正常，同时可开启前后雾灯，说明 EX1 与 J519 之间一切正常；近光灯档时，前后雾灯不亮，说明 J519 接收到矛盾的开关信号。可能的故障原因为：① EX1 局部；②冗余信号线路；③ J519 局部。

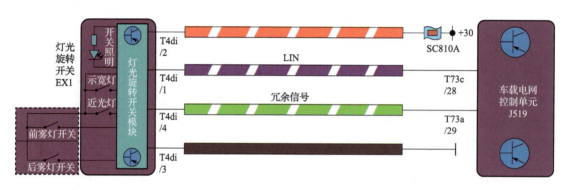

图 9-10 灯光开关电路

诊断过程

1）打开 E378，操作 EX1，用示波器测量 J519 端冗余信号波形（T73a/29），发现冗余信号高电平在小灯档和近光灯时明显过大，如图 9-11 所示，说明冗余信号线路可能存在虚接故障。

2）打开 E378，操作 EX1，用示波器测量 EX1 的 T4di/4 信号波形，发现冗余信号高电平在小灯档和近光灯时明显过低，说明冗余信号线路存在虚接故障。

3）关闭 E378，拆下蓄电池负极接线，断开 J519、EX1 插接器，用万用表测量 J519 的 T73a/29 到 EX1 的 T4di/4 之间线路的电阻，应近乎为零，实测为 500Ω，说明线路虚接。

4）排除故障，系统恢复正常。

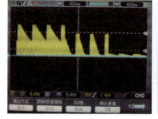

a）正常波形　　　　　　b）实测波形

图 9-11 J519 端冗余信号正常波形与实测波形

故障机理

由于冗余信号线路虚接，导致 J519 在近光灯档收到与 LIN 线不一致的开关信号，所以近光灯档时灯光系统进入应急模式，前后雾灯不亮。

| 案例 7 | 灯光开关供电线路故障检修

故障点 1：灯光开关供电熔丝 SC8 断路
故障点 2：灯光开关供电熔丝 SC8 虚接 1000Ω 电阻

故障点 3：灯光开关搭铁线路断路

故障点 4：灯光开关搭铁线路虚接 1000Ω

故障现象

打开车门，进入车内，EX1 背景灯不亮；打开 E378，小灯和近光灯全部点亮；小灯档时，小灯正常，前后雾灯均不亮；近光灯档时，近光灯正常，前后雾灯不亮；其余正常。

现象分析

灯光开关电路如图 9-12 所示，EX1 背景灯不亮，说明"正极电源→照明灯→灯光旋转开关模块（通过 LIN 线）→ J519"工作异常；打开 E378，小灯和近光灯全部点亮，说明灯光系统进入应急模式，说明 J519 接收到异常的开关信号；小灯档时，小灯正常，前后雾灯均不亮，说明冗余信号正常。

综合以上分析，可能的故障原因为：①灯光开关自身故障；②灯光开关相关线路故障；③J519 局部故障。

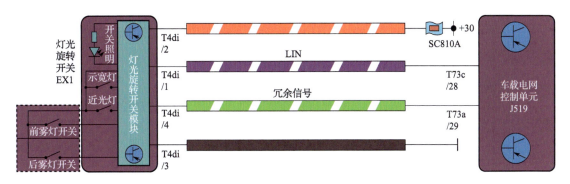

图 9-12　灯光开关电路

故障点 1　灯光开关供电熔丝 SC8 断路

诊断过程

1）打开 E378，用示波器测量 EX1 的 T4di/1 对地波形，正常为 0 → 12V 的方波，实测正常。

2）用万用表测量 T4di/2 对地电压，正常为 +B，实测为 0V，异常。

3）用万用表测量 SC8 对地电压，正常均为 +B，实测一端为 +B，另一端为 0V，说明 SC8 断路。

4）拔下 SC8，用万用表测量阻值，正常为 0Ω，实测为无穷大。

5）用万用表测量 SC8 下游电路对地电阻，应大于 +B/10A，实测正常。

6）更换 SC8，系统恢复正常。

故障机理

由于 SC8 断路，导致灯光开关供电异常，J519 无法收到完整的开关信号，所以打开 E378 时灯光系统进入应急模式，小灯和近光灯全部点亮，前后雾灯均不亮。

故障点 2　灯光开关供电熔丝 SC8 虚接 1000Ω 电阻

诊断过程

1）打开 E378，用示波器测量 EX1 的 T4di/1 对地波形，正常为 0 → 12V 的方波，实测为：

$0 \rightarrow 12V$ 方波，正常。

2）打开 E378，用万用表测量 T4di/2 对地电压，正常为 +B，实测为 3V，异常。

3）打开 E378，用万用表测量 SC8 对地电压，正常均为 +B，实测一端为 +B，另一端为 3V，说明 SC8 内部过大。

4）拔下 SC8，用万用表测量阻值，正常为 0Ω，实测为 1000Ω。

5）更换 SC8，系统恢复正常。

故障机理

由于 SC8 虚接，导致灯光开关供电异常，J519 无法收到完整的开关信号，所以打开 E378 时灯光系统进入应急模式，小灯和近光灯全部点亮，前后雾灯均不亮。

故障点 3 灯光开关搭铁线路断路

诊断过程

1）用万用表测量 T4di/3 对地电压为，正常应小于 0.1V，实测为 +B，异常，说明搭铁线路存在断路。

2）关闭 E378，断开 EX1 插接器，用万用表测量搭铁线路阻值，应近乎为零，实测为无穷大。

3）排除 EX1 搭铁线路断路故障，系统恢复正常。

故障机理

由于 EX1 搭铁线路断路，导致灯光开关供电异常，J519 无法收到开关信号，所以打开 E378 时灯光系统进入应急模式，小灯和近光灯全部点亮，前后雾灯均不亮。

故障点 4 灯光开关搭铁线路虚接 1000Ω

诊断过程

1）打开 E378，用万用表测量 EX1 的 T4di/3 对地电压，正常应小于 0.1V，实测为 8V，异常，说明搭铁线路存在虚接。

2）关闭 E378，断开 EX1 插接器，用万用表测量搭铁线路阻值，应近乎为零，实测为 1000Ω。

3）排除 EX1 搭铁线路断路故障，系统恢复正常。

故障机理

由于 EX1 搭铁线路虚接，导致灯光开关供电异常，J519 无法收到开关信号，所以打开 E378 时灯光系统进入应急模式，小灯和近光灯全部点亮，前后雾灯均不亮。

| 案例 8 | 后雾灯供电线路断路故障检修

故障现象

打开 E378，小灯档时，小灯正常，前雾灯正常，但后雾灯不亮；近光灯档时，近光灯正常，前雾灯正常，后雾灯不亮，仪表上后雾灯指示灯点亮，仪表提示左侧后雾灯损坏。

现象分析

后雾灯电路如图 9-13 所示，仪表上后雾灯指示灯点亮，说明 J519 已经收到后雾灯开关信号，但后雾灯不亮，说明后雾灯回路异常。可能的故障原因为：①后雾灯自身故障；②后雾灯线路故障；③ J519 局部故障。

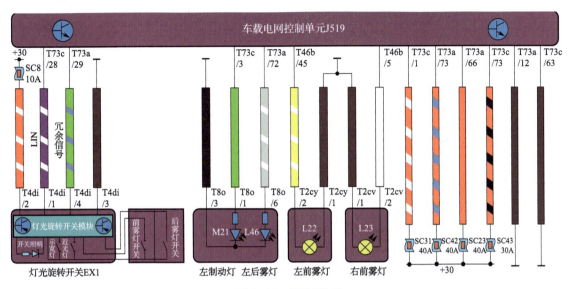

图 9-13　后雾灯电路

诊断过程

1）关闭行李舱盖，打开后雾灯，用万用表测量 T8o/6 对地电压，正常为 +B，实测为 0V，异常（注意：由于左制动灯正常，而左制动灯和左后雾灯合用一个搭铁线，所以暂时不考虑左后雾灯搭铁问题）。

2）关闭行李舱盖，打开后雾灯，用万用表测量 J519 的后雾灯 T73a/72 对地电压，正常为 +B，实测正常，结合上一步测试结果，说明后雾灯供电线路断路。

3）关闭 E378，拆下蓄电池负极接线，断开 J519、L46 插接器，用万用表测量后雾灯供电线路阻值，正常为 0Ω，实测值为无穷大。

4）排除后雾灯供电线路断路故障，系统恢复正常。

故障机理

由于后雾灯供电线路断路，导致后雾灯无法收到 J519 的供电信号，所以打开后雾灯开关，后雾灯不亮。

| 案例 9 | 倒车灯与牌照灯供电线路短路故障检修

故障现象

打开 E378，打开倒车灯，倒车灯正常，但牌照灯异常亮起；打开 E378，打开牌照灯，牌照灯正常，但倒车灯异常亮起；其余正常。

现象分析

基于线路原理，分析倒车灯与牌照灯的相关线路存在关联故障。

诊断过程

倒车灯与牌照灯电路如图 9-14 所示。

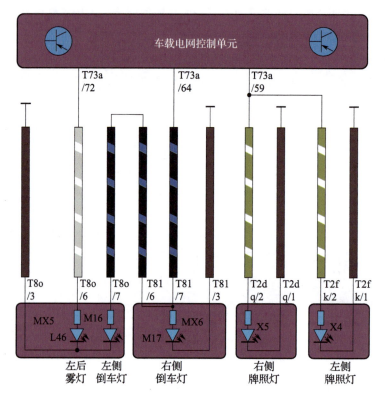

图 9-14　倒车灯与牌照灯电路

1）打开 E378，挂入倒挡或开启小灯，用万用表分别测量 MX6 的 T8l/7 和 X5 的 T2dq/2、X4 的 T2fk/2 对地电压，正常情况下，只有对应的端子会有 +B 电压，实测为：激活其中一个，三个端子均为 +B，异常。

2）关闭，拆下蓄电池负极接线，用万用表测量 J519 的 T73a/64 到 MX6 的 T8l/7、J519 的 T73a/59 到 X5 的 T2dq/2 和 X4 的 T2fk/2 线路之间电阻，应无穷大，实测 ≤ 0.1Ω，说明线路之间存在相互短路。

3）排除故障，系统恢复正常。

故障机理

由于倒车灯与牌照灯供电线路短路，导致 J519 点亮其中任一灯泡时，其他灯泡均点亮。

案例 10 ｜ 尾部左侧牌照灯 X4 损坏故障检修

故障现象

X4 牌照灯始终不亮，其余正常。

现象分析

牌照灯电路如图 9-15 所示，由于 X4、X5 共用一部分供电和搭铁线路，X5 正常，说明公共供电和搭铁线路正常。造成 X4 牌照灯始终不亮的可能原因有：① X4 损坏；② X4 线路故障。

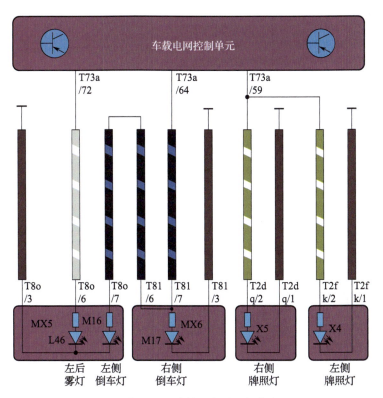

图 9-15 倒车灯与牌照灯电路

诊断过程

1）小灯档，用万用表测量 X4 的 T2dq/2 对地电压：正常为 +B，实测为 12.4V，正常，说明 X4 自身损坏。

2）更换 X4，系统恢复正常。

故障机理

由于牌照灯 X4 损坏，所以打开小灯档时，左侧牌照灯不亮。

| 案例 11 | 高位制动供电线路断路故障检修

故障现象

打开 E378，踩下制动踏板高位制动灯不亮；其余正常。

现象分析

制动灯电路如图 9-16 所示，尾部制动灯正常，说明 J519 接收到的制动开关信号正常；造成高位制动灯不亮的原因可能是：① M25 相关线路；② M25、J519 局部。

诊断过程

1）打开 E378，踩下制动踏板，用万用表测量 M25 的工作电压，正常应为 +B，实测为 0V，异常。

2）打开 E378，踩下制动踏板，用万用表测量 M25 的 T2he/1、T2he/2 对地电压，正常分别

汽车故障检修技能竞赛案例教程

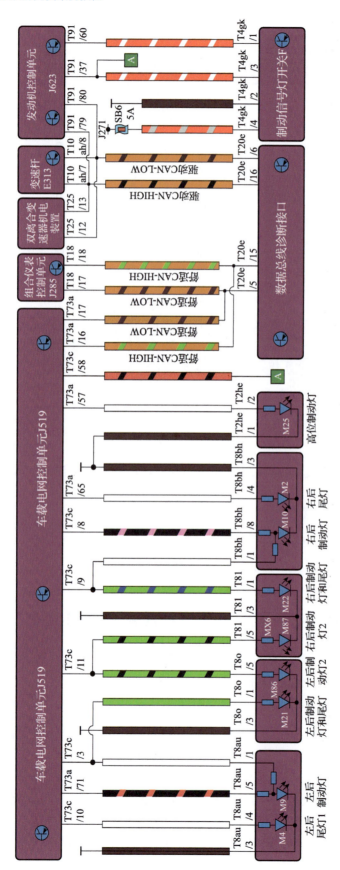

图 9-16　制动灯控制电路

为 0V、+B，实测均为 0V，异常。

3）打开 E378，踩下制动踏板，用万用表测量 J519 的 T73a/57 对地电压，实测为 +B，正常，说明线路断路。

4）关闭 E378，拆下蓄电池负极接线，断开 J519、M25 插接器，用万用表测量 M25 侧 T2he/2 与 J519 侧 T73a/57 之间线路的电阻，正常应近乎为零，实测为 ∞。

5）排除高位制动灯供电线路断路故障，系统恢复正常。

故障机理

由于高位制动灯供电线路断路，导致 J519 不能控制灯泡点亮，所以踩下制动踏板，高位制动灯不亮。

| 案例 12 | J519 端制动信号线路对正极短路故障检修

故障现象

按 E378，不踩制动踏板直接起动着车；仪表无制动踏板指示灯，其他无异常；制动灯长亮。

现象分析

制动开关信号电路如图 9-17 所示，不踩制动踏板直接起动，且制动灯常亮，说明制动踏板踩下的信号始终存在。可能的故障原因为：①制动开关自身故障；②相关线路故障；③ J623、J519 局部故障。

诊断过程

1）踩制动踏板，用万用表测量 J519 端 T73c/58 对地电压，正常应为 0 → +B，实测为 +B 不变，说明测试点与 +B 之间短路。

2）断开 TIUL 插接器，用万用表测量 J519 端 T73c/58 对地电压，正常应小于 0.1V，实测为 +B 不变，说明信号线路存在对正极短路。

3）断开蓄电池负极，断开 J519 插接器和 TIUL 插接器，用万用表测量信号线路对正极的阻值，实测为 0Ω。

4）排除制动信号线路对正极短路故障，系统恢复正常。

故障机理

由于制动信号线路对正极短路，导致 J519 和 J623 始终收到制动踏板踩下的信号，所以不踩制动踏板就可以起动，且制动灯常亮。

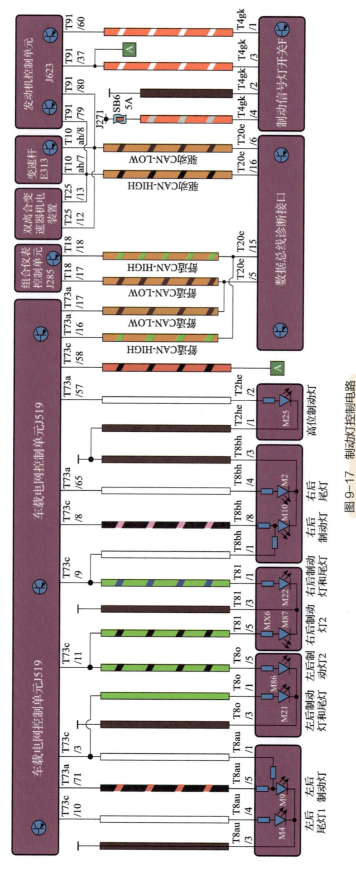

图 9-17 制动灯控制电路

任务 10　车身辅助电器系统故障检修

| 案例 1 |　E710 与 E716 信号线路之间虚接 50 Ω 电阻故障检修

故障现象

打开 E378，操作驾驶人侧玻璃升降器开关 E710、驾驶人侧右前玻璃升降器开关 E716 时，左右玻璃升降器工作混乱且相互关联。

打开 E378，操作前排乘员侧玻璃升降器开关 E107 或长按遥控器，前排乘员侧玻璃升降器电动机 V15 正常工作。

现象分析

驾驶人侧玻璃升降器开关电路如图 10-1 所示，操作 E107 或长按遥控器，V15 正常工作，说明 V15 及其线路正常，而操作 E710、E716 时，左右玻璃升降器动作关联，说明 E710、E716 信号存在互相影响；可能的故障原因有：① E710、E716 本身故障；②信号开关输入线路故障；③ J386 局部故障。

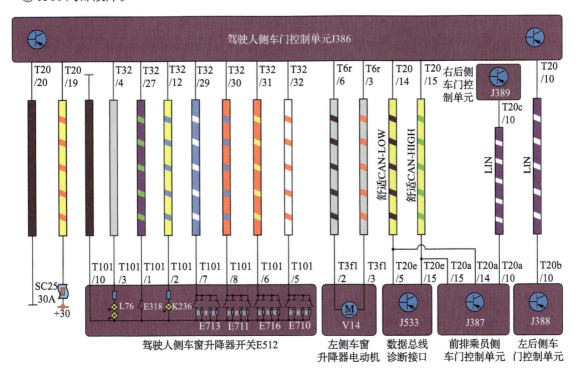

图 10-1　驾驶人侧玻璃升降器开关电路

诊断过程

1）打开 E378，操作 E710 时，用示波器同时测量 J386 的 T32/32、T32/31 对地波形，如图 10-2 所示，发现信号之间存在关联。

2）关闭 E378，拆下蓄电池负极接线，测量 T101/5 和 T101/6 线路之间电阻，应为无穷大，实测为 50Ω，说明线路存在互相虚接。

3）排除 E710 与 E716 信号线路之间虚接故障，系统恢复正常。

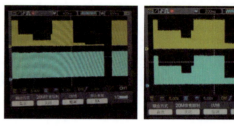

a）正常波形　　　b）实测波形

图 10-2　J386 的 T32/32、T32/31 对地正常波形与实测波形

(故障机理)

由于 E710 与 E716 信号线路之间存在虚接，导致 J386 同时收左前和右前玻璃升降开关信号，所以操作其中任一开关时，左右玻璃升降器工作混乱。

| 案例2 | E710 与 E716 信号线路反接故障检修

故障现象

打开 E378，操作 E710，右前玻璃升降器工作，操作 E716，左前车辆升降器工作；其余正常。

现象分析

驾驶人侧玻璃升降器开关电路如图 10-3 所示，根据故障现象说明 J386 可能接收到错误的开关信号。可能的故障原因有：①相关线路故障；② J386 自身故障。

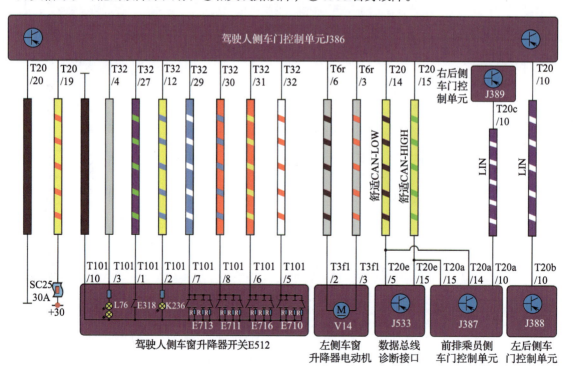

图 10-3　驾驶人侧玻璃升降器开关电路

诊断过程

1）打开 E378，分别操作 E710、E716，用示波器测量 T32/32、T32/31 对地波形，发现信号反接。

2）关闭 E378，断开两端插接器，用万用表测量 T32/32、T32/31 对应线路的阻值，发现信号线路反接。

3）排除 E710、E716 信号线路反接故障，系统恢复正常。

故障机理

由于 E710、E716 信号线路反接，导致 J386 接收到错误的开关信号，所以操作 E710 时，右前玻璃升降器工作；操作 E716 时，左前车辆升降器工作。

| 案例 3 | E710 信号线路故障检修

故障点 1：E710 信号线路虚接 1000Ω 电阻
故障点 2：E710 信号线路对地虚接 150Ω 电阻
故障点 3：E710 信号线路断路

故障现象

操作主驾驶侧玻璃升降器开关 E710 至不同档位，玻璃升降电动机在部分档位运行动作与开关档位不对应，部分档位不动作；其余正常。

现象分析

驾驶人侧玻璃升降器开关电路如图 10-4 所示，玻璃升降电动机运行方向与开关不对应，说明控制模块接收到错误的信号。可能的故障原因有：① J386 局部；② E710 开关自身故障；③ E710 开关信号线路故障。

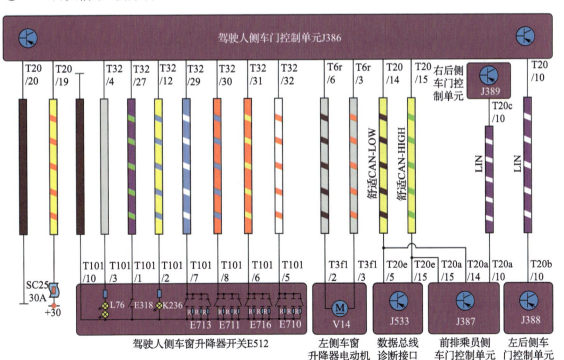

图 10-4　驾驶人侧玻璃升降器开关电路

故障点 1 E710 信号线路虚接 1000Ω 电阻

诊断过程

1）打开 E378，按下 E710，用示波器测量 J386 端 T32/32 对地电压，正常有接近 0V 直波，实测没有。

2）打开 E378，按下 E710，用示波器测量开关端 T101/5 对地电压，正常有接近 0V 直波，实测正常，结合上一步测试结果，说明信号线路存在虚接。

3）关闭 E378，拆下蓄电池负极接线，断开 E710、J386 的插接器，用万用表测量 E710、J386 之间信号线路电阻，正常近乎为零，实测为 1000Ω，异常。

4）排除 E710 开关线路虚接故障，系统恢复正常。

故障机理

由于 E710 开关线路虚接，导致 J386 接收到错误信号，所以操作 E710 时，主驾驶侧玻璃升降器工作异常。

故障点 2 E710 信号线路对地虚接 150Ω 电阻

诊断过程

1）打开 E378，按下 E710，用示波器测量 J386 端 T32/32 对地波形，正常为振幅在 0 → +B 之间变化的方波，实测发现在空档时 +B 被拉低，说明信号线路存在对地虚接故障。

2）关闭 E378，断开 E710 插接器，用示波器测量开关线束端 T101/5 对地波形，正常为 0 → +B 方波，实测发现 +B 被拉低。

3）按下 J386 插接器，用万用表测量信号线路对地电阻，正常应为无穷大，实测为 150Ω。

4）排除 E710 开关线路对地虚接故障，系统恢复正常。

故障机理

由于 E710 开关线路对地虚接，导致 J386 接收到错误信号，所以操作 E710 时，驾驶人侧玻璃升降器工作异常。

故障点 3 E710 信号线路断路

诊断过程

1）按下 E710，用示波器测量 J386 端 T32/32 对地波形，正常为振幅在 0 → +B 之间变化的方波，实测 0 → +B 方波不变，说明测试点到开关搭铁之间断路。

2）按下 E710，用示波器测量 E710 端 T101/5 对地波形，正常为振幅在 0 → +B 之间变化的方波，实测 0V 不变，结合上一步测试结果，说明信号线路存在断路。

3）关闭 E378，拆下蓄电池负极接线，断开 E710、J386 的插头，用万用表测量 E710、J386 之间信号线路的电阻，正常应近乎为零，实测为无穷大。

4）排除 E710 开关信号线路断路故障，系统恢复正常。

故障机理

由于 E710 开关信号线路断路，导致 J386 接收不到开关信号，所以操作 E710 时，驾驶人侧玻璃升降器不工作。

│案例 4│ E713 信号线路断路故障检修

故障现象

操作驾驶人侧右后玻璃升降开关 E713，右后玻璃升降电动机不工作；但操作右后车门玻璃升降开关 E54，电动机工作正常；其他功能均正常。

现象分析

右后玻璃升降器电路如图 10-5 所示，操作 E54，电动机工作正常，说明右后车门玻璃升降电动机正常；中控门锁系统工作正常，说明 J386、J389 电源及通信均正常；所以造成故障现象的可能原因有：① E713 自身故障；② E713 线路故障；③ J386 局部故障。

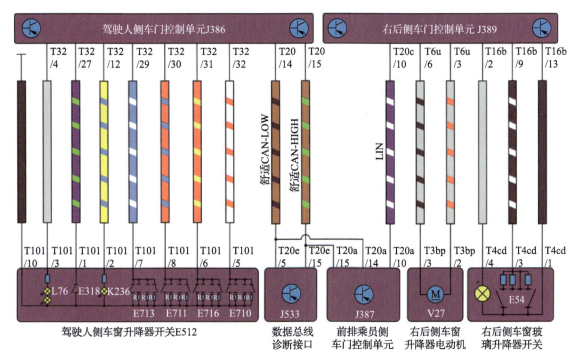

图 10-5 右后玻璃升降器电路

诊断过程

1）打开 E378，操作 E713，用示波器测量 J386 的 T32/29 对地波形，正常为振幅在 0 → +B 之间变化的方波，实测为 0 → +B 不变的方波，异常，说明测试点到开关搭铁之间线路断路。

2）操作 E713，用示波器测量 E713 的 T101/7 对地波形，正常为振幅在 0 → +B 之间变化的方波，实测为 0V，结合上一步测试结果，说明 E713 信号线路断路。

3）关闭 E378，拆下蓄电池负极接线，断开 E713、J386 的插接器，用万用表测量 E713、J386 之间信号线路的阻值，正常近乎为零，实测为无穷大。

4）排除 E713 信号线路断路故障，系统恢复正常。

故障机理

由于驾驶人侧右后玻璃升降开关 E713 信号线路断路，导致 J386 无法接收到 E713 的开关信号，所以操作 E713 时，右后车门玻璃升降电动机不工作。

案例 5 | E512 搭铁线路故障检修

故障点 1：E512 搭铁线路断路
故障点 2：E512 搭铁线路虚接 500Ω

故障现象

1）操作驾驶人侧玻璃升降按钮，所有车门均不能控制，且组合开关背景灯不亮。

2）儿童安全锁按钮 E318 功能失效。

3）其他功能正常。

现象分析

驾驶人侧玻璃升降器电路如图 10-6 所示，驾驶人侧组合开关所有功能均失效，且背景灯不亮，说明故障可能在组合开关的公共搭铁。可能的故障原因为：①组合开关的搭铁线路故障；②组合开关自身故障。

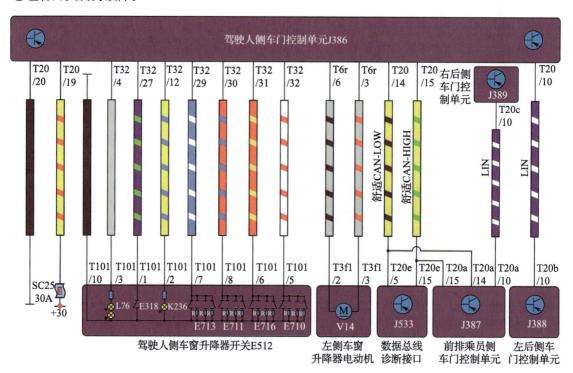

图 10-6　驾驶人侧玻璃升降器电路

故障点 1　E512 搭铁线路断路

诊断过程

1）操作组合开关 E512，用万用表测量 E512 的 T10l/10 对地电压，正常应小于 0.1V，实测为 0 → +B 的方波，说明测试点到搭铁之间线路断路。

2）关闭 E378，断开 E512 插接器，用万用表测量 E512 的线束端 T10l/10 搭铁线路的阻值，正常应近乎为零，实测为无穷大。

3）排除 E512 搭铁线路断路故障，系统恢复正常。

（故障机理）

由于组合开关 E512 搭铁线路断路，导致驾驶人侧各玻璃升降开关均失效，所以操作驾驶人侧各开关时，各车门玻璃升降电机均不工作。

故障点 2　E512 搭铁线路虚接 500Ω 电阻

诊断过程

1）打开 E378，操作组合开关 E512，用万用表测量 E512 的 T10l/3 对地电压，正常应小于 0.1V 不变，实测发现在 5V → +B 之间变化，根据开关结构和工作原理，说明搭铁线路虚接。

2）关闭 E378，断开 E512 插接器，用万用表测量搭铁线路的阻值，应近乎为零，实测为 500Ω。

3）排除 E512 搭铁线路虚接故障，系统恢复正常。

（故障机理）

由于组合开关 E512 搭铁线路虚接，导致驾驶人侧各玻璃升降开关均失效，所以操作驾驶人侧各开关时，各车门玻璃升降电动机均不工作。

｜案例 6｜ E52 内部触点断路故障检修

故障现象

操作左后车门玻璃升降开关 E52 时，玻璃升降电动机不工作，但操作驾驶人侧左后玻璃升降开关 E711、左后侧玻璃升降器开关 E54 时，功能均正常；其他功能正常。

现象分析

左后车门玻璃升降器电路如图 10-7 所示，E711 可以控制左后玻璃升降电动机工作，说明左后车门玻璃升降电动机及其线束、J388 工作正常；E54 功能正常，说明儿童安全锁按钮 E318 未限制后门玻璃升降器运行。那可能的故障原因为：① E52 自身故障；② E52 线路故障；③ J388 自身故障。

诊断过程

1）打开 E378，操作 E52，用示波器测量 J388 的 T16a/9 对地波形，正常为振幅在 0 → +B 之间变化的方波，实测为 0 → +B 不变，异常，说明测试点到开关搭铁之间线路断路。

2）打开 E378，操作 E52，用示波器测量 E52 的 T4cb/3 对地波形，正常为振幅在 0 → +B 之间变化的方波，实测为 0 → +B 不变，说明 E52 内部触点断路（由于 E52 与车门警告灯公用搭铁线路，车门警告灯正常，所以 E52 搭铁线路存在故障的可能性较小）。

3）更换 E52，故障恢复。

（故障机理）

由于左后车门玻璃升降开关 E52 内部损坏，导致 J388 接收不到 E52 的开关信号，所以操作左后车门玻璃升降开关时，玻璃升降电动机不工作。

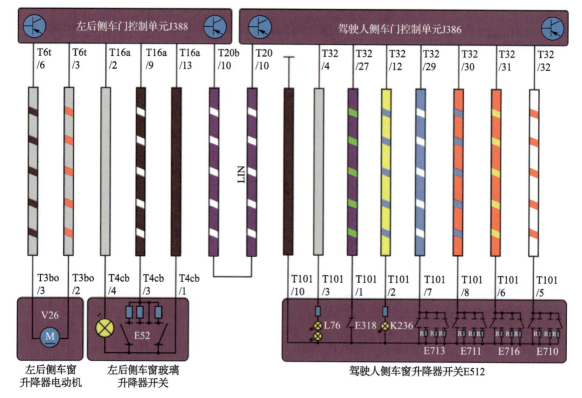

图 10-7　左后车门玻璃升降器电路

| 案例 7 | 右后侧车窗玻璃升降器开关 E54 电路故障检修

故障点 1：E54 信号线路断路
故障点 2：E54 信号线路虚接 1000Ω 电阻
故障点 3：E54 搭铁线路断路（车门警告灯正常）

故障现象

操作右后车门玻璃升降开关 E54，右后车门玻璃升降电动机不工作；但操作驾驶人侧右后玻璃升降器开关 E713、左后侧玻璃升降器开关 E52，对应的玻璃升降器工作正常；其余均正常。

现象分析

右后车门玻璃升降器电路如图 10-8 所示，E713 可以控制右后玻璃升降电动机工作，说明右后车门玻璃升降电动机及其线束、J389 工作正常；E52 功能正常，说明儿童安全锁按钮 E318 未限制后门玻璃升降器运行。那可能的故障原因为：① E54 自身故障；② E54 线路故障；③ J389 自身故障。

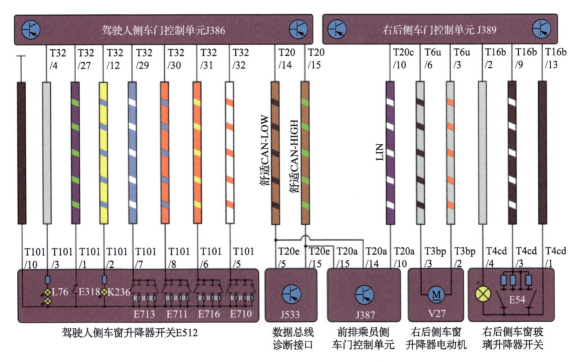

图 10-8　右后车门玻璃升降器电路

故障点 1 | **E54 信号线路断路**

诊断过程

1）打开 E378，操作 E54，用示波器测量 J389 的 T16b/9 对地波形，正常为振幅在 $0 \rightarrow +B$ 之间变化的方波，实测为 $0 \rightarrow +B$ 不变，异常，说明测试点与开关搭铁之间线路断路。

2）打开 E378，操作 E54，用示波器测量 E54 的 T4cd/3 对地波形，正常为振幅在 $0 \rightarrow +B$ 之间变化的方波，实测为 0V 不变，结合上一步测试结果，说明 E54 信号线路断路。

3）关闭 E378，断开 E54 的插头，用万用表测量信号线路阻值，正常应几乎为零，实测为无穷大。

4）排除故障，系统恢复正常。

故障机理

由于左后车门玻璃升降开关 E54 信号线路断路，导致 J389 接收不到 E54 的开关信号，所以操作左后车门玻璃升降开关时，玻璃升降电动机不工作。

故障点 2 | **E54 信号线路虚接 1000Ω 电阻**

诊断过程

1）打开 E378，操作 E54，用示波器测量 J389 的 T16b/9 对地波形，正常为振幅在 $0 \rightarrow +B$ 之间变化的方波，实测发现波形低电平的最小值为 3V（应为 0V），异常，说明测试点到开关搭铁之间线路虚接。

2）打开 E378，操作 E54，用示波器测量 E54 的 T4cd/3 对地波形，正常为振幅在 $0 \rightarrow +B$ 之间变化的方波，实测为振幅在 $0 \rightarrow +B$ 之间变化的方波，结合上一步测试结果，说明 E54 信号线路虚接。

3）关闭 E378，拆下蓄电池负极接线，断开 E54、J389 的插头，用万用表测量 E54、J389 之间信号线路的阻值，应近乎为零，实测为 1000Ω。

4）排除 E54 开关线路虚接故障，系统恢复正常。

故障机理

由于 E54 开关线路虚接，导致 J389 接收到错误信号，所以操作 E54 时，右后车门玻璃升降电动机工作异常。

故障点 3 E54 搭铁线路断路（车门警告灯正常）

诊断过程

1）打开 E378，操作 E54，用示波器测量 J389 的 T16b/9 对地波形，正常为振幅在 0 → +B 之间变化的方波，实测波形振幅始终为 +B，异常，说明测试点到开关搭铁之间线路断路。

2）打开 E378，操作 E54，用示波器测量 E54 的 T4cd/3 对地波形，正常为振幅在 0 → +B 之间变化的方波，实测波形振幅始终为 +B，异常。

3）打开 E378，操作 E54，用示波器测量 E54 的 T4cd/1 对地波形，正常应小于 0.1V，实测为 0V，结合上一步测试结果，说明开关内部有故障。

4）更换 E54，系统恢复正常。

故障机理

由于 E54 开关内部故障，导致 J389 接收到错误信号，所以操作 E54 时，右后车门玻璃升降电动机工作异常。

| 案例 8 | 后视镜调节转换开关 E48 信号线路对地虚接 160Ω 电阻故障检修

故障现象

打开 E378，操作后视镜调节转换开关 E48 至左侧档位时，左侧和右侧后视镜均不动作；操作开关至右侧档位时，左侧和右侧后视镜同时有动作，上下左右均可调节；后视镜折叠正常。

现象分析

后视镜调节开关电路如图 10-9 所示，根据故障现象，说明 J386 接收到的左右选择开关信

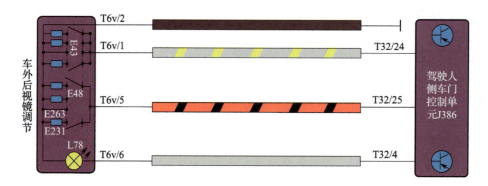

图 10-9 后视镜调节开关电路

号有误。可能的故障原因为：① E48 自身故障；② E48 线路故障；③ J386 局部故障。

诊断过程

1）打开 E378，操作 E48 开关至不同档位，用示波器测量 J386 端的 T32/25 对地波形，正常情况下应为振幅从 0V 到 +B 之间变化的方波，随不同档位变化而变化。实测发现，在空档位时，振幅为 1.8V（应该为 5V），说明 E48 信号线路存在对地虚接的故障。

2）关闭 E378，拆下蓄电池负极接线，用万用表测量 E48 端 T6v/5 的对地电阻，应存在很大的电阻，实测用 160Ω。

3）接着断开 J386 插头，用万用表测量 E48 信号线路对地电阻，正常应无穷大，实测为 160Ω。

4）排除 E48 信号线路对地虚接故障，系统恢复正常。

故障机理

由于 E48 信号线路对地虚接，导致 J386 接收到错误的开关信号，所以操作 E48 时，后视镜调节功能异常。

| 案例 9 | 后视镜调节转换开关 E48 信号线路故障检修

故障点 1：E48 信号线路对地短路
故障点 2：E48 信号线路断路
故障点 3：E48 信号线路虚接 1000Ω

故障现象

打开 E378，操作后视镜转换开关，折叠功能失效；操作左侧和右侧后视镜时，均不能调节。

现象分析

后视镜调节开关电路如图 10-10 所示，根据故障现象分析，可能是后视镜转换开关信号存在故障。可能的故障原因为：① E48 开关自身故障；② E48 线路故障；③ J386 局部故障。

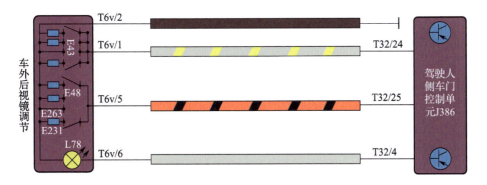

图 10-10　后视镜调节开关电路

故障点 1　E48 信号线路对地短路

诊断过程

1）打开 E378，操作 E48 开关至不同档位，用示波器测量 J386 端的 T32/25 对地波形，正常为振幅在 0 → +B 之间变化的方波，实测波形为 0V 直线，说明 E48 信号线路存在对地断路或者 J386 自身故障。

2）关闭 E378，拆下蓄电池负极接线，用万用表测量 E48 端 T6v/5 的对地电压，应存在很大电阻，实测为 0Ω，异常。

3）接着断开 E48、J386 的插头，用万用表测量 E48 信号线路对地电阻，正常应无穷大，实测为 0Ω。

4）排除 E48 信号线路对地短路故障，系统恢复正常。

故障机理

由于 E48 信号线路对地短路，导致 J386 接收到错误的开关信号，所以操作 E48 时，后视镜调节功能异常。

故障点 2　E48 信号线路断路

诊断过程

1）打开 E378，操作 E48 开关至不同档位，用示波器测量 J386 端的 T32/25 对地波形，正常为振幅在 0 → +B 之间变化的方波，实测振幅为 +B 方波不变，异常，说明测试点到开关搭铁之间线路断路。

2）打开 E378，操作 E48 开关至不同档位，用示波器测量 E48 端 T6v/5 的对地波形，正常为振幅在 0 → +B 之间变化的方波，实测为 0V 直线，结合上一步测试结果，说明 E48 信号线路存在断路。

3）关闭 E378，拆下蓄电池负极接线，断开 E48、J386 的插头，用万用表测量 E48、J386 之间信号线路电阻，正常应近乎为零，实测为无穷大。

4）排除 E48 信号线路断路故障，系统恢复正常。

故障机理

由于 E48 信号线路断路，导致 J386 接收不到开关信号，所以操作 E48 时，后视镜调节功能异常。

故障点 3　E48 信号线路虚接 1000Ω

诊断过程

1）打开 E378，操作 E48 开关至不同档位，用示波器测量 J386 端的 T32/25 的对地波形，正常为振幅在 0 → +B 之间变化的方波，实测发现信号波形的低电平的最小值为 3V（应为 0V），异常，说明信号线路存在虚接或者 J386 存在故障。

2）打开 E378，操作 E48 开关至不同档位，用示波器测量 E48 端 T6v/5 的对地波形，正常为振幅在 0 → +B 之间变化的方波，实测发现存在 0V 的低电平，但部分信号的高电平相对下降，说明 E48 信号线路存在虚接。

3）关闭 E378，拆下蓄电池负极接线，断开 E48、J386 的插头，用万用表测量 E48、J386

之间信号线路电阻，正常应近乎为零，实测为 1000Ω。

4）排除 E48 信号线路虚接故障，系统恢复正常。

故障机理

由于 E48 信号线路虚接，导致 J386 接收到错误的开关信号，所以操作 E48 时，后视镜调节功能异常。

｜案例 10｜ 后视镜调节开关 E43 故障检修

故障点 1：E43 信号线路断路
故障点 2：E43 开关内部触点断路

故障现象

打开 E378，操作后视镜转换开关，折叠功能正常；操作后视镜调节开关时，两侧后视镜均不动作。

现象分析

后视镜调节开关电路如图 10-11 所示，折叠功能正常，说明 E48 存在故障的可能性较小，两侧后视镜均不能调节，基于故障概率，说明 E43 信号可能异常。可能的故障原因为：① E43 自身故障；② E43 线路故障；③ J386 局部故障。

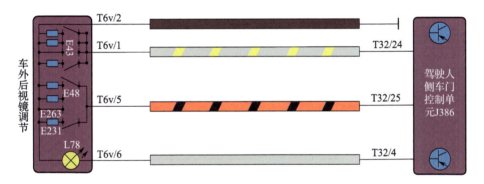

图 10-11　后视镜调节开关电路

故障点 1　E43 信号线路断路

诊断过程

1）打开 E378，操作 E43，用示波器测量 J386 的 T32/24 对地波形，正常为振幅在 0 → +B 之间变化的方波，实测振幅保持 +B 不变，异常，说明测试点到开关搭铁之间线路断路。

2）打开 E378，操作 E43，用示波器测量 E43 的 T6v/1 对地波形，正常为振幅在 0 → +B 之间变化的方波，实测为 0V 直线，结合上一步测试结果，说明 E43 信号线路断路。

3）关闭 E378，拆下蓄电池负极接线，断开 E43、J386 的插头，用万用表测量 E43 与 J386 之间信号线路的阻值，正常应近乎为零，实测为无穷大。

4）排除 E43 信号线路断路故障，系统恢复正常。

故障机理

由于 E43 信号线路断路，导致 J386 无法接收到 E43 的开关信号，所以在操作后视镜调节开关时，两侧后视镜均不动作。

故障点 2 E43 开关内部触点断路

诊断过程

1）打开 E378，操作 E43，用示波器测量 J386 的 T32/24 对地波形，正常为振幅在 0 → +B 之间变化的方波，实测为振幅保持 +B 不变的方波，异常，说明测试点到开关搭铁之间线路断路。

2）打开 E378，操作 E43，用示波器测量 E43 的 T6v/1 对地波形，正常为振幅在 0 → +B 之间变化的方波，实测为振幅保持 +B 不变的方波，异常，说明开关内部存在故障（由于 E43、E48 与开关背景灯共用搭铁线路，E48、开关背景灯工作正常，所以搭铁线路存在故障的可能较小）。

3）更换开关后，系统恢复正常。

故障机理

由于 E43 内部损坏断路，导致 J386 无法接收到 E43 的开关信号，所以在操作后视镜调节开关时，两侧后视镜均不动作。

| 案例 11 | E48 与 E43 公共搭铁线路断路故障检修

故障现象

打开 E378，操作后视镜转换开关，折叠功能失效；操作左侧和右侧后视镜时，均不能调节；E43 与 E48 的背景灯均不亮。

现象分析

后视镜调节开关电路如图 10-12 所示，折叠功能失效，左侧和右侧后视镜均不能调节，且 E43 和 E48 的背景灯均不亮，所以故障可能存在于开关的公共搭铁线路或开关自身故障。

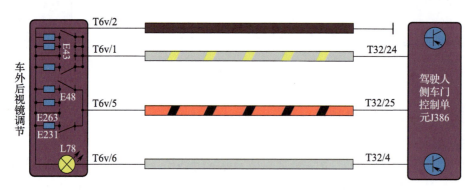

图 10-12 后视镜调节开关电路

诊断过程

1）打开 E378，操作 E48 开关至不同档位，用万用表测量 E48 的 T6v/2 对地电压，正常应小于 0.1V，实测为 0 → +B 之间变化的方波信号，异常，说明 E48 搭铁线路断路。

2）关闭 E378，断开 E48 插头，用万用表测量 E48 搭铁线路电阻，应近乎为零，实测为无穷大。

故障机理

　　由于 E48 与 E43 搭铁线路断路，导致 J386 接收不到开关信号，所以操作后视镜调节开关时，后视镜调节功能异常。

| 案例 12 | E48 与 E43 公共搭铁线路虚接 500Ω 电阻故障检修

故障现象

　　打开 E378，操作后视镜转换开关，折叠功能失效；操作左侧和右侧后视镜时，均不能调节；E43 与 E48 的背景灯均微亮。

现象分析

　　后视镜调节开关电路如图 10-13 所示，折叠功能失效，左侧和右侧后视镜均不能调节，且 E43 和 E48 的背景灯均微亮，所以故障可能存在于开关的公共搭铁线路或开关自身。

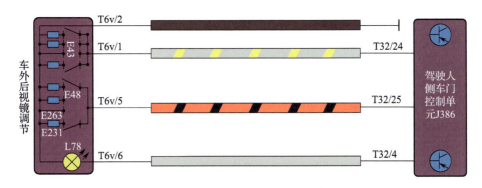

图 10-13　后视镜调节开关电路

诊断过程

　　1）打开 E378，操作 E48 开关至不同档位，用万用表测量 E48 的 T6v/2 对地电压，正常应小于 0.1V，实测为 3V → +B 之间变化的方波信号，说明 E48 搭铁线路虚接。

　　2）关闭 E378，断开 E48 插头，用万用表测量 E48 搭铁线路电阻，正常应近乎为零，实测为 500Ω。

　　3）排除 E48 与 E43 搭铁线路虚接故障，系统恢复正常。

故障机理

　　由于 E48 与 E43 搭铁线路虚接，导致 J386 接收到错误的开关信号，所以操作后视镜调节开关时，后视镜调节功能异常。

| 案例 13 | 驾驶人侧后视镜调节电动机公共线路故障检修

　　故障点 1：驾驶人侧后视镜调节电动机公共线路断路
　　故障点 2：驾驶人侧后视镜调节电动机公共线路虚接 500Ω

故障现象

打开 E378，操作驾驶人侧后视镜调节开关，驾驶人侧后视镜上下左右均无法正常调节，但前排乘员侧后视镜正常调节。

现象分析

驾驶人侧后视镜调节电动机电路如图 10-14 所示，前排乘员侧后视镜调节正常，说明后视镜调节开关正常；驾驶人侧后视镜上下左右调节均失常，两个电动机同时损坏的可能性较小，所以故障可能在电动机的公共线路，即：①驾驶人侧后视镜调节电动机公共线路故障；② J386 局部故障。

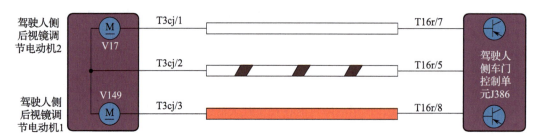

图 10-14　驾驶人侧后视镜调节电动机电路

故障点 1 　驾驶人侧后视镜调节电动机公共线路断路

诊断过程

1）打开 E378，操作后视镜调节开关，用万用表测量驾驶人侧后视镜调整电动机的 T3cj/2 对地电压，上下调节时正常应一会儿小于 0.1V、一会儿为 +B，实测时间歇性出现 6V 的电压，异常，说明测试点与搭铁之间线路存在断路或虚接可能。

2）打开 E378，操作后视镜调节开关，用万用表测量 J386 的 T16r/5 对地电压，上下调节时正常应一会儿小于 0.1V、一会儿为 +B，实测一会儿为 0V、一会儿为 +B，正常，结合上一步测试结果，说明 T16r/5 对应线路断路。

3）关闭 E378，拆下蓄电池负极接线，断开驾驶人侧后视镜调整电动机、J386 的插接器，用万用表测量驾驶人侧后视镜调整电动机的 T3cj/2、J386 的 T16r/5 之间线路的阻值，正常应近乎为零，实测为无穷大。

4）排除驾驶人侧后视镜电动机公共线路断路故障，系统恢复正常。

故障机理

由于驾驶人侧后视镜电动机公共线路断路，导致后视镜的两个调节电动机均没有收到 J386 的控制信号，所以操作后视镜调节开关时，驾驶人侧后视镜不能调节。

故障点 2 　驾驶人侧后视镜调节电动机公共线路虚接 $500\,\Omega$

诊断过程

1）打开 E378，操作后视镜调节开关，用万用表测量驾驶人侧后视镜调整电动机 T3cj/2 的对地电压，上下调节时正常应一会儿小于 0.1V、一会儿为 +B，实测一会儿为 4V 或 6V、一会儿为 0V，异常，说明测试点与搭铁之间线路虚接。

2）打开 E378，操作后视镜调节开关，用万用表测量 J386 的 T16r/5 对地电压，上下调节时正常应一会儿小于 0.1V、一会儿为 +B，实测正常，结合上一步测试结果，说明 T16r/5 对应线路虚接。

3）关闭 E378，拆下蓄电池负极接线，断开驾驶人侧后视镜调整电动机、J386 的插接器，用万用表测量驾驶人侧后视镜调整电动机的 T3cj/2、J386 的 T16r/5 之间线路的阻值，正常应近乎为零，实测为 500Ω。

4）排除驾驶人侧后视镜电动机公共线路虚接故障，系统恢复正常。

【故障机理】

由于驾驶人侧后视镜电动机公共线路虚接，导致后视镜的两个调节电动机均没有收到 J386 的控制信号，所以操作后视镜调节开关时，驾驶人侧后视镜不能调节。

│案例 14│ 前排乘员侧玻璃升降电动机线路断路故障检修

故障现象

长按遥控钥匙或打开 E378、操作驾驶人侧右前玻璃升降开关和前排乘员侧玻璃升降开关时，右前车门玻璃升降电动机均不工作；其余功能均正常。

现象分析

前排乘员侧玻璃升降电动机电路如图 10-15 所示，三种模式下电动机均不能转动，根据故障概率，说明故障可能在右前门玻璃升降电动机，即：①右前车门玻璃升降电动机自身故障；②右前车门玻璃升降电动机线路故障；③J386 局部故障。

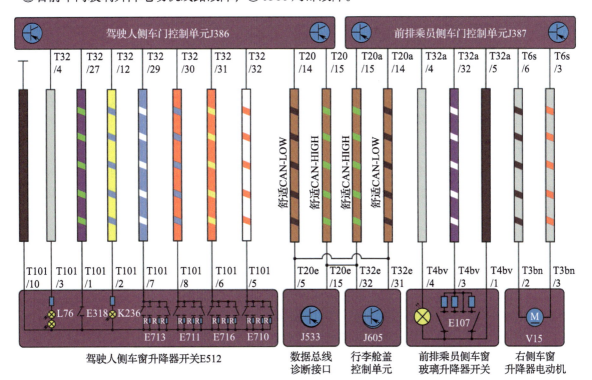

图 10-15　前排乘员侧玻璃升降电动机电路

诊断过程

1）打开 E378，操作前排乘员侧玻璃升降开关，用万用表测量 V15 电机两端之间工作电压，正常为 ±12V 切换，实测始终为 0V，异常，说明测试点与 J386 之间线路存在断路或者 J386 自身损坏。

2）打开 E378，操作前排乘员侧玻璃升降开关，用万用表测量 J387 的 T6s/3、T6s/6 之间的工作电压，正常为 ±12V 切换，实测正常，结合上一步测试结果，说明 V15 电动机线路存在断路。

3）打开 E378，操作前排乘员侧玻璃升降开关至上升、下降档位，用万用表分别测量 V15 的 T3bn/2、T3bn/3 的对地电压，正常应在小于 0.1V、+B 之间切换，实测发现 T3bn/2 始终检测不到电压，说明其对应线路断路（本步可以不做）。

4）关闭 E378，拆下蓄电池负极接线，断开 V15、J387 的插接器，用万用表测量 V15 的 T3bn/2、J387 的 T6s/6 之间线路的阻值，正常应近乎为零，实测为无穷大。

5）排除前排乘员侧玻璃升降电动机线路断路故障，系统恢复正常。

故障机理

由于右前车门玻璃升降电动机线路断路，导致 J387 无法控制 V15 电机工作，所以操作驾驶人侧右前玻璃升降开关和前排乘员侧玻璃升降开关时，右前车门玻璃升降电动机均不工作。

案例 15 | 驾驶人侧玻璃升降电动机线路虚接 10Ω 电阻故障检修

故障现象

长按遥控钥匙或打开 E378、操作驾驶人侧左前玻璃升降开关时，左前车门玻璃升降电动机不工作；其余均正常。

现象分析

驾驶人侧玻璃升降电动机电路如图 10-16 所示，两种模式下电动机均不能转动，根据故障概率，说明故障可能在左前门玻璃升降电动机，即：①左前车门玻璃升降电动机自身故障；②左前车门玻璃升降电动机线路故障；③ J386 局部故障。

诊断过程

1）打开 E378，操作驾驶人侧玻璃升降开关，用万用表测量 V14 电动机两端的工作电压，正常为 ±12V 切换，实测为 ±6V 切换，异常，说明测试点与 J386 之间线路虚接或者 J386 自身故障。

2）打开 E378，操作驾驶人侧玻璃升降开关，用万用表测量 J386 的 T6r/3、T6r/6 之间的工作电压，正常为 ±12V 切换，实测正常，结合上一步测试结果，说明 V14 电动机线路存在虚接。

3）打开 E378，操作驾驶人侧玻璃升降开关至上升、下降档位，用万用表分别测量 V14 的 T3fl/2、T3fl/3 的对地电压，正常应在 0.1V、+B 之间切换，实测发现 T3fl/2 端子电压异常，说明其对应线路虚接（或采用测量线路阻值的方法判断）。

4）关闭 E378，拆下蓄电池负极接线，断开 V14、J386 的插头，用万用表测量 V14 的 T3fl/2、J386 的 T6r/6 之间线路的阻值，正常应近乎为零，实测为 10Ω。

5）排除驾驶人侧玻璃升降电动机线路虚接故障，系统恢复正常。

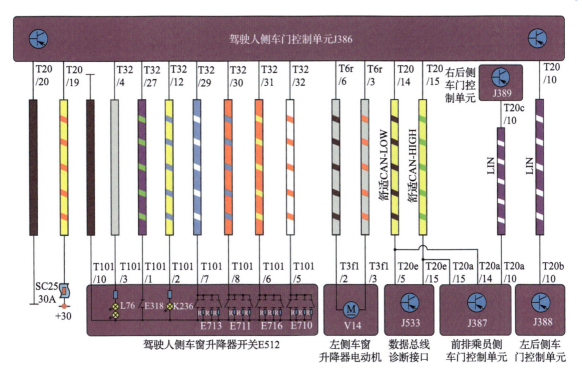

图 10-16   驾驶人侧玻璃升降电动机电路

故障机理

由于左前车门玻璃升降电动机线路虚接，导致 J386 无法控制 V14 电动机工作，所以操作驾驶人侧左前玻璃升降开关时，左前车门玻璃升降电动机不工作。

| 案例 16 | J386 端舒适 CAN 总线反接故障检修

故障现象

1）无钥匙进入解锁车门时，主驾驶侧及左后车门中控锁不动作，驾驶侧后视镜转向灯不闪，右侧车门无异常。

2）用机械钥匙可以开启主驾驶人侧车门，但仪表不显示左侧车门开启状态。

3）打开 E378，仪表提示故障"驾驶人车门接触开关"。

4）操作左前车门上的行李舱开关、中控锁开关、后视镜调整开关、玻璃升降器开关，均失效；开启小灯，左侧车门上的所有开关的背景灯均不能点亮。

现象分析

J386 相关电路如图 10-17 所示。

1）无钥匙进入解锁时，右侧车门正常，而左侧车门中控锁不动作，说明"J519 → J386 →门锁机构"工作异常。

2）拉开左侧车门，仪表无车门开启状态显示，说明"F2 → J386 → J285"工作异常。

3）操作驾驶人侧车门上的所有开关都不能正常工作，说明"开关→ J386 →执行器"工作异常。

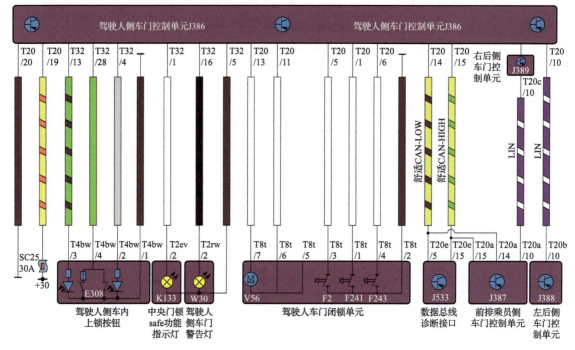

图 10-17　J386 相关电路

4）开启小灯，左侧车门上开关背景指示灯不能点亮，但右侧正常，说明"J519 → J386 → 指示灯"工作异常。

综合以上故障现象，均与 J386 有关，说明可能的故障原因为：① J386 自身故障；② J386 电源及通信线路故障。

诊断过程

1）打开双闪开关，反复操作左前车门上的任何开关，用示波器测量 J386 端 CAN 总线波形，如图 10-18 所示，发现 CAN 总线反接。

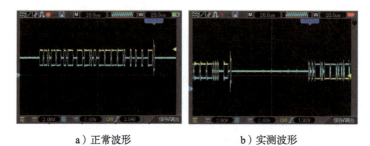

　　a）正常波形　　　　　　b）实测波形

图 10-18　J386 端 CAN 总线正常波形与实测波形

2）关闭 E378，拆下蓄电池负极接线，拔下 J386 插接器，用万用表测量 J386 端至 J533 端 CAN 总线的阻值，发现 J386 端 CAN 总线反接。

3）排除故障，系统恢复正常。

故障机理

由于 J386 端舒适 CAN 总线反接，导致 J386 无法与其他模块通信，也无法被舒适 CAN 总线唤醒，所以左侧车门不能解锁，且操作左前门开关时，所有车门均不动作。

｜案例 17｜ J388 端 LIN 总线故障检修

故障点 1：J388 端 LIN 总线断路
故障点 2：J388 端 LIN 总线虚接 1000Ω 电阻

故障现象

任何一种方式均不能解锁、上锁左后车门，其余车门解锁、上锁正常；操作驾驶人侧左后车门玻璃升降开关，左后车门玻璃升降电动机不工作；操作左后车门玻璃升降开关，左后车门玻璃升降电动机不工作，且开关背景灯始终不亮。

现象分析

J386 与 J388 LIN 总线线路如图 10-19 所示。

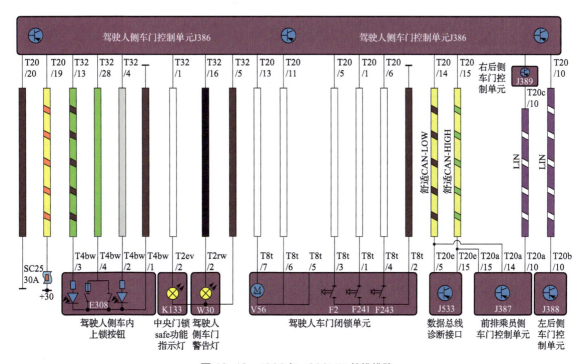

图 10-19　J386 与 J388LIN 总线线路

1）左后车门无法上锁和解锁，其他车门正常，说明"J386 → J388 →门锁电动机"工作异常。

2）操作驾驶人侧左后车门玻璃升降开关，左后车门玻璃升降电动机不工作，说明"开关→ J386 → J388 →玻璃升降器电动机"工作异常。

3）操作左后车门玻璃升降开关，左后车门玻璃升降电动机不工作，说明"开关→ J388 →玻璃升降器电动机"存在故障或者 J388 没有被总线唤醒。

4）左后车门玻璃升降开关背景灯不亮，而其他车门正常，说明"J386 → J388 →左后车门玻璃升降开关背景灯"工作异常。

综合以上所有分析，均与 J388 模块有关，可能的故障原因为：① J388 电源故障；② J388 的 LIN 线故障；③ J388 局部故障。

故障点 1　J388 端 LIN 总线断路

诊断过程

1）打开 E378，用示波器测量 J388 端的 LIN 线波形（T20b/10 对地波形），实测发现为 +B 直线，如图 10-20 所示，异常，说明测试点到 J386 之间线路断路或者 J386 损坏。

2）打开 E378，用示波器测量 J386 端的 LIN 线波形（T20/10 对地波形），实测发现正常，结合上一步测试结果，说明 J386 与 J388 之间的 LIN 总线线路断路。

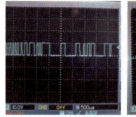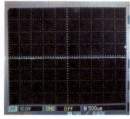

a）正常波形　　　　b）实测波形

图 10-20　J388 端 LIN 线正常波形与实测波形（一）

3）关闭 E378，拆下蓄电池负极接线，断开 J386、J388 插接器，用万用表测量 J386、J388 之间 LIN 线路阻值，正常应近乎为零，实测为无穷大。

4）排除 J386、J388 之间 LIN 线路断路故障，系统恢复正常。

故障机理

由于 J386、J388 之间 LIN 线路断路，导致与 J386 通信异常，且 J388 始终处于休眠状态，所以操作钥匙和 E308 均不能解锁左后车门，且操作左后车门玻璃升降开关时，左后车门玻璃升降电动机不工作。

故障点 2　J388 端 LIN 总线虚接 1000Ω 电阻

诊断过程

1）打开 E378，用示波器测量 J388 端的 LIN 线波形（T20b/10 对地波形），正常为 0 → +B 的方波，实测发现方波一会儿为 0 → +B，一会儿为 3 → +B（振幅可能存在偏差），如图 10-21 所示，异常，说明测试点到 J386 之间线路断路或者 J386 损坏。

2）打开 E378，用示波器测量 J386 端 LIN 线波形（T20/10 对地波形），实测发现方波一会儿为 0 → 12V，一会儿为 0 → 4V，结

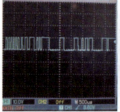

a）正常波形　　　　b）实测波形

图 10-21　J388 端 LIN 线正常波形与实测波形（二）

合上一步测试结果，说明 J386 与 J388 之间的 LIN 总线线路虚接。

3）关闭 E378，拆下蓄电池负极接线，断开 J386、J388 插接器，用万用表测量 J386、J388 之间 LIN 线路阻值，正常应近乎为零，实测为 1000Ω。

4）排除 J386、J388 之间 LIN 线路虚接故障，系统恢复正常。

故障机理

由于 J388 端 LIN 线路虚接，导致与 J386 通信异常，且 J388 始终处于休眠状态，所以操作钥匙和 E308 均不能解锁左后车门，且操作左后车门玻璃升降开关时，左后车门玻璃升降电动机不工作。

| 案例 18 | J389 端 LIN 总线故障检修

故障点 1：J389 端 LIN 总线对地短路

故障点 2：J389 端 LIN 总线对地虚接 500Ω 电阻

故障现象

任何方法均不能解锁右后车门；操作驾驶人侧右后车门玻璃升降开关，右后车门玻璃升降电动机不工作；操作右后车门玻璃升降开关，右后车门玻璃升降电动机不工作，且开关背景灯始终不亮。

现象分析

J389 的 LIN 总线电路如图 10-22 所示。

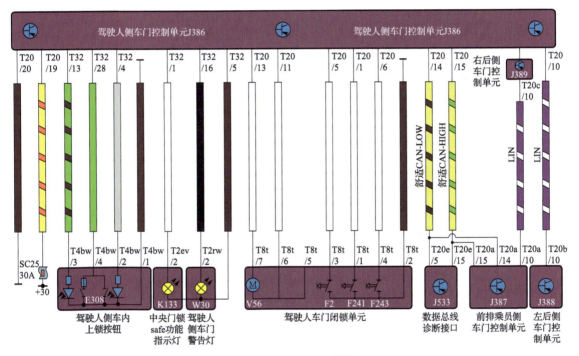

图 10-22　J389 的 LIN 总线电路

1）右后车门无法上锁和解锁，其他车门正常，说明"J387 → J389 →门锁电动机"工作异常。

2）操作驾驶人侧右后车门玻璃升降开关，右后车门玻璃升降电动机不工作，说明"开关→ J386 → J387 → J389 →玻璃升降器电动机"工作异常。

3）操作右后车门玻璃升降开关，右后车门玻璃升降电动机不工作，说明"开关→ J389 →玻璃升降器电动机"存在故障或者 J389 没有被总线唤醒。

4）右后车门玻璃升降开关背景灯不亮，而其他车门正常，说明"J387 → J389 →右后车门玻璃升降开关背景灯"工作异常。

综合以上所有分析，均与 J389 模块有关，可能的故障原因为：① J389 电源故障；② J389 的 LIN 线故障；③ J389 局部故障。

故障点 1 J389 端 LIN 总线对地短路

诊断过程

1）打开 E378，用示波器测量 J389 端的 LIN 线波形（T20c/10 对地波形），实测波形为 0V，如图 10-23 所示，异常，说明 J389 的 LIN 总线线路可能对地短路或者测试点与两侧模块均断路。

2）关闭 E378，拆下蓄电池负极接线，用万用表测量 J389 端 LIN 线对地电阻，正常应存在很大电阻，实测为 0V，异常。

3）断开 J387、J389 插接器，用万用表测量 J389 线束端 LIN 线对地阻值，正常应无穷大，实测为 0Ω。

4）排除 J389 端 LIN 线路对地短路故障，系统恢复正常。

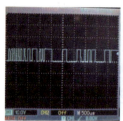 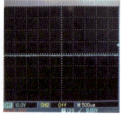

a）正常波形　　　b）实测波形

图 10-23　J389 端 LIN 线正常波形与实测波形（一）

故障机理

由于 J389 端 LIN 线路对地短路，导致与 J386、J387 通信异常，且 J389 始终处于休眠状态，所以操作钥匙和 E308 均不能解锁右后车门，且操作右后车门玻璃升降开关时，右后车门玻璃升降电动机不工作。

故障点 2 J389 端 LIN 线对地虚接 500Ω 电阻

诊断过程

1）打开 E378，用示波器测量 J389 端 LIN 线波形（T20c/10 对地波形），实测波形为 0 → 2V，如图 10-24 所示，异常，说明 J389 的 LIN 总线线路可能对地虚接或者 J389 自身故障。

2）关闭 E378，断开蓄电池负极接线，用万用表测量 J389 端 LIN 线对地电阻，应存在较大电阻，实测为 500Ω，异常。

3）断开 J388、J389 插接器，用万用表测量 J389 端线束 LIN 线对地阻值，应无穷大，实测为 500Ω。

4）排除 J389 端 LIN 线路对地虚接故障，系统恢复正常。

故障机理

由于 J389 端 LIN 线路对地虚接，导致与 J386、J387 通信异常，且 J389 始终处于

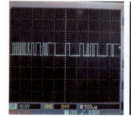 

a）正常波形　　　b）实测波形

图 10-24　J389 端 LIN 线正常波形与实测波形（二）

休眠状态，所以操作钥匙和 E308 均不能解锁右后车门，且操作右后车门玻璃升降开关时，右后车门玻璃升降电动机不工作。

案例 19 J386 模块供电熔丝 SC25 虚接 10Ω 电阻故障检修

故障现象

驾驶人侧中控门锁完全失效，玻璃升降器不能工作，后视镜调整不稳定，在操作中控门锁时开关背景灯熄灭。

现象分析

J386 模块电路如图 10-25 所示，根据操作中控门锁时开关背景灯熄灭故障现象，说明 J386 明显供电不足。可能原因为：① J386 局部故障；② J386 电源线路虚接。

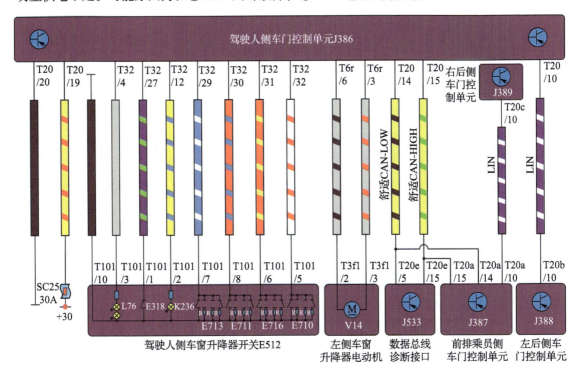

图 10-25　J386 模块电路

诊断过程

1）打开 E378，操作 E710 时，用示波器测量 J386 的 T20/19 对地电压，正常为稍低于 +B，实测工作时电压瞬间降低到 6V（可能存在偏差），异常。

2）打开 E378，操作 E710 时，用示波器测量 SC25 两端对地电压，正常均为稍低于 +B，实测一端正常，一端工作时电压瞬间降低到 6V（可能存在偏差），说明熔丝内阻过大。

3）关闭 E378，拔下 SC25 熔丝，检查熔丝电阻，为 10Ω。

4）更换 SC25，系统恢复正常。

故障机理

由于 SC25 虚接，导致 J386 供电不足，所以无法控制执行器正常工作。

｜案例 20｜ J388 模块负极供电线路断路故障检修

故障现象

所有方法均不能解锁左后车门；操作驾驶人侧左后玻璃升降开关，左后侧车门玻璃升降电动机不工作；操作左后车门玻璃升降开关，玻璃升降电动机不工作，且开关背景灯不亮。

现象分析

J388 模块电路如图 10-26 所示。

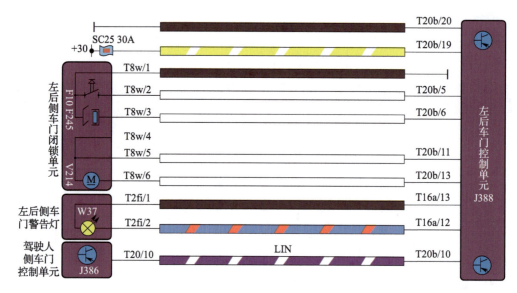

图 10-26　J388 模块电路

1）左后车门无法上锁和解锁，其他车门正常，说明"J386 → J388 →门锁电机"工作异常。

2）操作驾驶人侧左后车门玻璃升降开关，左后车门玻璃升降电动机不工作，说明"开关→ J386 → J388 →玻璃升降器电动机"工作异常。

3）操作左后车门玻璃升降开关，左后车门玻璃升降电动机不工作，说明"开关→ J388 →玻璃升降器电动机"存在故障或者 J388 没有被总线唤醒。

4）左后车门玻璃升降开关背景灯不亮，而其他车门正常，说明"J386 → J388 →左后车门玻璃升降开关背景灯"工作异常。

综合以上所有分析，均与 J388 模块有关，可能原因为：① J388 电源故障；② J388 的 LIN 线故障；③ J388 局部故障。

诊断过程

1）打开 E378，用示波器测量 J388 的 LIN 总线波形，未发现异常。

2）打开 E378，用万用表分别测量 J388 的供电端子 T20b/19、T20b/20 对地电压，正常分别为 +B、0，实测发现 T20b/19、T20b/20 均为 +B，说明 J388 搭铁线路断路。

3）关闭 E378，拆下蓄电池负极接线，断开 J388 插接器，用万用表测量 J388 的搭铁线路电阻，应近乎为零，实测无穷大。

4）排除 J388 搭铁线路断路故障，系统恢复正常。

故障机理

由于 J388 搭铁线路断路，导致 J388 供电不足，与 J386 通信异常，且不能被 J386 唤醒，所以操作遥控钥匙和 E308 均不能解锁左后侧车门，操作左后车门玻璃升降开关，玻璃升降电动机不工作。

| 案例 21 | J387 模块供电熔丝 SC39 断路故障检修

故障现象

任何方法均不能解锁右侧车门；仪表不能显示右侧车门开启状态；操作驾驶人侧右前和右

后玻璃升降开关，右侧车门玻璃升降电动机均不工作；操作后视镜调节开关，右侧后视镜不动作，左侧正常；操作右前和右后车门玻璃升降开关，玻璃升降电机均不工作，且开关背景灯均不亮。

现象分析

J387 模块电路如图 10-27 所示。

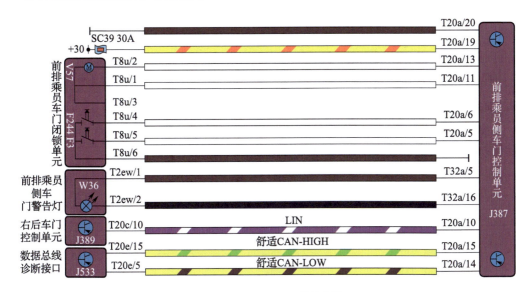

图 10-27　J387 模块电路

1）无钥匙进入解锁时，左侧车门正常，而右侧车门中控锁不动作，说明"J519 → J387 → 门锁机构"工作异常。

2）拉开右侧车门，仪表无车门开启状态显示，说明" F2 → J387 → J285 "工作异常。

3）操作前排乘员侧车门上的玻璃升降器开关，不能正常工作，说明"开关 → J387 → 执行器"工作异常。

4）开启小灯，右侧车门上开关背景指示灯不能点亮，但右侧正常，说明"J519 → J387 → 指示灯"工作异常。

综合以上故障现象，均与 J387 有关，说明可能的故障原因为：① J387 局部故障；② J387 电源线路故障；③ J387 通信线路故障。

诊断过程

1）打开 E378，用示波器测量 J387 的 CAN 总线波形，未发现异常。

2）打开 E378，用万用表分别测量 J387 的供电端子 T20a/19、T20a/20 对地电压，正常分别为 +B、0，实测发现均为 0V，说明供电异常。

3）打开 E378，用万用表测量 SC39 两端子电压，实测发现一端为 +B，另一端为 0V，说明 SC39 断路。

4）拔下 SC39 熔丝，检查熔丝电阻，为无穷大。

5）用万用表测量 SC39 下游电路对地电阻，实测正常。

6）更换 SC39，系统恢复正常。

故障机理

由于 SC39 断路，导致 J387 供电不足，与 J386 通信异常，且不能唤醒 J389，所以操作遥控钥匙和 E308 均不能解锁右侧车门，操作右前车门和右后车门玻璃升降开关，玻璃升降电机均不工作。

案例 22 ｜ J389 模块负极供电线路虚接 10Ω 电阻故障检修

故障现象

任何方法均不能解锁右后车门；操作驾驶人侧右后玻璃升降开关，右后侧车门玻璃升降电机工作不稳定；操作右后车门玻璃升降开关，玻璃升降电动机工作不稳定，且开关背景灯微亮。

现象分析

J389 模块电路如图 10-28 所示，玻璃升降电动机工作不稳定，且开关背景灯微亮，说明 J389 供电不足；可能的故障原因为：① J389 局部故障；② J389 电源线路故障。

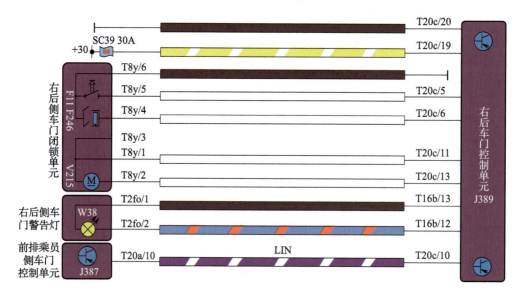

图 10-28　J389 模块电路

诊断过程

1）打开 E378，用万用表分别测量 J389 的供电端子 T20c/19、T20c/20 对地电压，正常分别为 +B、0，实测发现 T20c/20 为 6V，说明 J389 搭铁线路虚接。

2）关闭 E378，拆下蓄电池负极，断开 J389 插接器，用万用表测量 J389 搭铁线路电阻，应近乎为零，实测为 10Ω。

3）排除 J389 搭铁线路虚接故障，系统恢复正常。

故障机理

由于 J389 搭铁线路虚接，导致 J389 供电不足，不能正常控制门锁电动机和玻璃升降电动机，所以操作遥控钥匙和 E308 均不能解锁右后侧车门，操作右后车门玻璃升降开关，玻璃升降电动机工作不稳定。